OS 12 LAÇOS VITAIS

Edward M. Hallowell, M.D.

OS 12 LAÇOS VITAIS

Reatando as conexões humanas

Tradução de
Talita M. Rodrigues

Rio de Janeiro – 2002

Título original
CONNECT
12 vital ties that open your heart,
lengthen your life, and deepen your soul

Copyright © 1999 *by* Edward M. Hallowell, M.D.
Todos os direitos reservados

Direitos para a língua portuguesa reservados
com exclusividade para o Brasil à
EDITORA ROCCO LTDA.
Rua Rodrigo Silva, 26 – 4º andar
20011-040 – Rio de Janeiro, RJ
Tel.: 2507-2000 – Fax: 2507-2244
e-mail: rocco@rocco.com.br
www.rocco.com.br

Printed in Brazil/Impresso no Brasil

preparação de originais
MARIA ANGELA VILLELA

CIP-Brasil. Catalogação-na-fonte.
Sindicato Nacional dos Editores de Livros, RJ.

H184d	Hallowell, Edward M.
	Os 12 laços vitais: reatando as conexões humanas /
	Edward M. Hallowell; tradução de Talita M. Rodrigues. –
	Rio de Janeiro: Rocco, 2002.
	Tradução de: Connect: 12 vital ties that open your heart,
	lengthen your life, and deepen your soul.
	ISBN 85-325-1437-5
	1. Qualidade de vida. 2. Relações interpessoais. 3.
	Motivo de realização. 4. Desempenho. I. Título.
	CDD–158-2
02-0957	CDU–159-94

Para minha mãe e meu pai
e
para todos que ofereceram suas
histórias pessoais para este livro.

Basta fazer a conexão...

E. M. FORSTER
Howard's End

Pense onde mais começa e termina a glória do homem,
E diga que a minha glória foi ter tido amigos assim.

W. B. YEATS

A empatia mútua é o grande dom humano não celebrado.

JEAN BAKER MILLER, M.D., e IRENE PIERCE STIVER, PH.D.,
The Healing Connection

Com alguém para amar, até os pacientes
mais graves superam a sua doença.

KEN DUCKWORTH, M.D.

SUMÁRIO

Introdução: o que é mais importante na vida? 11

I
O PODER DAS CONEXÕES SINCERAS

1: No momento humano 23
2: Falando pessoalmente: as conexões salvaram a minha vida 43
3: Eu e Mr. S.: o milagre da conexão 59

II
CRIANDO CONEXÕES

4: Você já é rico em conexões 75
5: Família: o que aperta nossos corações, e os afrouxa também ... 87
6: Filhos: agonia e êxtase 104
7: Intimidade: exemplo de um casamento 108
8: Amigos 130
9: Trabalho, parte I: criando uma boa química 139
10: Trabalho, parte II: o valor do momento humano 152
11: Beleza 170
12: O passado 176
13: Natureza e lugares especiais 186
14: Bichinhos de estimação e outros animais 192
15: Idéias e informação 196
16: Instituições e organizações:
    um homem conectado num lugar conectado 203

17: Criando uma escola conectada: Shady Hill 215
18: Missão no meio do entulho: uma instituição conectada 225
19: Encontrando o seu Deus:
    conectando-se com o que está além 233
20: Um bom lugar para você crescer:
    sua conexão com você mesmo, parte I 239
21: Explorando o seu lado criativo:
    sua conexão com você mesmo, parte II 249

III
ESPERANÇAS E TEMORES:
CONEXÃO E DESCONEXÃO

22: Se a conexão é uma coisa tão boa,
    por que é tão escassa? 261
23: A comunidade de gente boa 276
24: Um assassinato na porta ao lado 280
25: Herói ou astro? O que você deseja para seus filhos? 290
26: Rompendo uma conexão 297
27: Quando o pior acontece: a morte de um filho 306

IV
AUTO-AVALIAÇÃO E DICAS PRÁTICAS

28: A sua vida é bem conectada? Um teste de auto-avaliação 323
29: Praticamente falando:
    dicas para criar uma vida mais conectada 329

V
ENCONTRANDO A ESSÊNCIA DA SUA VIDA

30: "Se você quer ser feliz..." 343

Agradecimentos 353

INTRODUÇÃO

O que é mais importante na vida?

"QUASE MORRI", UM HOMEM ME DISSE. "Não sei como ainda estou vivo." Ele tinha acabado de enfrentar uma falência e uma cirurgia grave, tudo no mesmo ano.
Como foi que *conseguiu* isso, eu perguntei.
Ele parou um momento para pensar, depois respondeu. "Foram os outros. Meus amigos, minha família, e pensar no que meu pai teria feito. Foi isso que me salvou."
Na prática da minha profissão e na minha vida particular, ouço comentários assim todos os dias. As nossas conexões nos ajudam quando a vida está difícil e dão sentido quando tudo vai bem.
Simplificando, precisamos uns dos outros. Precisamos de conexões que sejam importantes para nós, que sejam sinceras. Precisamos nos conectar — ou reconectar — com nossos amigos, famílias, vizinhos e comunidades. Também precisamos nos conectar — ou reconectar — com o nosso passado, com nossas tradições e ideais.
A maneira mais natural de se fazer isso é pessoalmente, com o que chamo de *momento humano*. O momento humano acontece sempre que duas ou mais pessoas se juntam, prestando atenção umas nas outras.
Essas conexões são a chave do que importa na vida, desde uma família feliz, um negócio bem-sucedido, a paz interior e até mesmo a saúde física e a longevidade. Mas essas pontes interpessoais estão ruindo. Assim como o nosso sistema de vias expressas exige reparos, a infra-estrutura interpessoal da América está enfraquecendo. Estamos perdendo o contato humano uns com os outros, ainda que a nossa intenção não seja essa. Somos pessoas ocupadas. Estamos comprometidos com outras coisas. Estamos *em outro lugar*.

No íntimo, o nosso sofrimento é cada vez maior, porque sentimos falta de laços afetivos mas não sabemos criá-los. Se é assim que você se sente, não pense que está sozinho. Está em companhia de milhões de pessoas. É hora de nos acharmos uns aos outros novamente. É hora de nos religarmos neste mundo tão atarefado, desconectado.

Para a maioria das pessoas as duas experiências mais fortes na vida são realizar e conectar. Quase tudo que tem importância direciona-se para um desses dois objetivos. Os pontos culminantes na vida de quase todas as pessoas é quando elas se apaixonam (conectam) e quando atingem (realizam) uma meta conquistada com dificuldade.

Embora estejamos nos saindo muito bem no campo das realizações, vamos muito mal no das conexões. Este livro é sobre conectar-se, especialmente conectar-se com outras pessoas, vivas, no momento humano.

São muitos os tipos de conexão que se podem fazer. Você pode se conectar com sua família, seus amigos, seus bichinhos; com seus vizinhos, seu partido político, seu time de beisebol; com seu emprego, seu jardim, a parte da cidade de que mais gosta, uma música preferida; pode se conectar com a natureza, com a casa onde morava, com o seu passado; e você pode se conectar com o que está além do conhecimento — com o transcendente, com o que você chamar de Deus.

Conexões fortes fazem a vida parecer satisfatória e segura. Muitos de nós, porém, começamos a não dar muita atenção a uma vida de conexões, dedicando a maior parte do nosso tempo a realizações e tarefas cotidianas. Esta é uma tendência perigosa. Está na hora de voltarmos a dar prioridade máxima às conexões, porque *tanto a sua saúde quanto a sua felicidade dependem disso.*

Talvez você se sinta impotente; ache que a desconexão é um sinal dos tempos. A vida ficou muito complicada, você diz, e você tem o suficiente só para não afundar. Talvez sinta que não tem muito controle da situação. Mas tem mais do que imagina. Vou lhe dar o exemplo do esforço de uma cidadã comum para lidar com o problema de conexões enfraquecidas.

Christine Mitchell sentia-se mal porque no lugar onde ela morava as pessoas não se falavam. Sua casa ficava num subúrbio muito agradável de Boston. O problema era que todos os dias as pessoas voltavam do trabalho, fechavam suas portas, para acordar no dia seguinte, ir trabalhar, depois voltar e fechar de novo as portas. Poucas se conheciam. De vez em quando, alguém saía para ver o porquê daquela sirene e das luzes piscando de uma ambulância que passava, e esporadicamente Christine via duas pessoas conversando na calçada. Mas isso era muito raro.

Há muita gente, no país inteiro, nessa situação. Em geral, achamos que estamos muito ocupados para tomar alguma atitude, nos sentimos impotentes ou, então, simplesmente somos tímidos. Christine, entretanto, resolveu agir do seu jeito simples. Foi até a prefeitura e, com dez dólares, comprou um livrinho com todos os números de telefone da sua cidade relacionados por endereço e com o nome do morador. Em seguida, fez uma lista com todas as pessoas que moravam no seu bairro. Oitocentos nomes.

Vou reunir essas pessoas, frente a frente, ela disse para si mesma. *Vou fazer com que sejam obrigadas a falar umas com as outras*. A idéia era simples. Ela resolveu organizar uma festa de rua, convidando todas as oitocentas pessoas da lista.

Ela nunca, antes disso, havia organizado um grande evento, mas foi em frente, com o incentivo do marido entusiasmado.

— Vamos tirar esse pessoal da toca! — disse ele.

— Se for um fiasco, não sei o que eu vou fazer — respondeu ela.

— Não vai ser — garantiu ele.

Como ele sabe? Christine pensou, mas não desistiu.

Muitos disseram que iriam, mas Christine ainda estava preocupada. Todos nós já vimos pessoas que se mostram entusiasmadas para ir a algum lugar, e depois, no último minuto, caem fora alegando milhões de razões diferentes. Era o estilo moderno! Diga *sim*, mas faça *não*. Mesmo assim, Christine encomendou comida e bebida para quatrocentas, um *disc jockey*, palhaços e um mágico para distrair as crianças. Tarefa cumprida, foi para cama imaginando o que faria se aparecesse apenas um punhado de pessoas.

No dia, por sorte, o sol apareceu e Christine começou a trabalhar. A polícia chegou, conforme prometido, e cercou a rua. O DJ veio mais cedo, enquanto Christine e o marido arrumavam as tinas de Coca-Cola e as mesas com biscoitos e bolinhos de chocolate.

E aí, por um breve momento, estava tudo pronto mas ninguém tinha chegado.

Mas foi só por um momento. As pessoas começaram a abrir a porta e sair de casa, subindo a colina a pé com os filhos, e a dobrar a esquina com os amigos. Não demorou muito, a rua estava cheia de vizinhos. Eles vinham em bandos. De fato, 90 por cento das pessoas que Christine tinha contactado compareceram. Elas conversaram, dançaram, sentaram-se nas varandas e comeram, desceram a rua de *skates* e, em geral, se divertiram juntas. A partir daquela tarde, uma comunidade começou a tomar forma.

Depois da festa, o velho bairro que passou moribundo aproximadamente umas três décadas, ressuscitou. Passaram-se semanas e meses em que a harmonia ainda não era perfeita, é claro, mas pelo menos havia sinais de comunidade antes inexistentes. As pessoas já paravam para conversar, cumprimentavam-se com um aceno de mão e, agora que se *conheciam*, se chamavam pelo nome. Os vizinhos distribuíam convites, dando os primeiros passos para sair do anonimato. Começaram a dividir momentos humanos. Começaram a se conectar.

A conexão é uma vitamina essencial. Sem ela não se vive.

No entanto, estamos deixando as conexões desaparecerem. Nós as vemos sumindo como um litoral que vai erodindo lentamente, mas não sabemos como impedir isso. Portanto, ficamos assistindo e esperando a maré virar antes de perdermos terreno demais.

"Não posso fazer nada", diz uma mãe muito ocupada, que trabalha fora. "Sou escrava dos meus horários. Entre as crianças e o meu emprego, mal tenho tempo para escovar os dentes, muito menos para manter contato com amigos e vizinhos. Não me sobra energia para mais nada. O que posso fazer?"

"Gostaria de passar mais tempo com meus amigos e parentes, ou simplesmente cuidar do meu jardim, mas, caia na realidade, isso é impossível!", um homem exclama quando insinuo que o seu excesso de preocupações talvez seja fruto de uma vida sem conexões.

"Acredito que seja verdade isso que você diz sobre conexões", um paciente me afirma, quando lhe falo que está doente porque leva uma vida isolada. "Acredito que esta seja a chave para a gente se sentir bem. Mas as pessoas em geral estão ocupadas demais para se preocuparem com isso. O que uma pessoa pode fazer?"

Nem todos têm capacidade para armar uma festa de rua como a de Christine, mas todos podem fazer algumas pequenas mudanças para melhorar as suas conexões. Por exemplo, você pode entrar em contato com um parente que vem ignorando ou com quem tem uma rixa; pode planejar um almoço com um amigo; iniciar um grupo de leitura que se encontre uma vez por mês; combinar um jogo de baralho em dias regulares ou alguma forma de exercício com um amigo, com o qual não teria outra forma de estar; comunicar-se com seus representantes eleitos mais do que faz agora; visitar um museu como há anos vem querendo fazer; participar de uma reunião da sua escola ou faculdade; ir a uma lojinha ou restaurante local e ficar amigo dos funcionários; cumprimentar os cobradores de pedágio; praticar civilidade, mesmo que os outros não a pratiquem; voltar a freqüentar a igreja ou a sinagoga, ou seguir seja lá o que o seu sistema de crenças ditar; jantar com a família o maior número de vezes possível e ler para seus filhos sempre que puder. Estes passos concretos, e outros do mesmo tipo, podem criar uma vida conectada para você. Não só você se sentirá mais feliz, como viverá mais.

Momentos de conexão elevam nossos espíritos. Por exemplo, mesmo que eu fique meses sem aparecer, Karen, a mulher atrás do balcão da loja de flores local, sempre sorri para mim e me cumprimenta, "Oi, Ned", quando eu entro. Ela até lembra da minha mulher e dos meus filhos, e pergunta por eles pelo nome! Ou quando chego em casa e meus filhos correm para me receber gritando *"Papai!!"* — nesse momento realmente não importa como foi o meu dia. O calor e a alegria podem durar horas. Até uma conexão do passado pode elevar nossos espíritos. Numa das paredes do meu escritório, tenho uma fotografia de Ted Williams. Muitas vezes eu me reclinei na cadeira e fiquei olhando para ele, congelado na foto na extremidade do seu balanço, e por alguma estranha razão a vida me pareceu melhor depois disso.

Talvez Karen sorrisse só porque sorrir é bom para os negócios, e talvez meus filhos corram para me receber só porque querem alguma coisa de mim, e quem sabe o que eu sinto olhando a foto de Ted Williams seja puro sentimentalismo. Mas todos nós sabemos que não é só isso. Todos estes tipos comuns de conexão — e milhares de outros — tornam especial uma vida comum, se permitirmos.

Como psiquiatra, sei sempre quando meus pacientes estão melhorando, porque começam a aumentar as suas conexões. Procuram com mais freqüência os amigos, ou aprofundam seus relacionamentos no trabalho, redescobrem um antigo interesse como cuidar do jardim ou velejar, passam a freqüentar serviços religiosos, aproximam-se de parentes afastados, divertem-se mais com a sua família imediata. Muito mais eficaz do que lucros financeiros ou outros tipos de troféu, o aumento das conexões reflete a melhora da saúde emocional. E também a cria.

O que é conexão, ou aquilo que eu às vezes chamo de *conectabilidade*? É a sensação de pertencer a algo maior do que você mesmo. Que pode ser uma amizade, um casamento, equipe, escola, empresa, uma atividade, país, até mesmo um conjunto de ideais, como a Carta dos Direitos Humanos, ou um sistema de crenças, como uma religião.

As pessoas sabem instintivamente o que é conectabilidade. Um chofer de táxi de Nova York não usou essa palavra, mas evocou a sensação ao me contar sobre o antigo bairro onde morou. "Cresci nesta cidade, em *L'll I'ly*", ele disse (a sua pronúncia de "Little Italy" omitia os *ts*). "As confeitarias tinham vitrolas automáticas, as *jukeboxes*. Foi onde conheci minha mulher, ela tinha dezessete anos e eu, dezoito. Nós dançávamos dentro da loja. Os velhos jogavam pinocle nas mesas de carteado nas calçadas. Tudo isso acabou. Mas continuo casado. Com a mesma mulher, também!" Uma família conectada, um bairro conectado, um local de trabalho conectado, tudo isso transmite um sentimento especial, quase como estar apaixonado. Essa sensação de conectabilidade conduz à saúde e ao sucesso.

Passear de mãos dadas com alguém que você ama, rezar, ficar deitado afagando o seu cachorro que subiu na cama porque sabe que você não está se sentindo bem, olhar uma fotografia da sua turma do ginásio — todos esses momentos o conectam a algo maior do que você mesmo.

Juntas, essas conexões formam o que chamo de *conectabilidade*. (Uso as palavras "conexões" e "conectabilidade" como sinônimos.) Podem ser uma força titânica em nossas vidas. São tão cruciais para o nosso bem-estar quanto a nossa saúde física ou situação econômica. Na verdade, ajudam a controlar tanto um quanto outro. Que bem, exatamente, elas nos fazem? Que preço teremos de pagar ignorando-as? De que maneira prática cada um de nós pode explorar esse poder mais plenamente em nossas vidas? Estas são as perguntas que este livro irá responder.

Para evidências do poder transformador da conectabilidade, não é preciso ir buscar em estudos científicos, embora hoje eles sejam abundantes. Basta examinar a sua própria vida. Pense nas muitas vezes em que se sentiu deprimido e procurou um amigo para incentivá-lo. Pense na decepção no trabalho e no consolo de uma longa conversa pelo telefone naquela noite. No excelente trabalho que fez quando fazia parte de uma equipe bem dirigida. Ou considere o quanto seus filhos significam para você. Essas conexões são as nossas cordas guias; elas podem salvar nossas vidas.

Mais devagar, os céticos reclamam; as conexões podem ser confortantes, mas não salvam vidas. Ah, salvam sim. Um estudo realizado na década de 1980, pelo dr. David Spiegel, com um grupo de mulheres com câncer de mama em estágio terminal, foi exemplo vívido de como a conexão pode salvar vidas. Metade das mulheres nesse estudo reuniam-se regularmente e conversavam sobre suas vidas, enquanto a outra metade não. As que se reuniam viveram, em média, *duas* vezes mais do que as do segundo grupo. O poder de cura dessa conexão humana é hoje amplamente reconhecido pelos médicos, conforme crescem as evidências comprovadas por estudos como o do dr. Spiegel.

Claro que também pode acontecer o inverso. A desconexão é capaz de magoar, até de matar. Um mínimo de crítica no momento errado, uma rejeição excessiva ou o telefone que não toca pode deixar você infeliz. A desconexão pode ser devastadora. Nada dói mais. É por isso que os antigos temiam o exílio como uma punição pior do que a morte. Na verdade, hoje está cientificamente comprovado que o isolamento social leva à morte.

Não só indivíduos prosperam com o poder da conexão; as empresas e outros tipos de instituição também. Hoje em dia, cada vez mais as empresas procuram conservar os seus bons funcionários, e a melhor maneira de se fazer isso é criando um clima de conexão no ambiente de trabalho. Não é necessário sessões para encontros emocionais e físicos, basta recorrer à força invisível da conexão. Consegue-se isso conversando com as pessoas e tratando-as com respeito. O funcionário conectado permanece na empresa, trabalha mais e é mais criativo.

Há vinte anos na psiquiatria, tenho recebido milhares de indivíduos no meu consultório particular, assim como famílias, casais e grupos. Fora do consultório, tenho atendido a escolas, empresas, igrejas e organizações de apoio, assim como outros grupos, no país inteiro. Como membro do corpo docente da Escola de Medicina de Harvard, dei aulas para estudantes de medicina, residentes e bolsistas. Tenho trabalhado de um extremo a outro do espectro socioeconômico, tratando pacientes de baixa renda em hospitais estaduais assim como os muito abastados. Tenho tratado de doentes mentais graves e de gente com leves perturbações. De crianças com dois anos de idade a adultos com oitenta e dois. De pessoas de todas as profissões, desde motoristas de ônibus a médicos, professores, atores, até aqueles que o mundo chama de vagabundos.

Muitas de suas histórias aparecem neste livro. Elas e as anedotas aqui contadas são verídicas, exceto uma ou outra composta a partir de vários relatos da vida real.

O que aprendi de mais importante com essas pessoas é o poder da conexão.

O objetivo deste livro é convencer você a arranjar tempo para a conectabilidade, mesmo que isso implique irritação — e, em geral, implica! O objetivo deste livro não é apenas convencê-lo de que a conectabilidade é saudável — embora haja informações que vão lhe mostrar que ela é muito mais saudável do que imagina. É também o de fazer com que você veja que é possível conseguir a conectabilidade, e que uma vez alcançada ela se mantém.

Um exemplo pungente do quanto pode ser forte e duradoura uma conexão entre duas pessoas me foi dado por uma mulher cujos pais estavam numa clínica de repouso. "Há quase dois anos, meu pai sofreu uma parada cardíaca durante uma cirurgia. Depois de duas semanas em tratamento intensivo, ele foi transferido para a clínica onde minha mãe já estava internada com Alzheimer. A linguagem de meus pais resumia-se basicamente a sílabas sem sentido. No entanto, mesmo com mamãe no seu próprio mundo, sofrendo de Alzheimer, e papai enfrentando as conseqüências do seu ataque, os dois encontraram meios de continuar cuidando um do outro e pedir ajuda quando era necessário. Por exemplo, mamãe avisou a enfermeira que papai estava tendo um forte ataque de epilepsia, embora não nos reconheça quase nunca! O modo como mamãe e papai se olham, se tocam, e simplesmente ficam um do lado do outro, de mãos dadas, é prova da profunda conexão que existe entre os dois. Este ano, no dia primeiro de outubro, eles comemorarão cinqüenta e nove anos de casados."

A habilidade para nos conectarmos com os outros é inerente ao ser humano, como a visão ou o tato. A chance de estabelecer conexões está franqueada a todos nós enquanto vivermos.

Muita gente, porém, em particular nós, homens, passa pela vida abrindo-se raramente, jogando sempre com as cartas escondidas no bolso do colete. "Na hora do vamos ver", dizemos na defensiva, "é um mundo cão." Ou "Não peço perdão e não perdôo." Ou a frase preferida do meu tio, "Não confie em ninguém, e não se decepcionará". Aforismos desse tipo podem explicar uma vida inteira jogando na defesa. O enunciado "Somos todos seres fundamentalmente solitários" acaba sendo realidade. São legiões de pessoas que não confiam em ninguém.

Mas por que não arriscar? Sem dúvida, estamos sozinhos em alguns sentidos básicos e, certamente, as pessoas podem decepcionar. Mas as conexões estão sempre acenando de longe, como luzes tremeluzentes na praia. Elas estão lá, basta que acenemos de volta.

Onde quer que eu vá, vejo o mesmo problema gritante. É o de não estar suficientemente conectado — a uma pessoa, a um emprego, a um grupo de pares, a qualquer coisa que dê sentido à sua vida.

Isso já foi longe demais. Se um cirurgião encontra um homem na rua com a perna quebrada, corre para ajudar. Tudo aquilo que ele aprendeu na sua profissão o fará aproximar-se do homem que está machucado, não importa o que estiver acontecendo. Como psiquiatra, vejo a desconexão humana hoje gritando na minha direção com a urgência de um corpo esvaindo-se em sangue no meio da rua. Quero aplicar torniquetes, estancar a hemorragia, colocar um travesseiro sob a cabeça da vítima, verificar se as vias respiratórias estão desimpedidas e que o coração bate firme.

Uma coisa é cuidar de um corpo sangrando. Mas como tratar as emoções? Como colocar um torniquete no tempo? Como dizer às pessoas "Vão mais devagar, conversem uns com os outros, religuem-se com o que é importante"? Como você diz, "Sua vida depende disto"? Como falar isso e ser ouvido?

Eu falo da única maneira que sei, com simplicidade e franqueza. O coração humano tem fome e o alimento existe por toda parte, de graça. Chama-se conectabilidade.

Refazer conexões não significa ter de participar de demonstrações públicas de amor ou de protesto, ou se sentir obrigado a querer fazer isso. E não quer dizer que se deva adotar uma visão ingênua e irracional da natureza humana. Um dos meus professores costumava me alertar: "É impossível superestimar o egoísmo das pessoas." Este é um ponto de vista com que todos nós já concordamos, eu suponho. Mas também descobrimos, de vez em quando, que tendo oportunidade as pessoas seguem o caminho inverso, se não *contra* o seu próprio interesse, então *no* interesse da outra pessoa. Talvez o truque seja descobrir como combinar os dois: egoísmo e altruísmo. Isso é possível porque, por mais que sejamos governados pelo egoísmo, a maioria das pessoas no seu íntimo deseja fazer contato com outras pessoas e ajudá-las. Pergunte à média das pessoas o que fariam se ganhassem na loteria. Em geral, primeiro elas dizem que largariam o emprego e voariam para o Havaí, logo em seguida elas lembram de alguém ou de alguma organização para a qual dariam uma parte do dinheiro. As pessoas não são egoístas. Só precisam encontrar o jeito certo de se conectar.

A conectabilidade pode lhe ser útil, mas está longe de ser simples. Pode ser perigosa, árdua, triste ou simplesmente maçante. Cultivar a conectabilidade requer determinação e paciência, como cultivar um jardim, só que este é o jardim das suas conexões.

Mas o que este jardim lhe dará em troca pode ser a coisa mais importante da sua vida.

I

O PODER DAS CONEXÕES SINCERAS

UM

No momento humano

VIVER É PERDER. TUDO QUE ganhamos também perdemos — um amigo, um dia, uma oportunidade e, finalmente, a própria vida. Para compensar a dor da perda, usamos uma cola humana, a força do amor. Que cria as nossas muitas e diferentes conexões. É isso que nos salva.

Ao pensar na razão da sua vida, no que é realmente importante para você, em geral você lembra de uma pessoa ou grupo de pessoas — talvez o seu marido ou a sua mulher, seus filhos, quem sabe um amigo. Ou pode ser uma instituição a qual você se dedique totalmente, o seu trabalho ou um conjunto de ideais.

Tudo isso são tipos diferentes de conexão. Para prosperar, na verdade, só para sobreviver, precisamos de ligações afetuosas com outras pessoas. O estilo de vida anti-social, fechado, é ruim para o seu corpo e a sua alma. Como uma deficiência de vitaminas, a deficiência de contato humano enfraquece o corpo, a mente e o espírito. Os danos podem ser graves (depressão, males físicos, morte prematura) ou leves (pouco rendimento, fadiga, solidão), mas eles certamente vão aparecer. Assim como precisamos de vitamina C todos os dias, também é necessária uma dose do momento humano — do contato positivo com outras pessoas.

Sabemos que precisamos comer, que precisamos de vitaminas e minerais, de água e de ar, de roupas e abrigo. A maioria até sabe que não passamos sem a luz do sol. Mas *não* que existe um outro fator muito importante na nossa lista de elementos essenciais: necessitamos uns dos outros. Não estou divulgando nenhum sentimentalismo barato. Isso está tão cientificamente comprovado quanto a nossa necessidade de vitamina C. Só que aqui o *C* é de "conexão".

Não confunda conexão — sentir-se parte de algo maior do que você mesmo, ligado a outra pessoa ou grupo, aceito e compreendido — com contatos. Não confunda conectar-se com participar de uma rede de interesses. Sem dúvida, para homens e mulheres de negócios é muito bom ter vários contatos e uma agenda telefônica cheia. E, certamente, a rede de interesses é uma boa maneira de criar oportunidades.

Ao mesmo tempo, entretanto, os contatos podem infestar a sua vida como flores silvestres; elas são bonitas, mas podem sufocar o nascimento de plantinhas de mais valor. A rede de interesses pode distraí-lo do seu objetivo principal à medida que as "oportunidades" hoje em dia pipocam como ervas daninhas por todos os lados. A Internet está repleta de oportunidades, todas competindo pelo seu tempo. Você pode passar tanto tempo formando redes, contactando e navegando na Internet que acaba esquecendo para que está formando redes, contactando e navegando. Uma conexão profunda com uma pessoa ou uma estratégia de negócios adequadamente executada vale muito mais do que um monte de contatos e buscas frenéticas pela Internet.

Por sorte, o tipo de conexão positiva de que realmente precisamos está disponível para todos nós. Minha experiência como psiquiatra, a experiência de médicos em todas as especialidades e a fartura de sólidas informações científicas são a prova dos enormes benefícios da conexão no dia-a-dia. Há muitas pedras, porém, atrapalhando o caminho de quem está colhendo esses benefícios, tais como excesso de obrigações diárias, timidez, medo ou falta de tempo.

Você pode vencer esses obstáculos e reforçar suas conexões de várias maneiras práticas, que este livro explora. Os benefícios serão muito compensadores. Sentido, satisfação, intensidade, prazer, alívio da dor — que tanto desejamos — podem ser encontrados nas várias formas de conexão.

Onde quer que eu vá, vejo a necessidade de conexão frustrada. Viajando pelo país como palestrante, ou pelos corredores do supermercado local como consumidor, percebo o desejo de conexão das pessoas, assim como as pressões que as impedem de satisfazê-lo. "Encontro você mais tarde, certo?" "*Precisamos* nos encontrar um dia desses!" "Não acredito, faz tanto tempo!" As pessoas querem se conectar, mas estão muito ocupadas. Querem se aproximar, mas estão com muita pressa, ou com muito medo. E, no entanto, suas vidas dependem disso.

Só recentemente os pesquisadores comprovaram o valor da conexão para salvar vidas. Entre aqueles que reuniram evidências científicas quantitativas, que agora confirmam a importância da conexão, a dra. Lisa Berkman é uma figura de destaque. Antes dos seus estudos, os céticos insistiam em que as conexões podiam ser "boas" mas não tão fortes a ponto de interferir na biologia básica.

A dra. Berkman mostrou o contrário. Hoje presidente do Departamento de Saúde e Comportamento Social da Escola de Saúde Pública de Harvard, ela foi a autora do revolucionário Alameda County Study, publicado em 1979. Este estudo acompanhou a vida de umas sete mil pessoas em Alameda County, Califórnia, durante nove anos.

Para medir os efeitos da conexão quantitativamente, a dra. Berkman e sua equipe observaram atentamente as pessoas para descobrir em detalhes o quanto elas eram ou não conectadas. Descobriram se elas eram casadas ou se moravam sozinhas, que tipo de contato elas tinham com amigos e parentes, se pertenciam ou não a uma igreja ou a outra organização religiosa e o quanto participavam de organizações e grupos voluntários.

Armada com essas informações, a dra. Berkman examinou o risco que essas pessoas corriam de morrer num período de nove anos. Descobriu que as mais isoladas tinham *três vezes mais* probabilidade de morrerem nesses nove anos do que aquelas com vínculos sociais mais fortes. Nunca antes havia se provado que a morte em si estava associada ao isolamento social ou à falta de conexão afetiva.

Diante de uma análise estatística multivariada, o valor protetor da conexão mostrou-se presente em todas as idades. As pessoas observadas no estudo variavam entre trinta e sessenta e nove anos; a vantagem estatística de uma vida mais longa estava com o grupo mais conectado de cada idade. Mesmo na presença de fatores de risco, como fumo, obesidade, álcool, pobreza, mau uso dos serviços sanitários e saúde debilitada no início do estudo, as pessoas com fortes vínculos sociais viveram *significativamente mais*.

Para obter os benefícios da conexão, não importava de que

tipo ela fosse. Por exemplo, você podia morar sozinho, mas ter contatos freqüentes com amigos ou parentes, e estar protegido. Ou pertencer a várias organizações de voluntários, mas não participar de nenhuma atividade religiosa, e continuar protegido. A conexão podia ser com igreja e família, mas não com uma organização de voluntários, e você ainda estaria protegido. A chave era ter vários tipos de conexão, mas eles podiam variar de pessoa para pessoa.

Quem corria mais risco de morrer eram os 10 a 15 por cento mais isolados. Este estudo foi reproduzido umas quinze vezes em outras partes dos Estados Unidos e no resto do mundo, inclusive na Suécia, Inglaterra e Finlândia.

Numa escala mais reduzida, examinei o poder da conexão num grupo diferente de pessoas — alunos do ensino secundário — voltando à minha antiga escola, a Phillips Exeter Academy. Exeter é uma escola preparatória em New Hampshire, um internato academicamente rigoroso e competitivo.

Em 1989, a diretora na época, Kendra O'Donnell, pediu ao psicólogo da escola, dr. Michael Diamonti, e a mim para examinarmos sistematicamente a Exeter — alunos, pais e corpo docente — e tentarmos descobrir quais os fatores que previam sucesso e felicidade.

Contrário ao estereótipo, a Exeter não é só para os ricos. O seu grande patrocínio permite que 35 por cento dos alunos recebam ajuda financeira. O corpo *dicendi*, proveniente de quarenta e quatro estados e vinte e sete países estrangeiros, é geográfica e racialmente diverso.

Mike Diamonti e eu entrevistamos centenas de alunos, pais e professores. Essas pessoas também preencheram questionários avaliando um amplo leque de variáveis, incluindo elementos demográficos básicos, como raça, religião, renda e outras, como autoestima, sentimentos sobre o futuro, uso de drogas e depressão.

Na imensidão de dados, um fator surgiu como o mais evidente: a capacidade de fazer conexões. Os alunos que se saíram bem tinham essa capacidade, enquanto os outros que não tinham não mostraram um bom resultado.

Definimos a capacidade de fazer conexões como o sentimento de fazer parte de algo maior do que você mesmo. Avaliamos isso, em questionários, a partir de respostas a declarações como

"Meus amigos me ajudam a superar tudo" e "Há grupos pelos quais eu faria grandes sacrifícios", "Tenho um forte compromisso com minha família". Os alunos que concordaram com essas afirmativas, e outras parecidas, foram considerados conectados, quem discordou foi classificado como desconectados. Cerca de 80 por cento dos alunos encaixaram-se na categoria dos conectados, aproximadamente 20 por cento ficaram na dos desconectados.

Em todas as medidas de saúde mental e felicidade que usamos, assim como em todas as medidas de conquistas e realizações, os alunos que se saíam melhor eram os conectados. Os infelizes eram os desconectados.

Especificamente, os alunos conectados eram os menos deprimidos, tinham níveis de auto-estima mais elevados, sentiam-se mais confortáveis com suas famílias, eram mais positivos com respeito a sua educação, consumiam menos drogas ou álcool, sofriam menos de estresse e tinham médias mais altas.

Hoje, quase dez anos depois de finalizado o estudo de Exeter, o valor da conexão foi confirmado por um amplo estudo em nível nacional. Michael Resnick, da Universidade de Minnesota, uniu-se a outros pesquisadores de todo o país no Estudo Longitudinal Nacional sobre a Saúde na Adolescência. Eles estudaram uns doze mil adolescentes cursando desde a sétima até a décima segunda série e fizeram algumas constatações formidáveis, que publicaram no *Journal of the American Medical Association*, em 1997.

Como o estudo de Exeter, este se dispôs a determinar quais eram os maiores fatores de risco, assim como os fatores de proteção mais relevantes na vida dos adolescentes. Os entrevistadores fizeram perguntas sobre angústia emocional, pensamentos ou ações suicidas, comportamento violento, consumo de cigarro, álcool ou marijuana, e relações sexuais precoces ou gravidez.

O estudo examinou, em seguida, dezenas de variáveis nas vidas desses estudantes, buscando o que era mais significativo, tanto positiva quanto negativamente.

Foram encontradas duas condições de maior proteção, e essas descobertas se assemelham de forma impressionante com o que vimos no estudo de Exeter.

O primeiro fator de proteção foi a capacidade de conexão familiar com os pais. Esta foi definida no estudo de Minnesota como "intimidade com a mãe e/ou pai, cuidados e atenção percebidos da mãe e/ou pai, satisfação com o relacionamento com a mãe e/ou pai, e sentir-se amado e querido pelos membros da família".

O segundo fator de proteção foi parecido com o primeiro. Era a capacidade de estabelecer conexões na escola, definida como o sentimento do aluno de que ali as pessoas são tratadas com justiça, de que ali ele é amigo de todo o mundo e de que se sente parte da escola.

Ao avaliar a capacidade de conexão, o mais importante era a percepção do adolescente, não uma prescrição concreta do que favorece uma família ou escola conectada. Não havia uma fórmula única para criar sentimentos de conexão. Pai e mãe não precisavam morar na mesma casa, nem a família tinha de estar junta na hora das refeições. A família tinha simplesmente de fazer *o que fosse necessário* para criar a *sensação de estarem conectados*. Famílias diferentes faziam isto de modos diferentes. O importante era que elas faziam. O mesmo se aplicava à escola. Não havia um tipo de escola melhor. O importante era o adolescente se *sentir conectado*.

O estudo mostrou que, havendo o sentimento de conexão com a família e a escola, as crianças estavam protegidas, mas, se ele não existisse, elas corriam um risco muito maior de sofrer de angústia emocional, comportamento violento, pensamentos e ações suicidas e uso de drogas.

Quando nós, pais, nos perguntamos, às vezes com uma sensação de impotência, se é possível fazer *alguma coisa* para que nossos filhos não passem por tantas dificuldades, é bom saber que é possível sim. Exige esforço e criatividade, mas um esforço determinado para criar a conexão em casa e na escola ajuda — mais do que qualquer outra coisa.

A força protetora da conexão aplica-se não só às crianças. O Estudo sobre Envelhecimento da Fundação MacArthur (publicado em 1998) mostrou que os dois fatores de previsão mais fortes de bem-estar na velhice são: 1) a freqüência de visitas de amigos e 2) a freqüência da participação em reuniões de organizações. Esse estudo, como o de Minnesota, foi cuidadosamente planejado e conduzido com uma ampla amostragem de indivíduos de todo o país. Mais uma vez, é bom saber que dois passos simples podem protegê-lo com o avançar da idade, e que eles são divertidos! Basta conservar os amigos e comparecer às reuniões das organizações em que você acredita.

Temos, portanto, dados que mostram os efeitos positivos da conexão nos idosos e nos jovens. E quem está na meia-idade? Um estudo feito por Sheldon Cohen e também publicado no *Journal of the American Medical Association* (25 de junho de 1997), observou pessoas na fase intermediária de suas vidas, entre os dezoito e os cinqüenta e cinco anos. Cohen queria testar a hipótese de que os vínculos com a família, os amigos, o trabalho e a comunidade afetavam a capacidade do corpo de combater infecções.

Ele reuniu 276 voluntários e indagou sobre doze tipos diferentes de vínculos sociais, tais como com o cônjuge, com os amigos, colegas de trabalho e os pais. Em seguida infectou todos os voluntários com um dos dois tipos diferentes de vírus conhecidos por causar o resfriado comum.

As pessoas mais conectadas, segundo o que ele descobriu, combateram melhor o vírus. Especificamente, "aqueles com mais tipos de vínculos sociais foram menos suscetíveis aos resfriados comuns, produziram menos muco, foram mais eficazes no desentupimento de suas vias nasais e resistiram melhor ao vírus". Quem tinha seis ou mais vínculos sociais teve um resultado *quatro vezes melhor* do que aqueles com menos de quatro vínculos sociais.

Por conseguinte, o que vale não é a presença da conexão apenas, mas sim que ela seja diversificada.

Esses estudos não são notinhas de pé de página de alguma revista obscura, mas constatações cruciais, de enorme significado. Está na hora de a mensagem escapar das revistas médicas e científicas para a conscientização de todos nós. A conexão é essencial para a saúde física e mental em todas as idades.

Como psiquiatra praticante, fiquei conhecendo o poder da conexão logo no início da minha carreira. No princípio da década de 1980, quando eu estava terminando a minha formação, houve um pico na incidência de casos de depressão entre jovens adultos em todo o país. Era uma nova tendência. Antes, os níveis mais altos de depressão apareciam entre os idosos, gente que estava passando por muitos sofrimentos, como doenças, perdas e morte.

Mas agora muitos jovens, na faixa dos dezoito aos trinta e cinco anos, estavam deprimidos, assim como muitas pessoas de meia-idade. A geração *baby boomer*, antes otimista, ao chegar à maioridade e alcançar o sucesso não se entusiasmava com suas conquistas. Pelo contrário, estava insatisfeita, descrente e desconectada. Por maior que fosse o seu êxito na vida, isso não lhes trazia felicidade.

Muitos jovens que buscavam tratamento para a depressão tinham alcançado altos níveis de sucesso material, mas sentiam-se deprimidos porque não estavam conectados de forma significativa com nada maior do que eles mesmos. Embora fossem bem-sucedidos profissionalmente, estavam deprimidos porque tinham falhado nas conexões — uns com os outros, com a pessoa amada, com um ideal, com um propósito ou grupo em que acreditassem. Embora gostassem de independência e liberdade, a vida estava se tornando excessivamente o espetáculo de um homem só, ou de uma mulher só.

Com o passar dos anos, só vejo essa tendência aumentar. Cada vez mais as pessoas trabalham em casa ou isoladas em seus empregos, usando o seu tempo para fazer o seu próprio *marketing*, descobrir formas criativas de se reinventarem segundo as necessidades prevalecentes da nova economia baseada no conhecimento, mas sem deixarem de se sentir mais e mais inseguras, descrentes, preocupadas e, finalmente, isoladas.

Vou dar um exemplo da minha prática nesses anos. Na década de 1980, um homem de vinte e seis anos — Mr. G. — veio me procurar porque, segundo ele, "Não amo ninguém".

Vista por fora, a vida de Mr. G. era quase ideal. Sua saúde era perfeita e a aparência era ótima. Continuava jogando basquete dois dias na semana e, pelo jeito, não ficaria velho nunca. Tinha montado um negócio de sucesso partindo do zero, confiando no esforço e na intuição para fazê-lo prosperar. Naquela época, cinco anos apenas depois de formado, seus negócios iam bem, e ele estava bem. Tinha uma mulher bonita que o amava, era aceito em muitos clubes e organizações e tinha amigos que gostavam dele. Então, por que estava infeliz?

Porque não tinha aprendido a fazer conexões de amor. Fora educado desconectado, com pais que nunca lhe mostraram como sentir prazer com outras pessoas ou com ele mesmo. Ao examinarmos a sua vida externamente bem-sucedida, descobrimos que quase nada lhe dava prazer. Por exemplo, ele não precisou de mais de trinta segundos para me descrever a sua empresa, como se não fosse uma coisa fantástica alguém iniciar o seu próprio negócio partindo do nada, e em cinco anos ele já ser um sucesso. "Grande coisa", ele disse. "Qualquer um com metade dos neurônios é capaz de fazer isso. Basta pegar uma idéia e colocá-la para funcionar. Para mim, isso não significa nada. Milhões de pessoas fizeram coisa melhor." Perguntei-lhe se gostava de jogar basquete. Até isso estava se tornando um sacrifício, ele falou, porque exigia muito dele. Quanto aos amigos, ele os considerava na maior parte como "conhecidos apenas — gente com quem eu tenho de me relacionar comercialmente para os negócios crescerem".

Quando lhe perguntei pela mulher, ele disse: "Tenho pena dela. Tenho mesmo. Não sou muito afetuoso, e ela merece mais do que isso."

Na infância e na adolescência, ele recebeu muito pouco dos pais, ambos tinham de dar duro para pagar as contas no fim do mês. Não o maltratavam, mas também não eram amorosos. "Meu pai era basicamente um frustrado. Ainda é. Ele me contou que não era ninguém, e que eu também nunca seria alguém. No que me diz respeito, ele tinha razão." Falando num tom de voz tenso, levemente sarcástico, ele perguntou em seguida: "Gente como eu tem cura?"

Com o progredir da terapia, começamos a ver um padrão na vida de Mr. G. Sempre que ele se sentia mal, resolvia o problema tentando *conquistar mais*, seja na escola, na faculdade ou no trabalho. De fato, o sucesso passou a ser a sua única forma de se sentir bem. Ele não tinha vínculos duradouros. Quando criança, sua família estava sempre mudando de endereço, e ele, portanto, nunca estabeleceu elos fortes em lugar algum. Nunca freqüentou uma igreja e nunca fez parte de um clube ou grupo como os escoteiros ou a Associação Cristã de Moços. "Eu achava que essas coisas eram para os tolos", ele disse.

O único meio que tinha para se sentir melhor era o sucesso. Ele desenvolveu essa estratégia ao longo dos anos, começando mais ou menos da oitava série, e continuou até o presente. Como não funcionava, ele continuava tentando cada vez mais. Ele imaginava que, se ganhasse muito dinheiro ou se os seus negócios crescessem bastante, um dia ele se sentiria feliz. Toda a sua vida se baseava nessa hipótese. Quando menino, ninguém lhe disse ou mostrou nada diferente, e na idade adulta ele não encontrou outro caminho. Por conseguinte, o sucesso passou a ser o seu mantra.

Ele era um homem orgulhoso, e não procurava ninguém quando se sentia só ou triste. Trabalhar muito, entretanto, ele trabalhava. Assim o padrão se perpetuava: sofrimento seguido de muito trabalho, seguido por mais sofrimento, seguido por mais trabalho. Era interessante, realmente, o fato de ele ter me procurado. Só fez isso porque o seu médico de família tinha insistido. "Eu trabalhei e consegui tudo que devia conseguir, a mulher bonita, os negócios, a casa. Agora me diga: onde eu errei?"

O seu reconhecimento da ironia da sua situação — ter tudo, mas não sentir prazer em nada — foi se aprofundando conforme progredia a terapia, levando-o a amargas considerações sobre si próprio e, em breve, sobre mim. "Sou um perdedor", ele dizia. "Sou mais um cara com um negócio que deu certo." Em seguida, "Você não encontra nenhuma solução? Que profissão é essa sua?" Ao mesmo tempo que agredia a ele mesmo e a mim, ele decidiu que desejava me ver com mais freqüência.

Eu estava, basicamente, tratando de uma deficiência de vitaminas nesse homem, só que a vitamina era conexão humana. Finalmente, comigo, ele teve oportunidade de ser ele mesmo, sem outro ganho a não ser o da conexão. Ele podia se queixar, ser cínico o quanto quisesse, sentir pena dele mesmo, me ridicularizar, sem fingimentos, e ainda me ver tentando imaginar o que ele era realmente.

Com a freqüência dos nossos encontros, ele começou a me desvalorizar e à psicoterapia cada vez mais. "Bom trabalho se você consegue entender", era o seu refrão irônico para o trabalho do psicoterapeuta. Ele também começou a criticar o meu modo de vestir, a aparência do meu consultório e a minha postura casual. "Devorariam você vivo no mundo dos negócios", ele censurava. "Não *tem* pelo menos um terno? Não consigo ver você fechando um grande negócio." Ao mesmo tempo, ele começava a se sentir melhor.

Sua autocondenação ia diminuindo conforme a sua raiva encontrava um outro alvo que não ele mesmo — eu! Um dia ele fez a seguinte interpretação: "Sabe, vir até aqui e descarregar em cima de você é muito parecido com o que meu pai fazia comigo e com o que eu faço comigo todos os dias. Faz-me sentir bem, desviar de mim para você." Em seguida, ele pensou na mulher e na mãe e começou a se sentir triste por ter "descarregado" nelas, mesmo que as duas tivessem sido boas para ele.

Lembrei, então, a Mr. G. que "Bom trabalho se você consegue entender", era o refrão de uma cantiga de amor.

Ele concordou que tinha rejeitado o amor, como tinha me rejeitado.

"Bem, isso *é* interessante", eu falei. "Você dizia que nunca tinha se apaixonado."

Ele estava descobrindo nas suas sessões comigo um novo aspecto da vida. Embora Mr. G. tenha iniciado a terapia como uma pessoa impetuosa, que só pensava em si mesma, incapaz de amar e se sentindo vazia, agora ele estava começando a se encher — de raiva e tristeza. Cada vez mais, das vigas de aço dentro das quais vivia, uma pessoa autêntica emergia.

Conforme vinham à tona sentimentos verdadeiros, ele também começou a brincar comigo. Em vez de apenas me insultar, ele me contava coisas engraçadas que aconteciam no trabalho, ou piadas que tinha escutado no rádio. O nível de cinismo na sala baixou e o carinho aumentava. Mr. G. começou a relaxar assim que passou a confiar em mim.

Ele também começou a aceitar sua mulher no novo mundo de emoções que estava descobrindo. Começou a brincar com ela. "Ela tem um ótimo senso de humor", ele falou. "Eu é que nunca tinha percebido."

"Provavelmente porque você a mantinha tão distante", retruquei.

Ele começou a querer saber detalhes da rotina diária da mulher, da sua vida, não por obrigação, mas porque realmente desejava saber. "O dia dela é mais interessante do que o meu; por que eu não gostaria de saber?", ele perguntava retoricamente, como se tivesse de justificar um interesse pela mulher. Ela era professora. "Gosto de ouvir suas histórias sobre as crianças. Não sei por que não fiz isso antes!", ele exclamou. "Minha mulher é, de fato, muito legal!" Não demorou para ela lhe perguntar se não poderiam ter um filho, e ele concordou em tentar. Logo depois, ela ficou grávida e Mr. G. começou a pensar o que faria para o seu filho que não fizeram com ele. Tornou-se também um gerente mais interativo no trabalho, delegando mais e incentivando os outros para o sucesso.

Todas essas mudanças aconteceram gradualmente, e muitos detalhes tiveram de ser omitidos aqui para encurtar a história. O tema unificador, entretanto, foi sempre a abertura da capacidade de Mr. G. para se conectar. Essa capacidade sempre existiu, só que não estava desenvolvida. Ele aprendeu os elementos básicos da conexão comigo, e isso começou a crescer nas nossas sessões, espalhando-se rapidamente a todos os outros aspectos da sua vida. É assim com o sentimento de genuína conexão: quando o temos num lugar, queremos senti-lo por toda parte. Ao examinar os casos de depressão nos adultos bem-sucedidos que tratei na década de oitenta, eu vi os temas de Mr. G. se repetindo. Por maior que fosse o sucesso dessas pessoas, elas se sentiam sozinhas. Esse tipo de isolamento gera a depressão.

Um livro popular — e excelente — publicado pouco antes dessa época (em 1979) foi o *A cultura do narcisismo*, de Christopher Lasch. Lasch observou o mesmo fenômeno que eu veria na minha prática e chamou-o de narcisismo — uma geração e uma cultura preocupadas com elas mesmas.

Eu tive uma visão diferente. Ao tratar adultos de sucesso, mas deprimidos, descobri que a solução para esse sofrimento seria eles inventarem conexões relevantes. Um verdadeiro narcisista é tão voltado para dentro de si mesmo que é incapaz de fazer isso, mas eu não achava que essas pessoas eram, na sua maioria, verdadeiros narcisistas. Isto porque, como Mr. G., eles queriam se conectar, se lhe dessem chance e incentivo. Mas estavam presas numa cultura que não oferecia conexões com facilidade. O problema não estava tanto na mente — isto é, uma personalidade narcísica — quanto dentro de um mundo inconstante. A comunidade havia se rompido durante as décadas em que esta geração atingia a maturidade, começando na década de 1960.

A tendência só fazia aumentar desde que comecei a pensar nisso. A quebra das estruturas da comunidade levou ao que *parece ser* um egoísmo e um narcisismo amplamente disseminados, mas que é, na realidade, apenas o resultado lógico de as pessoas não se sentirem conectadas a algo maior do que elas mesmas. Quando você é o centro do seu próprio mundo, você parece bastante egoísta.

Mas egoísmo é o efeito, não a causa. Embora possa parecer que um egoísmo maior seja a causa de desintegração na comunidade, na verdade é o contrário. O egoísmo que hoje parece galopante é, na realidade, o isolamento emocional.

Veja só Mr. G. Ele nunca foi apresentado aos tipos de conexões que poderiam tê-lo amparado; portanto, voltou-se com dedicação para o sucesso e as realizações, negligenciando a sua capacidade de amar. O verdadeiro inimigo foi o isolamento emocional, desde a infância. Você pode ser a pessoa no comando — como era Mr. G. quando adulto — e continuar emocionalmente isolado. Pessoas assim podem *parecer* egoístas e narcisistas. Mas, ao contrário do verdadeiro narcisista, elas conservam dentro delas a capacidade de amar, na espera, pronta para ser ativada. Precisam apenas aprender a conectar e, depois, é só recuperar o tempo perdido.

As fontes de conexão nas quais a geração anterior confiava sofreram algumas aparas no passado. A unidade familiar está em contínua mudança. As famílias expandidas são tão expandidas que o contato regular é raro. A política, desde a Guerra do Vietnã e o Watergate, gerou um tremendo cinismo alienante que persiste até hoje.

Aos moradores de um mesmo bairro falta a coesão que costumavam ter. Há tanta mobilidade na nossa sociedade que as pessoas vão e vêm o tempo todo. Mr. G. teve essa experiência quando criança e sofreu, conseqüentemente não criou raízes duradouras. Embora seja uma grande bênção que todos nós tenhamos a chance de melhorar nossas vidas e conseguir melhores empregos, uma das tristes conseqüências disso, às vezes, é que não dedicamos tempo e esforço para conhecer o bairro para onde nos mudamos. Por que deveríamos fazer isso? Em poucos anos teremos ido embora. Por que nos expor a mais perdas do que o necessário? Nosso "bairro" é substituído artificialmente pela televisão ou pela Internet.

Igrejas, sinagogas e outros locais de adoração tentam suprir o que está faltando. Mais e mais, os locais de adoração atraem membros, não pela teologia, mas pelos programas comunitários que oferecem: o grupo de teatro ou leitura, o programa para adolescentes. Ou talvez ofereçam serviços não religiosos, como creches, aconselhamento para pessoas que estão sofrendo ou para casais. Com freqüência as pessoas "buscam" o seu local de adoração não baseadas na denominação, mas nesses outros fatores não religiosos. Embora Deus ainda seja parte da mensagem, a conexão humana é, muitas vezes, o maior atrativo. Conforme me disse Louise Conant, reitora associada da Christ Church, em Cambridge, Massachusetts, "Antes, as pessoas vinham à igreja nas manhãs de domingo para celebrar a vida comunitária dos outros dias da semana; hoje, elas vêm à igreja nos domingos para encontrar a vida comunitária que não têm no resto da semana".

As escolas também tomaram a si grande parte do encargo de tentar preencher a lacuna da conexão, mas elas não podem fazer tudo. Dou consultas em muitas escolas em todo o país, tanto elementares quanto secundárias, e por toda parte escuto o mesmo dilema. As escolas estão sendo solicitadas a dar mais do que podem. Querem que elas proporcionem tudo às crianças, desde valores e bons modos à mesa, até habilidades organizacionais, amizades e clubes, assim como habilidades acadêmicas — sem falar na autoestima! Temos de encontrar soluções mais criativas, em vez de transferir as demandas da lacuna da conexão para as poucas instituições, como as escolas, que sobreviveram.

A liberdade pessoal que esta geração — a minha geração — se esforçou tanto para conquistar fixou o seu preço. O preço é a desconexão. Você quer ser livre para se divorciar e sair de um casamento que o faz sofrer? Ótimo. Você quer ter a liberdade de se afastar da igreja porque a vê contaminada por tanta hipocrisia? Tudo bem. Você quer fugir de um bairro para outro porque onde você está é estupidificante, ou porque a mudança vai permitir que você ganhe mais? Certo. Você quer adiar ou evitar ter filhos para poder crescer na sua carreira e não cometer os mesmos erros de seus pais? Bom. Quer se desconectar da política porque a acha por demais corrupta? Ótimo. Quer colocar uma parede contra os elementos do sexo oposto porque não confia neles? Correto. Você quer se afastar de seus pais e de outros membros da família porque eles o magoam ou aborrecem muito quando os visita? Tudo bem.

Mas, em troca, pela liberdade de fazer todas essas desconexões, você terá de conviver com os vazios que vai criar.

Eu não só vejo o problema da desconexão na prática da minha profissão, como a constato na imprensa todos os dias, muitas vezes em lugares improváveis — por exemplo, nas páginas de moda do *New York Times*.

No dia 24 de março de 1998, Amy Spindler escreveu: "Todos assistiram ao Academy Awards ontem à noite. Todos viram 'Titanic'. Todos estão na Internet. Todos vestem as mesmas etiquetas dos mesmos aproximadamente quinze estilistas. Então, por que quanto mais os consumidores têm em comum, mais isolados se sentem e mais desconectados se acham da cultura e uns dos outros?" Ela segue comentando que a fotografia de Steven Meisel para uma campanha publicitária de Calvin Klein "explorou o mais recente espírito da época: a desconexão... imagens retratando o auge do isolamento, figuras em íntima proximidade, mas os olhares nunca se encontram".

Olhares que nunca se encontram. Caminhamos pela calçada e olhamos para cima, mais para adiante ou desviando o olhar das pessoas que passam por nós. Não há familiaridade ou confiança para dar um sorriso, então o olhar se desvia. Como as figuras na campanha de Calvin Klein, ficamos perto uns dos outros, mas não sentimos conexão. É o presságio de um problema enorme, um problema que tenho visto crescer nos últimos vinte anos. O problema que começou quando um aumento da depressão em jovens adultos avolumou-se numa desconexão disseminada por toda a nossa sociedade. Os idosos falam que se sentem afastados ou isolados, assim como os jovens. Quase todos reconhecem um declínio na civilidade, ou que são atendidos cada vez pior, ou que seu médico não conversa com eles, ou reconhecem simplesmente o desaparecimento do que chamo de *momento humano*: gente interessada conversando pessoalmente umas com as outras.

Devemos ser criativos para reconquistar a companhia uns dos outros. Como um dos meus paciente me disse, "Temos de aprender a viver juntos de novo".

Os pacientes que atendo agora, no fim da década de 1990 — ao contrário de alguém como Mr. G., da década de 1980 —, queixam-se não tanto de depressão quanto de insegurança e preocupação. Estão incrivelmente bem conectados eletronicamente, mas sentem-se massacrados por tudo a que estão conectados. Sentem-se oprimidos pela necessidade de seguir em frente, de buscar novas oportunidades enquanto cuidam dos negócios atuais — a necessidade de estar prontos para a mudança, na verdade prontos para *prever* a mudança, e ao mesmo tempo à testa das exigências do dia-a-dia.

Afligem-se com a possibilidade de não conseguirem ganhar no ano que vem o que ganharam neste, ou de alguém assumir o controle dos seus negócios, ou de estarem se tornando obsoletos, mesmo que não estejam. O verdadeiro problema é que eles não têm uma rede estabilizadora de conexões humanas para ajudá-los a manter a perspectiva.

O que torna a vida tão difícil hoje é exatamente o que a está deixando tão fácil. As próprias ferramentas que abriram a economia — as ferramentas tecnológicas — são as mesmas que deixaram todos se sentindo vulneráveis. Como diz o anúncio, as regras mudaram. Nessa economia baseada no conhecimento, global, acelerada, ouço meus pacientes que trabalham nas áreas do comércio, das leis e até da medicina me dizendo o tempo todo: "A única constante é a mudança." O frenesi e a preocupação superaram a depressão. Não sobra tempo para ficar deprimido. Você pode perder o seu emprego!

Uma mulher, a dra. L., veio me pedir ajuda para conseguir lidar com a insegurança no seu emprego. Principal investigadora (PI, para resumir) de uma equipe de pesquisa num hospital importante, esta médica-cientista parecia estar no auge da sua profissão. E estava. Tinha patrocínios que sustentariam a sua pesquisa por mais dois anos, uma prática clínica que lhe dava prazer, um casamento feliz e dois filhos. Outra Mr. G. — alguém que parecia ter tudo mas que não estava feliz.

Seus motivos, entretanto, eram outros. Ao contrário de Mr. G., ela sabia fazer conexões. Seu problema era que esse mundo inconstante estava se tornando insuportável para ela emocionalmente. Insegurança demais, exigências burocráticas demais, gente demais dependendo dela, sem intervalos suficientes. Tudo isso resultava numa mulher que estava indo extremamente bem, mas que sentia que poderia desabar a qualquer momento. "Sou um castelo de cartas vivo", ela me disse.

Faltavam-lhe as conexões estabilizadoras necessárias, faltavam-lhe os ancoradouros no mar agitado da vida moderna — ancoradouros como um mentor sábio, a fé em Deus ou apenas a segurança de que teria patrocínio por mais de dois anos!

"Eu dirijo o laboratório, sou a PI, portanto sou eu a mentora de todo o mundo. Não tenho mais um mentor, só competidores. Vou a essas conferências em Washington onde sou festejada junto com os outros PIs, e todos nos congratulamos mutuamente, mas o subtexto é que estamos nos espionando o tempo todo, tentando ver quem está conseguindo o quê. Minha pesquisa é boa, portanto sei que muitos deles adorariam me ver fracassar. E eu poderia lidar com isso se a pesquisa fosse a única coisa que eu tivesse de fazer. Mas, de todos os meus problemas, esse é o menor. Gosto muito de pesquisar, mas quase não tenho tempo. Redigir pedidos de financiamento, por si só, já é um trabalho de tempo integral. Sem falar em ver meus pacientes e, de vez em quando, passar uma noite com a minha família. Está tudo desequilibrado, mas é humanamente impossível para mim enxergar uma forma de corrigir isso."

Este é o dilema comum hoje em dia: um excesso de obrigações, que torna impossível equilibrar tudo, mas escassez de segurança para eliminar algumas.

Não fui capaz de dar uma solução para a dra L., mas ao passar uma hora comigo de vez em quando, ela começou a se acalmar interiormente. É interessante como pode ser bom falar das suas angústias com outra pessoa. Na verdade, a minha primeira lei para controlar aflições é simplesmente "Não se aflija sozinho". A dra. L. se afligiu junto comigo. No processo, ela começou a se sentir menos vulnerável, com mais controle, menos excitada. Talvez eu funcionasse como o mentor que ela não tinha mais, embora não a estivesse ensinando ou orientando a sua pesquisa. Eu preenchia um papel na sua vida e lhe dava um tempo e um lugar onde ela poderia cuidar de si mesma.

Eu fui uma conexão estabilizadora para a dra. L. Isso foi mais importante do que qualquer solução que eu pudesse ter encontrado. Afinal de contas, ela era melhor do que eu nisso. Ela conhecia a sua vida melhor do que eu. Mas o que eu poderia lhe oferecer era o lugar, o tempo e a estrutura para fazer a conexão. As nossas discussões lhe davam força. Ela também tinha um lugar para relaxar e rir. O riso é um bom indício de que a conexão é forte.

Tanto Mr. G. quando a dra. L. precisavam de ajuda para garantir conexões mais fortes: Mr. G. com outras pessoas, e a dra. L. com ela mesma. Em ambos os casos, sentar-se com uma outra pessoa — neste caso, eu — fez uma grande diferença.

A essência da conexão é o momento humano, duas pessoas sentadas juntas, conversando, ou mesmo compartilhando da presença silenciosa uma da outra, mas interessadas uma pela outra. Isto, sem dúvida, não implica necessariamente um psicoterapeuta, só uma outra pessoa prestando atenção. Mas o momento humano está desaparecendo da vida moderna conforme a tecnologia torna o contato pessoal desnecessário e o ritmo apressado o inviabiliza.

Uma imensa ironia cerca a crise atual de desconexão. É que — eletronicamente — jamais a história humana esteve tão conectada quanto hoje. Na verdade, a explosão tecnológica das várias formas de conexão e comunicação nas duas últimas décadas pode ser *a história* do século XXI.

A tecnologia tem mesmo operado milagres de conexão. E-mails, fax, FedEx, secretárias eletrônicas, telefones celulares, televisões, teleconferências, Internet e outras coisas mais têm nos colocado em contato uns com os outros como nunca fomos capazes antes. Na verdade, estamos *instantaneamente* acessíveis o tempo inteiro.

A ironia é que, com o crescimento das comunicações eletrônicas, as conexões humanas entraram em declínio. Estamos próximos eletronicamente. Mas distantes uns dos outros pessoalmente. A nossa tecnologia pode nos separar, ainda que esteja nos colocando em contato com pessoas distantes.

Um exemplo são os meus pacientes que, com freqüência, durante as nossas sessões, tiram de suas maletas ou agendas de bolso o telefone celular que está tocando e o atendem, queixando-se o tempo todo de que odeiam interrupções!

O que está faltando na vida da maioria das pessoas não é a comunicação eletrônica — isso elas têm com fartura! —, mas a conexão humana, o sentimento de que se é parte relevante de algo que tem uma importância. Você pode se sentir conectado tranqüilamente à beira de um lago no Maine, e totalmente desconectado ao lado de centenas de pessoas num metrô cheio de gente ou conversando com milhões de pessoas pela Internet.

Tenho trabalhado com muitos casais cujo relacionamento estava indo por água abaixo exatamente por causa da incapacidade de estabelecer regras para a tecnologia. Quantos programas de televisão para assistir, quantas horas para gastar no computador, quanto tempo conversando ao telefone — antes motivo para piadas, hoje são dilemas que podem acabar com um casamento. Uma das minhas pacientes chama o computador do marido de "sua amante de plástico".

Trabalhando com pacientes com distúrbio de falta de atenção (ADD), vejo muitas vezes como o seu estilo imediatista é uma vantagem no mundo dos negócios, ajudando-os a fazer muita coisa num curto espaço de tempo, enquanto se revela um grande obstáculo em seus relacionamentos íntimos. Nesses, você precisa se demorar. Você se afasta do outro, por exemplo, se disser impaciente: "Tudo bem, então você me ama, e o que mais?"

A abordagem apressada tomou conta de todos, em toda parte, não só dos pacientes com ADD. Na verdade, é tão comum que a nossa cultura parece sofrer de ADD, doença que chamo de pseudo-ADD, ou ADD socialmente induzida. Se você não tem ADD ao acordar de manhã em Nova York, terá quando for dormir.

Não sou um ludita querendo atrasar o relógio. A vida moderna é excitante! As mudanças a que tenho assistido nos últimos cinqüenta anos são fantásticas; porém, como acontece com qualquer grande mudança, ocorreram conseqüências inesperadas. Enquanto ganhávamos velocidade, parece que nos perdemos uns dos outros.

Não falamos pessoalmente uns com os outros tanto quanto costumávamos fazer. Pelo contrário, deixamos uma mensagem, enviamos um e-mail ou fax.

Sim, podemos contactar mais gente num tempo menor usando os artifícios da tecnologia, mas esses contatos não estão criando vínculos sinceros. Um estudo surpreendente realizado na Universidade Carnegie Mellon acompanhou pessoas durante dois anos depois que tiveram acesso à Internet pela primeira vez. Esperando encontrar evidências de como a Internet tinha melhorado as conexões na vida dessas pessoas, os autores descobriram exatamente o oposto! "O maior uso da Internet", eles relataram, "estava associado à queda nas comunicações dos participantes com os membros da família dentro de casa, redução dos círculos sociais e aumento dos níveis de depressão e solidão.*"

A tecnologia pode ser maravilhosa, na verdade uma bênção divina, e, usada adequadamente, uma grande aliada da conectabilidade. Temos apenas de aprender a usá-la bem. Usada corretamente, a tecnologia não impede a conexão humana, ela a melhora. A mãe que se mantém em contato com o filho que está na universidade por e-mail, o tímido que conhece pessoas pela Internet, o gerente de negócios que melhora o atendimento ao cliente por meio de uma página na rede mundial e um endereço eletrônico, o médico que economiza papelada com um novo sistema computadorizado que lhe permite passar mais tempo conversando frente a frente com os pacientes — são apenas alguns exemplos de como a tecnologia reforça a conexão humana.

---

*Robert Kraut *et al.*, *American Psychologist* 53, nº 9 (setembro de 1998): 1.017.

Mas, se quisermos nos conectar de forma significativa, temos de ir mais devagar de vez em quando. Temos de escutar. Temos de arrumar tempo para o momento humano.

Talvez você tenha de desligar a TV uma vez ou outra, ou dedicar uma parte do tempo só para ficar ao lado de alguém, ou assumir uma responsabilidade que não deseja. Não é fácil. Mas impossível não é. Os judeus ortodoxos, por exemplo, observam um hábito maravilhoso: do pôr-do-sol de sexta-feira até o pôr-do-sol de sábado, não podem *fazer nada que seja trabalho*. Não podem dirigir, não podem falar ao telefone, não podem fazer compras. Assim, naquele dia eles interagem uns com os outros, ou rezam. Eles conversam com os vizinhos, com a família, saem para caminhar. A religião deles os força a dar um tempo para a conexão — uns com os outros, com sua comunidade, com Deus. Além do mais, como um grupo, os judeus ortodoxos são pessoas extremamente bem-sucedidas, o que desmente a idéia de que tempo demais sobrando leva à baixa produtividade.

O desafio do mundo atual é este: como conciliar o telefone celular com o dia de descanso? Temos de descobrir como conciliar tecnologia *e* momento humano. Livrarmo-nos de um ou de outro não é uma boa solução. Não podemos — e não devemos — voltar atrás o relógio e desmontar, ou jogar fora, a nossa tecnologia. Por outro lado, não devemos abandonar as conexões pessoais que precisamos ter uns com os outros. É preciso conservar o momento humano, seja pela tradição, como fazem os judeus, ou pelos hábitos e rituais que inventamos na família, no bairro ou no ambiente de trabalho. Considerando o nosso poder de renovação e a necessidade humana de conexões afetivas pessoais, tenho fé que conseguiremos.

DOIS

Falando pessoalmente:

AS CONEXÕES SALVARAM A MINHA VIDA

ESTOU ESCREVENDO ESTE LIVRO não apenas como um profissional, mas como um indivíduo que sentiu na pele o poder da conexão. Não fosse por determinadas pessoas em determinadas épocas — minha mulher, meus primos, muitos professores, muitos amigos —, eu não teria sobrevivido.

Sou um homem de cinqüenta anos de idade, casado há dez, pai de três filhos pequenos, escritor, psiquiatra. Essas são minhas características demográficas básicas. Mas quem sou realmente e por que me preocupo tanto com a conexão são perguntas que pedem uma resposta mais profunda. Meu entusiasmo pela conexão originou-se da minha própria vida.

Desde garoto venho procurando descobrir onde é o meu lugar. Como muitos da minha geração de *baby boomers*, tive uma infância confusa. Sou filho de pais afetuosos, mas instáveis. Casados assim que terminaram a faculdade, fizeram bonito nas colunas sociais dos jornais de Boston. Meu pai era um rapaz vistoso, bom aluno e um jogador de hóquei tipicamente americano. Minha mãe, o jornal dizia, era "uma das moças mais bonitas de Boston". Mas a vida ia lhes passar uma rasteira, cada um a seu modo.

Meu pai era maníaco-depressivo, o que levou os dois a se divorciarem quando eu tinha quatro anos, e ele foi internado num hospital para doentes mentais. Minha mãe logo se casou de novo, com um homem mais velho, aposentado, um sofisticado amante da literatura, mas que era alcoólatra; ele passava a maior parte do tempo misturando martínis ou se recuperando dos seus efeitos posteriores. Seu nome era Noble Cathcart, e eu o chamava de tio

Noble. (Era costume na época chamar qualquer pessoa de "tio", como se isso a tornasse da família.) Minha própria querida mãe acabaria alcoólatra e morreria de complicações médicas decorrentes dessa condição quando eu estava com trinta e tantos anos. Porque eu brigava com tio Noble como um *pit bull* todos os dias (ele batia na minha mãe, e eu o odiava) e porque o meu avô materno tinha dinheiro bastante para pagar os meus estudos, fui para um colégio interno quando estava na quinta série. A partir daí, freqüentei internatos. Eles foram o meu lar.

Lembro, desde os oito anos, de me perguntar explicitamente onde é que eu me encaixaria. Lembro de desejar que meu pai não tivesse ido embora para um hospital para doentes mentais. Lembro de temer e odiar meu padrasto quando ele estava bêbado (o que era quase o tempo todo), e lembro de rezar para que minha mãe pudesse ser feliz um dia.

As orações começaram muito cedo. Minha mãe, desde que me lembro, me dizia "Deus está em toda parte", uma frase que aterrorizou muitas crianças ao longo dos tempos, mas que, no meu caso, era confortante, porque me dava algo em que confiar. Quando tio Noble nos fez mudar abruptamente da nossa casa em Cape Cod para a dele, em Charleston, na Carolina do Sul, afastando-me do resto da minha família, me mandaram à igreja pela primeira vez. Mamãe e tio Noble raramente iam comigo, mas eu gostava de ir sozinho. Minha mãe se virava na cama, onde ela e tio Noble continuariam dormindo para curar a ressaca, e dava o nó na minha gravata; em seguida eu ia pedalando na minha bicicleta até a igreja de Saint Michael, onde eu cantava no coro.

Eu achava a igreja um lugar alegre. Por estranho que pareça, pertencer ao coro tornou-se uma espécie de esporte em equipe, quase como a Little League. Eu também gostava da filha do ministro; seu nome era Tinka Perry. Nas manhãs de domingo, eu tinha um vislumbre do que imaginava fossem famílias "normais". Não que eu me sentisse anormal; só sabia que o meu lar não era igual ao das outras crianças de oito anos.

Por exemplo, os outros garotos iam cantar no coro acompanhados por um dos pais ou um irmão mais velho. Eu ia sozinho na minha Schwinn vermelha e a estacionava contra o muro da igreja. Outros meninos comentavam que tinham ido pescar na véspera com seus pais, enquanto a minha lembrança do dia anterior era de ter escutado meu padrasto bêbado ralhando com minha mãe. Outras crianças falavam que tinham ficado de castigo porque não fizeram os deveres de casa, enquanto minha mãe e tio Noble nunca me perguntavam sobre os deveres ou qualquer coisa relacionada à escola.

Assim, comecei a me encaixar, da melhor maneira possível, na "família" do coro. A maestrina, Mrs. Selby, era muito organizada e gentil, e me deixava muito intrigado porque tocava o órgão não só com os dedos das mãos, mas com os pés também! Quando cantávamos, eu tentava me sentar o mais perto possível do órgão para poder ver os pés calçados com meias escorregando delicados sobre os pedais de madeira. Eu ainda a vejo tirando os sapatos azuis de salto alto e colocando-os debaixo do banco, antes de se sentar para tocar e nos dirigir nos nossos hinos e cânticos litúrgicos.

O coro ficava no balcão posterior da igreja de Saint Michael e, para mim, ficou sendo como o assento traseiro de um carro de família. Nós, crianças, ríamos e cochichávamos, nos cutucávamos e nos contorcíamos enquanto seguia a missa, e Mrs. Selby fazendo o possível para nos manter atentos e relativamente calmos. Na hora da comunhão, o balcão já estava num burburinho de pequenos tumultos. Lembro do padre, o reverendo Dewolfe Perry, olhando furioso para nós enquanto consagrava a hóstia, como se fôssemos agentes do Diabo. Nunca fomos castigados por nossos pecados, entretanto, e recebíamos a grande recompensa de biscoitos de presunto e salsicha com suco de laranja no fim da missa.

Durante este desjejum após a igreja, eu via os pais entrando e conversando uns com os outros e com as crianças, às vezes até comigo. Eles me perguntavam: "Como vai na escola?" Eu aprendi que essa era uma pergunta normal dos pais. Eles queriam saber: "Vai jogar futebol este ano?" Fiquei sabendo que essa, também, era uma pergunta que os pais faziam.

Ocupei o meu lugar no coro/família como um menino que foi aceito e bem-vindo, e isso era agradável. Fosse a direção de Mrs. Selby, o ar reprovador do reverendo Perry, o interesse de um outro pai ou as risadas de um camarada quando nos cutucávamos, não importa, eu encontrei fragmentos de vida familiar no coro da Saint Michael que costurei numa acolhedora colcha de retalhos.

Como nas manhãs de domingo eu aprendia a estrutura do serviço episcopal, comecei a rezar em outros lugares. Acredite ou não, as rezas eram de brincadeira, não porque eu sentisse medo ou fosse obrigado a isso. Cheguei até a erguer um pequeno altar em casa, dando para a baía com a vista de Fort Sumter. Estendia uma fronha dobrada no peitoril da janela do meu quarto, no terceiro andar da casa, colocava sobre ela folhetos que trazia da igreja, um livro de orações e duas velas que pegava no sótão. Não é que eu fosse profundamente religioso — era jovem demais para isso. Eu certamente não saía por aí falando com os outros sobre Deus ou coisas desse tipo. Acho que estava apenas trazendo o coro/família para casa comigo. Estava criando um lugar para me encaixar e sentir seguro. Meu altarzinho era como um clube, suponho.

Meus dois irmãos mais velhos foram despachados quando nos mudamos para Charleston, ambos para internatos no Norte do país. Eles ficaram afastados de Charleston e do tio Noble. Nas férias escolares, eles iam para a casa da mãe do papai (nós a chamávamos de Gammy Hallowell) ou da nossa tia, tio e primos em Chatham. Durante alguns anos de conflitos, éramos apenas tio Noble, mamãe e eu em casa, em Charleston.

Coisas aconteceram naquela época que não deveriam ter acontecido. Lembro de uma noite quando tio Noble me tirou da cama lá pelas três horas da madrugada e me levou ao segundo andar, para o quarto principal. Quando cheguei lá, vi três dos seus amigos (um deles era outro "tio") de pé ao redor da cama. Mamãe estava deitada dormindo, nua, de costas para mim. Eu nunca tinha visto minha mãe nua; portanto, só isto já foi um choque.

Em seguida, tio Noble me explicou o que estava acontecendo. Ele e os amigos estavam jogando dados ("É jogo a dinheiro", ele me disse naquela noite), usando as costas da minha mãe como a parede contra a qual os dados eram lançados. Quando o dado quicava nela, caía sobre a cama e via-se o número. Tio Noble me perguntou se eu queria jogar. Havia uma grande pilha de dinheiro num dos cantos da cama e ele me disse que eu poderia ganhar algum se jogasse. Eu nunca tinha visto tanto dinheiro antes. Parecia um monte de lixo, só que eu sabia que era dinheiro de verdade. Eu disse ao tio Noble que não queria jogar. Ele me mandou ficar mesmo assim, eu poderia aprender alguma coisa. Quando percebi que ele não estava mais interessado em mim, voltei em silêncio para a cama. No dia seguinte, não se tocou no assunto. Pelo que sei, ele não lembrava do que tinha feito. Mas eu sim.

A partir daí, entramos em guerra, tio Noble e eu. O motivo não foi apenas o incidente do jogo de dados. Houve muitos outros tão desagradáveis quanto esse. Até hoje não sei exatamente quando ou por que comecei a odiá-lo. Acho que ele nunca soube também. Meu ódio deve ter sido uma surpresa para ele, porque no início eu o adorava. Eu o tinha adotado como o meu novo pai, e ele como o filho que nunca teve, ou assim ele dizia.

Eu não juntei as coisas na época. Eu não sabia que o odiava *por causa* do que aconteceu naquela noite ou nas diversas outras noites; só sabia que começara a odiá-lo. Eu nunca sentira ódio por ninguém antes. De fato, minha mãe sempre me dizia que o ódio era contra as regras da vida. Mas eu odiava o tio Noble. Brigávamos todos os dias. Foi por isso que me mandaram embora, aos dez anos de idade.

As conexões que encontrei nas minhas escolas me salvaram. Conheci professores na Fesseden (o internato que freqüentei da quinta à oitava série) e depois em Exeter (da nona à décima segunda) que se tornaram meus pais substitutos. Até em Harvard eu os encontrei, um lugar não reconhecido pelo tempo que seus professores passavam com os alunos. Mas achei um que me aceitou, por assim dizer. Foi o professor William Alfred, poeta, dramaturgo — autor de *Hogan's Goat* — e estudioso de inglês antigo. Passamos dois anos nos encontrando pessoalmente, uma vez por semana, durante duas horas, para discutir ostensivamente literatura inglesa, mas o assunto foi sempre a vida.

Em Fesseden, havia Mr. Cook, Mr. Gibson, Mr. Maynard, Mr. Slocum, Mr. Fitts e muitos outros. Eles não sabiam o quanto estavam me ajudando só por estarem ali, só por estarem estabelecendo uma conexão comigo de uma forma comum, como professores. Tenho certeza de que Mr. Maynard, por exemplo, achava simplesmente que estava me ensinando geografia e treinando no beisebol. Ele não sabia que, naquele dia que me parou no corredor para me dar um tapinha nas costas e dizer que eu tinha tirado a maior nota na prova de geografia da sétima série, eu acabara de ter uma conversa pelo telefone com minha mãe na qual ela me perguntara em que ano eu estava. Não culpo nem um pouco a minha mãe por isso — ela fazia o possível, apesar de tudo —, mas conto a história para agradecer a Mr. Maynard, que pensava estar apenas transmitindo uma simples notícia boa e não salvando uma criança do desespero.

O fato de Mr. Maynard e de muitos outros terem me notado e me conhecido compensou o que os meus pais não puderam fazer. A conexão é transportável. Se você não encontrar o de que precisa num lugar, pode achar em outro.

Para mim, ela estava nos meus professores, desde Mrs. Selby, no coro, até William Alfred, em Harvard, que me ajudaram a crescer. Eles não sabiam disso na época, e nem eu, mas as conexões que fizemos me puxaram como cordas salva-vidas da lama de Charleston para a terra firme.

Os anos se passaram depois da faculdade. Minha vida continuou. Ingressei na escola de medicina e me formei médico, depois psiquiatra. Casei-me, divorciei-me (minha ex-mulher é uma mulher maravilhosa, mas nós não combinávamos), casei de novo, tive três filhos e comecei a tentar dizer aos outros, por escrito, o que tinha aprendido no caminho.

Um dia voltei a Charleston. Aos quarenta e nove anos de idade, voltei à cidade onde tinha aprendido a odiar. A última vez tinha sido aos doze anos, num feriado de Natal, quando ainda estudava em Fesseden.

Voltei a Charleston dessa vez para dar uma palestra sobre problemas de aprendizado. Voltei como um profissional, fui instalado num bonito hotel e pago para dividir conhecimentos com uma platéia agradecida.

No avião, e depois no carro ao entrar na cidade com meus generosos anfitriões, senti crescer dentro de mim um cisma. Como eu poderia encontrar a conexão — entre o eu daquela época e o eu de hoje?

Eu era capaz de imaginar o eu-ontem e podia ver o eu-hoje, mas era como se a linha divisória entre os dois fosse intransponível. Como eu poderia ligar um ao outro?

A ponte tem de ser feita, eu disse para mim mesmo. *Vocês são, afinal de contas, o mesmo Ned Hallowell. Vocês foram à escola nesta cidade há trinta e sete anos. Vocês são essa pessoa. Vocês cresceram e mudaram, mas ela continua em vocês.* No entanto, parecia terrivelmente difícil fazer a conexão de nós dois.

As lembranças do eu-ontem vinham em enxurrada sempre que eu abria as comportas. Não havia problema em *encontrar* o eu-ontem; a dificuldade era o que fazer com esse eu. Ao contrário de muita gente que não tem lembrança de muitas coisas da sua infância, especialmente as difíceis, eu tenho montes de recordações. Nem todas são ruins também. De fato, só algumas seletas são a matéria para o tecido de cicatrização mais recente. Muitas são felizes. Eu lembro delas ao voltar com a curiosidade cautelosa de um visitante no museu da sua própria vida. Eu me espio indo às partidas de futebol do Citadel. O time jogava de noite, portanto as lembranças surgem iluminadas por refletores amarelados. Tio Hugh me deixava sentar perto. Aprendi as regras do futebol americano assistindo ao Citadel. Ainda posso ver os seus uniformes azul-claros. E lembro de ir a um parque de diversões pela primeira vez. Deram-me dois dólares, uma régia quantia pelo visto, e me mandaram na bicicleta Schwinn com Bobby Hitt, meu melhor amigo na época. Eu gostava dos jogos que exigiam habilidade no parque de diversões, como derrubar as três garrafas de leite com um taco de beisebol, ou jogar uma bola dentro de um cesto de vime inclinado, mesmo sem conseguir acertar em nenhum deles. Eu não sabia que os jogos estavam viciados. Eu não sabia de nada viciado na época.

Mas levar o eu-hoje a Charleston parecia um desrespeito a certas leis da física. Quando o avião aterrissou e eu fui levado de carro, numa agradável conversa o tempo todo, parecia fisicamente impossível que esta versão adulta de mim pudesse ocupar o mesmo lugar onde a versão infantil estivera um dia. Como poderia esse eu estar *aqui*? O eu que habitara nesta cidade era um garotinho, brigando com seu padrasto alcoólatra, tentando proteger a sua doce, mas às vezes incompreensível, mãe. Como poderia o adulto, escritor/psiquiatra de quarenta e nove anos de idade entrar de carro em *Charleston, Carolina do Sul*, e se hospedar num hotel? Soava tão errado quanto um gato latindo.

E, no entanto, lá estava eu. Eu-hoje na cidade do eu-ontem. É claro, a cidade tinha mudado muito também. Notei isso no caminho. No passado, eu sempre ia a Charleston de trem, portanto até a minha porta de entrada era nova.

Meu hotel era perto da King Street, uma rua de que me lembrava bem, mas é óbvio que a King Street tinha mudado. Não tanto, mas o bastante para me deixar triste. As lojas eram diferentes, e o pequeno posto Esso onde costumava comprar Pepsi tinha desaparecido. As frentes das lojas pareciam polidas e novas. Eu só podia tentar reconciliar o que eu lembrava daquela época com o que via agora.

Aos poucos, fui colocando no devido lugar vários blocos, na tentativa de construir a ponte para o passado. Um cinema aqui, uma drogaria Rexall's ali, o castanheiro no quintal de Henny Gaud mais adiante, os restos de um barco velho na lama, lá embaixo. Gradualmente, preenchi o conjunto de hoje com os blocos das minhas lembranças. Passado e presente poderiam coexistir, pelo visto, sem violar as regras da física — mas poderiam coexistir sem violar as regras do eu?

Como colocar o eu daquela época dentro do eu de agora? Como se consegue isso? Eu nem tinha certeza de que desejava fazer isso. Sentia-me protetor daquele menino do passado. Não queria que ele desistisse dos seus fantasmas particulares, do altar no peitoril da janela, da árvore que ele gostava de escalar, da quadra de basquete de concreto onde ele fazia lançamentos da linha de base horas seguidas (enquanto os outros bebiam) até ficar tão escuro lá fora que não se enxergava mais nada. Eu não queria que ele tivesse de dar explicações enfiando as mãos nos bolsos e chutando uma pedra com raiva. Eu não queria que ele tivesse de falar com ninguém que ia consertar as coisas. Eu não queria que ele desistisse da sua realidade, por pior que fosse. Era a sua realidade, afinal de contas. Se ele a negasse, ela poderia desaparecer. Eu não queria que o eu-ontem deixasse de existir sob a pressão do eu-hoje. Eu não queria trazer aquele menininho do passado só para arrumá-lo e poder ser visto em público.

É muito ruim, mas sempre achei que para deixá-lo (eu) ser visto em público, teria de arrumá-lo. Não poderia simplesmente dizer a verdade. Sempre senti que *se as pessoas soubessem da minha história, pensariam mal de mim*. Sempre achei, em algum nível profundo e tácito, que eu era uma pessoa estigmatizada pelo que aconteceu em Charleston e, não importa o que eu fizesse, sempre seria essencialmente impuro, defeituoso aos olhos dos outros, se eles soubessem. De algum modo o estigma daquela época — os estranhos acontecimentos — tinham me manchado, pelo menos na minha imaginação, e me colocado de lado. Toda a normalidade que eu não tive tornou-se uma espécie de deficiência que eu jamais conseguiria consertar. Talvez seja por isso que, ao longo do tempo, foi crescendo dentro de mim um abismo, conforme eu me distanciava da vida de ontem e do menino daquela época no passado.

Mas agora eu me lembrava, *Ele ainda é você.* Quem quer que você seja hoje, nasceu dele. O ontem e o hoje não perderam a conexão (ainda que assim lhe pareça) porque o tempo não parou. Como o *Old Man River*, ela continua correndo. O tempo não pulou horas nem dias. Nenhum ano foi omitido. Nem você fez um transplante de cérebro. O menino que aprendeu o nome das capitais dos estados, na terceira série, com Miss Poulnott, em Charleston, e o que aprendeu a tabela dos pronomes pessoais com Mr. Houck, na quarta série, em Charleston, são a mesma pessoa do homem que acabou de chegar de avião para dar uma palestra, e o mesmo menino que misturava os martínis para o padrasto, e aprendeu a diferença entre um martíni seco e um Gibson antes de saber o que era pescar com iscas artificiais e via as costas nuas da mãe serem usadas como uma mesa de dados.

O fato é que todos nós temos experiências que gostaríamos que não tivessem acontecido, mas que aconteceram. Todos nós passamos por maus momentos. Muitos de nós nos sentimos estigmatizados por esses momentos, e sentimos necessidade de amputar essas partes que somos nós mesmos do resto de nós. Mas isso é um erro. É um erro desconectar você mesmo de quem você foi e de onde você esteve. É melhor fazer uma reconciliação.

Depois de me registrar no hotel, fui dar um passeio, para tentar reconciliar, eu acho. Meus pés me levaram de volta à Gaude School, onde fiz a quarta série. Olhei por umas das janelas do andar térreo e vi que ali não funcionava mais uma escola, e sim um escritório. Vi um zelador esvaziando a lixeira e trocando o saco plástico. Seus olhos esbarraram com os meus. De repente, me senti um intruso e me afastei.

Dali caminhei uns duzentos metros que separavam a escola do prédio onde eu morava na época, na East Bay Street. Era uma construção grande de tijolos, com três andares, dividida verticalmente em três moradias separadas. O nosso terço, o número 76, ficava numa das extremidades.

A visão do número 76, de latão — provavelmente o mesmo

latão que estava ali havia quase quarenta anos — detonou as minhas lembranças. Voltei anos atrás. Ao olhar para a porta, pude ver a série de criadas negras que eu amava, Victória, Georgiana e Viola. Cada uma delas trabalhou na casa enquanto foi possível suportar tio Noble. Todas foram boas comigo, cuidando de mim e me protegendo com carinho.

Lembrei também de alguns parentes de tio Noble: o antiquado e racista Gramps, que costumava aparecer nas tardes de domingo com sua generosa mulher para se embebedar depois da igreja; os primos Ravenel, que eram gentis e afetuosos e com quem eu gostaria de ter morado; uma filha adulta estranhíssima do primeiro casamento do tio Noble, que detestava minha mãe; e o fiel tio Hugh, médico chefe da Citadel, que ficou meu amigo e vinha falar comigo quando todo o mundo estava cuidando da própria vida.

Tio Hugh era primo de tio Noble, mas não poderiam ser mais diferentes. Lembro de um Natal em que eu saí de casa depois do almoço, para fugir das brigas, e estava sentado lá fora quando tio Hugh chegou no seu velho Plymouth. Era um dia cinzento e frio, mas tio Hugh sempre trazia o calor com ele. Um homem alto e magro, de cabelos encaracolados e óculos de armação clara, ele desceu do carro e disse: "Ei, companheiro" ("Ei" é o que eles dizem em Charleston em vez de "Oi").

— Ei, tio Hugh — respondi, eu tinha aprendido rápido a expressão.

— Posso me sentar com você? — perguntou ele, enquanto abria a mala do carro.

— Claro. — Fiquei contente por ele não ter perguntado por que eu estava sentado do lado de fora de casa no dia de Natal, e feliz por ter a sua companhia, porque ele era sempre agradável.

Quando ele fechou a mala, vi que estava carregando uma caixa de refrigerantes. "Um presente de Natal para você", ele falou, colocando a caixa de Pepsi Cola ao meu lado. Vinte e quatro garrafas tilintaram chocando-se umas contra as outras quando ele largou a caixa de madeira no chão. "Puxa, obrigado, tio Hugh", eu agradeci. Ele se sentou e conversamos, não lembro sobre o quê.

Mas lembro da caixa de Pepsi. Posso com toda segurança dizer que aquela Pepsi, e tio Hugh junto, salvaram aquele dia de Natal e salvaram uma parte de mim que estava afundando rápido.

Pela força da conexão — ou da Pepsi — encontrei o meu

caminho para um bom lugar na vida. Tenho sorte hoje de ter a família estável que nunca tive quando criança.

Depois de todos estes anos, de pé diante do número 76 de latão, eu podia ver exatamente o pedaço de chão onde estava sentado naquele dia e onde tio Hugh tinha colocado a Pepsi. Tio Hugh já morreu faz muito tempo, mas dei uma olhada na rua para ver se o via chegando de carro.

Ele não estava ali pessoalmente, mas eu senti a sua presença. Fiquei parado, ouvindo o passado. Escutei a mulher que descia a rua, de manhã bem cedo, empurrando o carrinho cheio de camarões frescos e cantando alegre: "Camarõezinhos frescos, frescos, frescos." Eu acordava com a sua voz. Ela provavelmente já morreu também.

Dezenas de imagens rodopiaram pela minha mente, uma após outra, enchendo-me de lembranças de quem eu era e de onde tinha estado. Havia os cinemas, o Garden e o Riviera, na King Street, onde eu assistia aos filmes por dez centavos, escapando para o mundo de John Wayne; havia o forte que construí na direção do porto; e, em volta de tudo isso, havia a tranquila cidade de Charleston da década de 1950, antes que tantas coisas neste país, e em mim, começassem a mudar.

Enquanto a porta da frente estava bem fechada, a lateral estava aberta, tendo apenas uma tela para bater. A porta de tela chacoalhou quando bati de leve. "Sim, sim, já vou", escutei um homem dizer, e aí ele apareceu, enxugando as mãos num pano de pratos, dizendo que estava indo para a Itália no dia seguinte com a mulher, que eu o tinha encontrado em tempo.

— Eu morei aqui — falei.

— Ora, vejam só. Entre, por favor. — Ele imediatamente escancarou a porta de tela e se afastou para me dar passagem. — Assina o meu livro de hóspedes? — E apontou para um livro aberto sobre uma mesa debaixo de um espelho no vestíbulo. "Tenho um livro para quem vem me visitar pela primeira vez. Sou pastor aposentado da igreja episcopal. Pedir para assinarem o livro deve ser uma reminiscência de novos paroquianos solícitos. Mas acrescenta alguma coisa, não acha? Quando você morou aqui?"

Ele era tão acessível. Parecia que estava falando tudo aquilo para me deixar à vontade.

— No fim dos anos cinquenta — respondi.

— Puxa — esse homem gentil exclamou —, você voltou bastante no tempo. A viúva Smith ainda estava viva.

— Quer dizer que ela morreu? — Senti como se um grande livro tivesse acabado de cair no chão.

— Ah, sim, há muitos anos.

— Eu brincava com o filho dela, Alan — informei.

— Morreu também — disse o homem, quase com alegria, como se estivesse feliz por estar me atualizando. Acho que só pastores não se assustam tanto com a morte como nós.

Oh, não, eu falei para mim mesmo. Acho que o homem percebeu que eu estava um tanto chocado, ao me ver andando em círculos, querendo olhar tudo

— Conheci o pai dele também — acrescentei. — O médico de olhos. Alan tinha problemas de visão.

— Foi por isso que a viúva Smith se casou com dr. Smith, é o que dizem. O dr. Smith casou-se com a enfermeira. Foi o assunto do dia na época. Mas ela precisava de alguém para cuidar dos olhos do filho.

O homem conhecia a história toda.

— Nós costumávamos brincar juntos.

— Claro. Ele era seu vizinho. Venha comigo.

Esse homem, em seguida, me acompanhou por toda a casa. Parecia bem menor agora. Eu me lembrava dela enorme. O andar da sala de estar, onde eu ficava lendo histórias em quadrinhos, como *Dondi*, antes de ir para o colégio, enquanto mamãe e tio Noble dormiam, sempre me pareceu do tamanho do pátio de recreio de uma escola. Agora não parecia maior do que uma sala de estar de bom tamanho, o que era. Eu quase podia ouvir a voz de Georgiana me chamando: "Ned! Neeed! Anda! Vai se atrasar para o colégio!" Eu quase podia ver o velho Gramps cabeceando na sua cadeira, depois dos primeiros drinques. E era capaz de escutar distintamente o tio Noble, na sua fala arrastada de bêbado, gritando: "Se não gosta, dá o fora!" Eu olhei para o canto da sala onde costumava ficar a mesa com as bebidas. Agora havia uma trepadeira verde. Bem baixinho, eu disse algumas palavras para o fantasma de tio Noble.

Subimos as escadas de que eu lembrava tão bem — eu saía batendo os pés por esses degraus acima quando me mandavam para o quarto — para descobrir que os aposentos do segundo andar também haviam encolhido. Mas os contornos eram os mesmos. Eu podia ouvir a tosse seca de fumante do tio Noble no banheiro como se ele estivesse ali agora, limpando os pulmões como fazia todas as manhãs. Meu anfitrião deve ter pensado que eu estava em transe. Acho que estava.

Em seguida, chegamos ao terceiro andar, onde era o meu quarto. A mulher do meu anfitrião estava no "meu" quarto, fazendo as malas para a viagem.

— Desculpe atrapalhar — disse eu.

— Este homem morou aqui — falou meu anfitrião.

— Oh, é mesmo? — a mulher se animou. — Fico feliz por ter vindo. Gostaria de poder recebê-lo melhor.

— Por favor — eu agradeci —, é muito gentil da sua parte me deixar ver tudo. Quantas lembranças! Este era o meu quarto.

— Verdade?

Olhei para onde eu tinha erguido o meu altar, e admirei da janela a vista do porto. Não tinha mudado muito. Ao me virar, notei uma lareira no canto.

— Vocês colocaram uma lareira neste quarto? — indaguei.

— Para falar a verdade, não — respondeu o homem. — Ela já existia quando você morou aqui. Está aí desde que a casa foi construída. Não se lembra?

— Não, não lembro mesmo.

— Bem, tinha de estar. Engraçado o que a gente lembra e o que a gente esquece, não é?

— Sem dúvida — respondi, sacudindo a cabeça. Uma lareira da qual eu não me lembrava, num quarto de que eu me lembrava tão bem.

Demorei-me mais um pouco, sabendo que era hora de sair, que aquela família precisava fazer as malas, mas eu queria assimilar o máximo possível do quarto. A minha peça tinha saído de cartaz. O palco era o mesmo, mas os cenários mudaram. Tinham lavado o quarto. Pertencia àqueles atores agora. As velhas deixas existiam apenas na minha mente.

Quando o homem e eu descemos, finalmente, lembrei de me apresentar.

— Sou Ned Hallowell. Desculpe não ter me apresentado antes.

— Claro — retrucou o homem —, nós dois fomos apanhados nesta viagem pelo corredor das lembranças. Sou Frank McClain.

— Nem sei dizer o quanto isto significou para mim — falei ao sair, despedindo-me dele com um aperto de mão.

— Posso imaginar — respondeu ele. — Volte sempre.

Lá fora, afastei-me alguns passos, mas em seguida virei-me para olhar de novo. Era apenas uma grande casa de tijolos ao lado de um pequeno pátio de recreio. Quase tudo que eu tinha visto nessa visita estava na minha cabeça. O que eu tinha visto acontecera havia muito tempo, e já não existia mais, ressuscitado apenas pela minha memória, pela minha imaginação e pela conexão que fiz com esse lugar no passado.

Depois disso, dei uma caminhada. Fui até a Battery, vi Fort Sumter, passei pelo que costumava ser o Fort Sumter Hotel (que tio Noble ganhou, depois perdeu, num jogo de dados na reunião anual do Iate Clube). Era agora um condomínio. Em seguida, dei meia volta e caminhei pelo outro lado da East Bay Street, atravessei mais algumas ruas, até me deparar com mulheres tecendo cestos na calçada da Igreja Saint Michael. Foi ali que me batizaram, ali cantei no coro, ali fui um acólito.

Entrei na igreja. Ela, também, era muito menor do que eu lembrava. Na época, eu achava que era uma vasta catedral. De fato, não é muito grande, tratando-se de uma igreja. Mas é bonita, especialmente o vitral atrás do altar. Nele aparece São Miguel matando o dragão.

As fileiras de bancos têm pequenos portões. Abri um e sentei no banco acolchoado. Depois ajoelhei-me e rezei. Rezei por minha família de hoje e de ontem. Agradeci a Deus por tio Hugh. E agradeci a Deus por ter me trazido de volta a essa cidade, para reconectar-me.

Não sei dizer como isso aconteceu exatamente, mas durante os poucos dias que passei em Charleston fiz a ponte entre o eu de ontem e o eu de hoje. Aconteceu no nível dos sentimentos, não das idéias. Eu simplesmente comecei a me sentir mais à vontade com o que tinha acontecido na minha vida naquela época e com quem eu tinha sido. Comecei a deixar de sentir vergonha.

Embora eu ainda traga comigo (e imagino que sempre trarei) uma fonte de tristezas e angústias originada na infância, acho que até as minhas conexões com as partes difíceis do meu passado me sustentam, hoje e me ajudam a compreender melhor o sofrimento dos outros. Os maus tempos podem se tornar úteis, especialmente se você não precisar escondê-los.

Para começar a vencer a lacuna entre o eu-ontem e o eu-hoje, dei alguns passos concretos. Caminhei pela velha casa, vi a minha velha escola, rezei na minha velha igreja e saí me sentindo mais inteiro. Não houve rufar de tambores. Tudo aconteceu tranqüilamente. Enquanto o mundo atual girava, como sempre — enquanto um zelador esvaziava a lixeira, enquanto os McClains se preparavam para ir à Itália e as mulheres teciam cestos na calçada da Saint Michael.

Um mês depois da minha visita a Charleston, por acaso recebi um telefonema de Charlie Terry, um dos meus professores no ginásio, em Exeter. Ele me contou que haviam acabado de diagnosticar um câncer de pulmão em Fred Tremallo e ele tinha poucas semanas de vida.

Tanto quanto tio Noble foi uma pessoa que tornou a minha vida difícil, Fred Tremallo foi uma das que a transformaram numa coisa boa. Ele foi como um bom pai para mim enquanto eu estava em Exeter.

Ele me ensinou inglês; mais do que isso, porém, ele me disse que eu merecia viver. Ele colocou na minha cabeça que eu era capaz de escrever; mais que isso, ele me disse que o importante na vida não era ser bom, mas sim fazer o que era bom.

Quando soube que ele estava morrendo, peguei o carro e fui até New Hampshire.

Encontrei-o na sua cama de hospital com a mulher, Ellie, ao lado. Tinha pedido para colocarem o seu laptop diante dele para poder acabar de escrever as suas recomendações para a faculdade. "Tenho apenas algumas semanas de vida. Preciso terminar isto antes de morrer!", ele disse rindo.

Uma fila de alunos formava-se do lado de fora do quarto, portanto eu só tinha alguns minutos. Mais uma vez por acaso, eu tinha acabado de escrever um ensaio sobre meus antigos professores, com o título "Estou aqui porque eles estavam lá". O papel estava comigo porque falava principalmente de Fred. Eu tinha dúvidas sobre se ia conseguir ler, mas quando cheguei perto da sua cama senti que precisava lhe dar esse presente, depois de tudo que tinha recebido dele. Então li em voz alta, enquanto Fred e Ellie escutavam.

Ao terminar, fez-se um breve silêncio, que Fred logo quebrou. "Bem", ele disse, pigarreando, "deixando de lado os meus sentimentos, o texto é excelente."

Até o último momento, Fred dava a mim e a muitos outros um exemplo de coragem. Morrendo, ele escrevia recomendações e ensinava aos alunos. Conversamos um pouco sobre filosofia antes de nos despedirmos. Ele me contou que seus pensamentos agora se resumiam em três palavras: "foco", "fluxo" e "fé". "Foco no momento", ele disse. "Trabalhar, entrar no fluxo. E depois é preciso ter fé. Estou aprendendo a ter fé com a física." Fred era um católico relapso, portanto eu sabia que sua fé não seria do tipo cristã. Mas até o fim ele estava explorando e compartilhando suas explorações com seus alunos. Essa foi a sua vida, ajudar os alunos.

Eu o abracei da melhor maneira que se pode abraçar alguém que está deitado numa cama, e beijei o topo da sua cabeça, impulsivamente, sem saber exatamente onde, mas querendo muito beijá-lo em algum lugar. Em seguida, abracei Ellie e me despedi. Fred morreu aproximadamente um mês depois.

Voltei e disse algumas palavras no funeral. Que impressionante — no espaço de semanas apenas eu tinha falado com o espírito do meu demônio, tio Noble, e depois com o espírito do meu professor/pai, Fred Tremallo. O que percebi ao voltar do enterro, e que me fez chorar no carro finalmente, foi que Fred teria insistido comigo para "explorar" o caráter de tio Noble. Ele teria gentilmente insistido comigo para abandonar o ódio, se eu pudesse. "Ele perturba a visão", teria dito, "e um escritor deve ver com clareza". Ele teria colocado isso em termos do que um escritor deveria fazer, sabendo que isso me conquistaria, mas a sua verdadeira mensagem teria sido de amor, uma palavra que ele nunca teria mencionado.

TRÊS

✆

Eu e Mr. S.:

O MILAGRE DA CONEXÃO

Nos meus primeiros meses como residente em psiquiatria no Centro de Saúde Mental de Massachusetts, deu entrada no hospital um rapaz que abriu meus olhos como nunca ninguém tinha feito antes. Naquela altura da minha formação, eu não tinha idéia do quanto uma pessoa poderia estar desconectada. Eu não sabia até que ponto uma mente poderia tornar-se desligada e afastada da realidade. Nem tinha visto alguém terrivelmente desligado fazer uma conexão significativa. Mr. S., porém, me mostrou. Embora respirássemos o mesmo ar e passássemos muitas horas na presença um do outro, Mr. S. vivia num mundo totalmente diferente do meu; no entanto, seu mundo acabou por influenciar o meu para sempre.

Os dois anos que passamos juntos — eu como seu médico e ele como meu paciente — ensinaram-me o poder da conexão. Foi como se Mr. S. me levasse na minha primeira viagem de avião e dissesse: "Olhe lá embaixo!" Mr. S. revelou-me uma nova paisagem de conexão humana. Ele me deu uma perspectiva da mente que eu nunca tinha visto, ou mesmo imaginado, antes de conhecê-lo.

Mr. S. sofria de esquizofrenia — uma doença essencialmente de desconexão, inerente no seu cérebro. O paciente esquizofrênico, dizem, não consegue fazer amigos.

Ao ser internado no hospital, Mr. S. não abriu a boca. Mas entregou ao psiquiatra que o estava recebendo o seguinte poema:

> "Sou prisioneiro numa ampulheta,
> Debaixo de mim está a areia vazante, ai de mim;

A areia cede, e o terror persiste;
Despenco no ácido
E pontas, lanças de cobra,
Garfos para caçar tigre, e coisas semelhantes.
Estou empalado numa dúzia de lâminas
A escuridão é um tecido de muitas sombras."

Quando o encontrei na enfermaria, no dia seguinte, ele não quis falar, assim como tinha se recusado a dizer qualquer coisa na noite anterior. Ele me olhou rapidamente, depois desviou o olhar, rindo para si mesmo. Parecia-se com muitos jovens aceitos no centro; parecia uma pessoa da rua. O Centro de Saúde Mental de Massachusetts, que chamamos de Mass. Mental, era um hospital do governo, um lugar para gente pobre com graves doenças mentais e, portanto, os trajes da maioria dos pacientes eram, na melhor das hipóteses, esfarrapados. Mas Mr. S. acrescentou cor e variedade aos seus andrajos. Um cinturão vermelho, uma camisa xadrez, calça frouxa marrom, velhas botas de motociclista e uma bandana envolvendo a cabeça que lhe dava um ar arrojado, de pirata.

Ele parecia em condições físicas extremamente boas. Na verdade, como descobri depois, ele era um malhador, empenhado em fortalecer seus músculos por uma razão específica e, como se revelou, triste. Ele era moreno, com olhos pretos e um monte de cabelos cacheados brotando do seu escalpo como uma grossa vegetação rasteira. Em outro cenário, poderia ser confundido com um roqueiro.

Mas ele não era um astro do *rock*. Era, aos vinte e quatro anos, um paciente mental crônico. Aquela era a sua oitava entrada no hospital. Sempre que o liberavam, algo ruim acontecia para trazê-lo de volta. Dessa vez ele tinha atacado o seu meio-irmão com um garfo quando este tentou mudar o canal do aparelho de televisão onde Mr. S. assistia a uma luta profissional.

Visto que Mr. S. não queria falar comigo naquela manhã, resolvi ver o que dizia o seu volumoso prontuário. Mergulhei nele como num romance de mistério, lendo os relatórios escritos por outros jovens médicos, residentes em psiquiatria como eu, que tinham tratado de Mr. S. desde o dia da sua primeira internação, aos dezesseis anos, até a sua última dispensa, um ano atrás. Eu conhecia o médico que tinha tratado dele na última vez. Estava um ano na minha frente no programa de treinamento. Todos nós aprendíamos com os mesmos pacientes porque eles voltavam ao hospital ano após ano. Os professores no Mass. Mental eram esses pacientes de longo prazo tanto quanto os psiquiatras mais velhos que supervisionavam o nosso trabalho. Mr. S. iria ensinar-me o milagre da conexão.

Começamos devagar. Depois de vê-lo e de ler o seu prontuário, pensei que a probabilidade de nós dois termos alguma conversa útil seria mais ou menos a mesma de conversar com um poste. Embora o seu QI fosse bastante alto — 140 —, sua inteligência estava quase sempre oculta sob idéias malucas.

Lendo o seu prontuário, descobri que sua vida, como a vida de tantos pacientes que atendíamos no Mass. Center, era mais triste do que a maioria de nós jamais imaginou. Sua mãe tinha sido esquizofrênica como ele. Uma mulher imensamente obesa, ela própria passara a infância e a adolescência de Mr. S. entrando e saindo do Mass. Mental. Uma tarde, quando ela e Mr. S., então com dezesseis anos, estavam em casa, ela o chamou até o seu quarto. Quando Mr. S. chegou e a viu subindo na janela no sétimo andar, correu, agarrou-a pelos pulsos e, firmando os pés contra a parede debaixo da janela, fez força para trazê-la de volta para um lugar seguro. Mas ela era pesada demais para ele. Ele gritou por socorro, mas não havia ninguém por perto. Finalmente, ele não agüentou mais e ela escorregou de suas mãos, morrendo ao bater na calçada. Foi aí que Mr. S. empenhou-se em se tornar superforte. Foi aí, também, que ele começou a enlouquecer.

Ele, então, iniciou a sua longa série de entradas no Mass. Mental. Primeiro, os médicos resistiram ao diagnóstico de esquizofrenia, na esperança de que o seu estado de desequilíbrio fosse causado apenas pela morte da mãe, não por uma doença mental biológica herdada com esse nome. Algumas pessoas, afinal de contas, surtam depois do suicídio de um dos pais, mas depois ficam boas. Todos esperavam que aquele rapaz brilhante fosse o feliz rebento de uma mãe esquizofrênica, mas que não tivesse herdado a doença.

Mas não foi assim. Em vez de melhorar, Mr. S. piorou. Os médicos foram perdendo as esperanças. Um deles anotou no prontuário que Mr. S. o avisou: "Todos os meus médicos acham que eu tenho muito potencial." Os médicos concordavam que ele tinha potencial demais, mas começaram a duvidar de que ele pudesse ser desenvolvido um dia.

Conforme a sua doença piorava, ele foi ficando cada vez mais psicótico — o termo simplesmente significa afastado da realidade do dia-a-dia. Ele se voltou para a musculação como uma vingança, e começou a passar a outra parte do seu tempo assistindo a lutas profissionais pela televisão ou lendo histórias em quadrinhos sobre super-heróis. Parece que ele mesmo queria ser um super-herói, talvez um que salvasse pessoas que queriam pular da janela.

Logo no início, ele falou com seu médico, mas foi uma vez só, sobre a morte da mãe. Todos os esforços das diversas pessoas que trataram dele no sentido de fazê-lo se abrir sobre isso falharam.

Em vez de falar dos seus sentimentos, ele certa vez deixou muito evidente que estava se sentindo culpado, ou que pelo menos queria se machucar. Numa das fases que passou fora do hospital, ele pulou de um táxi e bateu com o rosto no asfalto. Com o impacto, quebrou vários dentes. Deitado no meio da rua, de uma maneira que se possa imaginar, ele arrancou o resto sozinho, porque ao ser levado para a sala de emergência restavam-lhe apenas uns dois. O pessoal da odontologia disse ser improvável a queda ter causado a perda de quase todos os dentes. Depois disso, ele se recusou a usar dentadura e criou o hábito de falar com a mão escondendo a boca.

Quando nos conhecemos, embora ele tivesse apenas vinte e quatro anos, o consenso era de que Mr. S. permaneceria como um doente crônico pelo resto da vida. Deram-me a chance de tentar fazer contato com ele, mas meus supervisores me falaram que era pouco provável que ele mudasse. "Sente-se com ele", me disseram, "e veja o que acontece."

Sente-se com ele. Esses são os ossos da conexão: sente-se com alguém e veja o que acontece. Resumindo, é assim que se estabelece uma conexão. Sente-se — ao lado de alguém no avião, ao lado de alguém numa festa, em frente de alguém num jantar, ou no caso extremo, como este entre mim e Mr. S., num consultório na ala de um hospital do governo para doentes mentais.

Passados alguns dias, ele começou a se comunicar um pouquinho comigo, principalmente rindo e resmungando. De vez em quando, ele falava alguma coisa, mas sem permitir um diálogo. Uma vez ele observou: "Dizem que eu sou um caso perdido." Mas foi só isso.

Das muitas medicações diferentes que tentara no passado, nenhuma funcionou muito bem. Estávamos no fim da década de 1970 e ainda não tínhamos os novos, incrivelmente eficazes, medicamentos psicóticos, como a clozapina, que existem hoje em dia. O que tínhamos, como o Haldol, ajudaram um pouco Mr. S., mas ele continuava mais no seu próprio mundo do que no mundo das outras pessoas.

Sentei-me com Mr. S. No início, não havia muito o que relatar. Ele ria e olhava para mim. Eu ficava pensando o que dizer em seguida. Se não conhecesse a sua história, teria pensado que estava brincando comigo, mas eu sabia que ele não fingia. Era simplesmente o jeito dele. Então pensei: *O que se diz a alguém que não responde?* Na vida real, você pergunta o que está acontecendo. Então, experimentei isso. "O que está acontecendo, Mr. S.?" Perguntei como um idiota. Ele não respondeu. "Você sofreu na sua vida. É difícil falar." Continuei sem resposta. "Talvez você precise me conhecer melhor?" Nada. Na vida real, é possível tentar de outras maneiras: você pode se afastar, ou ficar zangado, quem sabe, ou implorar. Nenhuma dessas parecia apropriada aqui. Meus supervisores insistiam para que eu ficasse ali, sentado, observando o que acontecia, alertando-me ao mesmo tempo de que poderia não acontecer nada.

Nunca, pessoal ou profissionalmente, eu tinha tentado estabelecer uma conexão com alguém antes e encontrado tamanha falta de reação. Como um mestre zen, Mr. S. estava me dando a primeira aula de conexão: a paciência.

A segunda, fiquei sabendo, era a persistência. Isso me era imposto pelo meu trabalho, pelos meus supervisores. Eu teria abandonado Mr. S. e tentado encontrar alguém que falasse comigo, mas disseram-me para ficar sentado e esperar. Era como pescar — mais cedo ou mais tarde ele morderia a isca. Disseram-me também que era provavelmente uma perda de tempo, mas que eu deveria tentar mesmo assim. Comecei a imaginar se meus supervisores não seriam mestres zen também. De qualquer maneira, ficamos sentados, Mr. S. e eu, esperando para ver o que fosse possível ver.

Semanas após semanas, ficamos sentados. Então, um dia, lembrei do poema que Mr. S. tinha dado ao médico que o admitiu. Quem sabe Mr. S. e eu poderíamos escrever um poema juntos, que fosse nosso. Perguntei-lhe se queria fazer isso. Ele riu, como sempre. Mas eu fui em frente e escrevi um verso. Entreguei-lhe a folha de papel e a minha caneta. Ele olhou o que eu tinha escrito, coçou o queixo, levantou o papel, colocou-o novamente no lugar, e em seguida escreveu um verso. Depois, empurrou-o na minha direção. Li e acrescentei um verso meu, e devolvi para ele.

Eu: Disseram que sou um caso perdido
Mr. S.: Não eu, um membro da raça humana, em desgraça
Eu: Gostaria que não tivessem dito isso
Mr. S.: Sem estar brincando
Eu: Isto me torna
Mr. S.: Desconfiado
Eu: E zangado e triste
Mr. S.: Que não são as emoções mais fortes que tenho tido
Eu: As mais fortes são
Mr. S.: Compostas por essas
Eu: Combinadas com essas
Mr. S.: Algo que não sinto
Eu: Algo como
Mr. S.: Raiva, mas não muita
Eu: Também como
Mr. S.: Um sentimento intenso

Eu estava pasmo. Era uma conversa. Ali estava ele, me dizendo o que sentia, enquanto me alertava que não queria se sentir assim.

Esses diálogos escritos, que Mr. S. e eu chamávamos de poemas, continuaram por um ano e meio. No total, escrevemos uns trinta. Em geral, era ele que começava — simplesmente pegando a caneta que eu sempre deixava perto dele — e terminava, escrevendo apenas "Fim", quando achava que o poema tinha acabado.

Podemos vê-lo lutando com suas emoções no poema seguinte, quando alude à morte da mãe:

Mr. S.: Nada dura para sempre
Eu: Ninguém vive tanto
Mr. S.: Não na terra
Eu: Às vezes quero sair
Mr. S.: Para o corpo de um robô

Eu: Sem sentimentos lá. Apenas seguro como o aço
Mr. S.: Não há como ficar magoado ou morrer
Eu: Às vezes quero morrer
Mr. S.: Para viver no céu para sempre
Eu: Onde as pessoas ficam com você
Mr. S.: E nunca vão embora
Eu: Embora, embora, embora
Mr. S.: Gostaria que meus sentimentos fossem embora às vezes
Eu: Mas eles ficam
Mr. S.: E assustam

Temas semelhantes entram no poema seguinte:

Mr. S.: Gosto de ver filmes
Eu: Lá estou sozinho
Mr. S.: No meu mundo onde as pessoas vivem felizes para sempre
Eu: É difícil entrar e sair
Mr. S.: Por que alguém desejaria sair?
Eu: Por que alguém desejaria entrar?
Mr. S.: Para fugir
Eu: Da monotonia e da solidão
Mr. S.: E ser livre
Eu: Para ser
Mr. S.: Feliz

Fim

A sua pergunta neste poema foi a primeira que ele me fez. Ao responder com outra pergunta, arrisquei desconcertá-lo, mas ele respondeu logo, basicamente pela primeira vez tão bem. Na verdade, cada verso de cada poema era uma espécie de pergunta, presumindo uma resposta, mas dentro do contexto do poema elas não eram sentidas como uma ameaça.

O poema a seguir continua a nossa viagem:

Mr. S.: Espero que o jantar esteja gostoso
Eu: Sem muita expectativa

Mr. S.: Exceto cheeseburgers e pastrami quente
Eu: Com muita gordura, boa gordura
Mr. S.: Para fortalecer a raiz dos cabelos
Eu: Puxa com tanta força que dói
Mr. S.: Dói querer que as pessoas gostem de você
Eu: Porque quando você tenta você se sente
Mr. S.: Um idiota
Eu: Um cheeseburger gorduroso
Mr. S.: Não o trairá
Eu: Ele escorrega e é digerido
Mr. S.: Mas os sentimentos não são
Eu: Digeridos tão bem, só
Mr. S.: Escondem

Fim

As coisas estavam ficando animadas. Mr. S. agora falava comigo e escrevia poemas. É claro, ele sempre falava com a mão tapando a boca.

Quando nos encontramos de novo, ele me contou que tinha sonhado com a mãe chorando. Em seguida, me deu a caneta e me pediu para escrever o primeiro verso, um ponto de partida diferente do nosso procedimento usual.

Eu: Quando ela chorou eu me senti
Mr. S.: Tão triste
Eu: Que eu
Mr. S.: Fiquei com muita vergonha de chorar
Eu: Com medo
Mr. S.: Que as pessoas me achassem fraco
Eu: Fiquei triste por vê-la chorar
Mr. S.: Mas eu tinha de ficar firme e não chorar
Eu: Ou
Mr. S.: As pessoas iam atormentar o fracote. Portanto fiz as pessoas pensarem que eu as evitava
Eu: Mas realmente
Mr. S.: Quero atingi-las com um raio para que pensem que sou irresistível
Eu: Mas eu só tenho

Mr. S.: Carisma
Eu: Minha mãe
Mr. S.: Era emotiva
Eu: E me deixou para
Mr. S.: Viver sem ela

Fim

Os dois últimos versos resumiam grande parte do seu dilema. Mesmo não tendo sido capaz de ter um bom contato emocional com sua mãe quando ela estava viva, ele não conseguia se livrar dela agora que estava morta. Em certo sentido, o peso físico do corpo da sua mãe, que ele não conseguiu suportar na janela, continuava puxando-o para baixo.

Assim que começamos a entrar no assunto da sua mãe, Mr. S. deu a entender no poema seguinte que estava desconfiado do que eu ia fazer:

Mr. S.: Uma folha começa a crescer numa árvore no Hades
Eu: É preta
Mr. S.: E uma árvore ruim
Eu: Cujas raízes descem
Mr. S.: Ao coração do que não é amado
Eu: Sem nome, mas possuindo um coração ele é
Mr. S.: Vulnerável
Eu: Ele
Mr. S.: Presta atenção
Eu: A todas as coisas pretas e cabeludas
Mr. S.: E ilusoriamente boas

Fim

Tive a nítida impressão de que eu era aquele que podia ser "ilusoriamente bom". Mas vamos continuar.

Mr. S.: Gosto de dias nublados
Eu: Eles bloqueiam os raios nocivos
Mr. S.: Como a terceira pálpebra de um cão
Eu: Ou a mão sobre a boca

Mr. S.: Não deixa entrar moscas
Eu: E sentimentos
Mr. S.: Sentimentos perigosos
Eu: Sobre pessoas que saem
Mr. S.: E corações partidos
Eu: Tristes, corações vermelhos
Mr. S.: Que talvez não possam ser consertados
Eu: Por um médico
Mr. S.: Ou curandeiro
Eu: Ou
Mr. S.: Qualquer outra pessoa
Fim

A partir daí, Mr. S. falava comigo de forma cada vez mais direta, escrevendo cada vez menos poemas. Mas, ocasionalmente, ele ainda escrevia.

Mr. S.: Lembro de minha mãe cantando quando estava feliz
Eu: Sua voz enchia o meu mundo
Mr. S.: Um mundo de emoções
Eu: Desde que ela morreu eu
Mr. S.: Penso no futuro
Eu: E não no passado
Mr. S.: As pessoas aprendem com o passado
Eu: Mas não posso acreditar que ela morreu
Mr. S.: Sem vida após a morte
Eu: Sem canções
Mr. S.: Sem necessidades, sem quereres
Eu: Ela sempre queria tanto
Mr. S.: Atenção
Eu: Ela me fazia sentir
Mr. S.: Sem independência às vezes
Eu: Envolto em suas
Mr. S.: Necessidades maternais
Eu: Ela me dava
Mr. S.: Preocupações
Fim

Logo depois desse poema, Mr. S. tirou a mão da boca durante as nossas sessões. Começou a falar francamente e à vontade, com tristeza e raiva, sobre sua mãe e sobre a sua vida. A necessidade de escrever poemas era menos freqüente, mas uma vez ou outra ela voltava, especialmente quando vinham à tona sentimentos fortes.

> *Mr. S.:* Escutei uma nova canção hoje
> *Eu:*   Amanhã outra nova canção
> *Mr. S.:* Que eu possa lembrar
> *Eu:*   Tempo bastante
> *Mr. S.:* Para julgar
> *Eu:*   Quanto tempo faz
> *Mr. S.:* Que uma canção me fez lembrar de alguém
> Fim

Quando ele aceitou assim a sua tristeza e realmente a sentiu junto comigo, seus poemas adquiriram um tom mais esperançoso:

> *Mr. S.:* Acho que tenho jeito para imaginar coisas
> *Eu:*   Um mundo fascinante
> *Mr. S.:* E de coisas impossíveis
> *Eu:*   Petecas e bumerangues prateados
> *Mr. S.:* E vitória eterna para mim

E mais tarde:

> *Eu:*   Sombras longas e escuras lançadas por
> *Mr. S.:* Monstros proibidos e profetas
> *Eu:*   Assustadores, imprevisíveis
> *Mr. S.:* Mas não inconquistáveis
> *Eu:*   Comecei a lutar contra
> *Mr. S.:* Os maus com ajuda dos bons
> Fim

Conforme ele ia se desvencilhando do peso da mãe, tornava-se mais brincalhão. Eu senti isso também, escrevendo um verso extravagante, como "Petecas e bumerangues prateados" depois que ele anunciou "Acho que tenho jeito para imaginar coisas".

Ele começou a colocar tudo em perspectiva enquanto se aprontava para deixar o hospital. Um de nossos últimos poemas voltou ao que ele havia dado ao psiquiatra que o admitiu:

Eu: A areia da ampulheta ainda está caindo
Mr. S.: Minhas ações nada significam
Eu: Eu não as deixarei significar
Mr. S.: Mais do que meus sentimentos
Eu: Meus sentimentos agora são
Mr. S.: Mais controlados
Eu: Como uma mola, lentamente desenrolando
Mr. S.: Ou um leão perseguindo a sua presa
Eu: Aproximando-se com pés acolchoados
Mr. S.: Com mais experiência do que instinto
Eu: Rodeando, observando, vendo, cheirando
Mr. S.: Porque os instintos são tão previsíveis
Eu: Mas os meus sentimentos são
Mr. S.: Mais controlados porque são mais fortes
Eu: Sinto
Mr. S.: Uma paz interior mais instintiva
Fim

Depois de ter recebido alta, Mr. S. voltou para ver-me como paciente externo. Na nossa primeira consulta, ele pediu para escrever um poema. Foi o último:

Eu: Agora que estou em casa eu
Mr. S.: Estou mais feliz
Eu: Do que antes. Mas às vezes
Mr. S.: Fico triste
Eu: Quando penso
Mr. S.: Na minha mãe
Eu: Penso nela
Mr. S.: Muito raramente
Eu: Agora
Mr. S.: Aprendi a viver sem ela
Eu: Aprendi
Mr. S.: Que todos temos de morrer um dia
Eu: Todos
Mr. S.: Somos mortais

Eu: Pois agora eu
Mr. S.: Sinto-me saudável
Eu: Minha esperança é
Mr. S.: Ir para o céu

Fim

Gostaria de dizer que Mr. S. estava curado, mas não estava. Até agora, não temos cura para a esquizofrenia. Eu terminei o meu treinamento ali, e Mr. S. passou para outro médico. Ele ficou fora do hospital por alguns anos, mas depois voltou, novamente psicótico, precisando de ajuda. Disseram-me que está sendo tratado com clozapina e passando bem fora do hospital, vivendo dentro dos limites da sua esquizofrenia.

Durante o tempo que estivemos juntos, ele chorou a morte da mãe. Isso lhe fez bem. Da minha parte, aprendi o que é conexão como jamais poderia ter feito a partir da teoria ou de uma palestra. Aprendi que a conexão é possível, mesmo quando não parece ser. Mr. S. continua comigo, oferecendo informações para o meu trabalho com pacientes atuais, aprofundando a minha compreensão da natureza humana e da vida, principalmente aumentando as minhas esperanças e me fazendo sorrir bem lá no íntimo sempre que lembro do seu rosto. Fizemos conexão, e a conexão perdura.

11

CRIANDO CONEXÕES

QUATRO

Você já é rico em conexões

A MAIORIA DAS PESSOAS NÃO TEM idéia de como são ricas em conexões, ou pelo menos conexões em potencial. Procurar um amigo que não vê há muito tempo, fazer as pazes com uma irmã com quem não fala, ou voltar a fazer aqueles programas noturnos com seu cônjuge — são apenas algumas maneiras concretas de reforçar as conexões.

Às vezes, imagino todas as conexões que fazemos na vida como um jardim que estamos sempre cultivando. Uma planta morre, outra nasce, algumas são arrancadas, quando uma vez ou outra as transplantamos. O jardim está constantemente mudando, mas certas partes duram, entra ano sai ano, como a velha macieira silvestre na esquina ou o olmo onde nos balançamos quando crianças. Certas pessoas ficam conosco a vida inteira. Mesmo depois que elas morrem, nossa conexão com elas não se rompe. São as plantas perenes do nosso jardim.

Eu vejo o meu jardim de conexões com uma roseira aqui, uma couve-flor ali, um limoeiro, e talvez algumas ervas, uma abóbora rotunda, uma berinjela roxo-escura e uma vagem trepadeira. Meu velho amigo Joe Kublicki, a quem não vejo desde quando trabalhávamos como garçons em Cape Cod, na década de 1970, seria a couve-flor. Sólido, forte, despretensioso. Minha mãe, que Deus a tenha, seria um lírio-do-vale. Meu irmão John seria a abóbora, não me pergunte por quê. E minha mulher, Sue, teria de ser a rosa. Faça esse jogo você mesmo. Imagine as suas conexões crescendo ao seu redor.

O jardim varia de pessoa para pessoa, como fazem os de verdade. A variedade do que podemos cultivar nele é enorme. Mas, como todos os jardins, ele exige nossa fiel atenção para florescer. Se o abandonarmos, as ervas daninhas tomarão conta e aos poucos ele se transformará naquilo que vier com o vento. Mas se cuidarmos dele, o regarmos, arrancarmos as ervas daninhas, o fertilizarmos, se o protegermos do mau tempo, e se nos preocuparmos com ele como fazemos com um jardim de que gostamos, então ele crescerá glorioso de ano para ano e nos dará alegria e força.

Eu imagino os diferentes tipos de conexões que fazemos cabendo em doze amplas categorias, que resumirei aqui. Nesta lista não existe hierarquia. Ao colocar um tipo de conexão na frente de outro, não estou querendo dizer que tenha mais importância ou valor, não mais do que uma flor no jardim é melhor do que outra.

Se recomendo alguma coisa, é que se mantenha o equilíbrio entre eles, tentando manter vivo o maior número possível de conexões diferentes, sem desvalorizar nenhuma, esperando que ela satisfaça todas as nossas esperanças e necessidades. Por exemplo, não espere que o seu casamento faça tudo por você, ou o seu emprego, os seus filhos, seus amigos ou o golfe. Embora algumas pessoas possam encontrar felicidade e satisfação numa fonte apenas de conexão, a maioria de nós se dá melhor com muitas, assim como a maioria dos jardins prosperam na variedade.

OS DOZE PONTOS DE CONEXÃO

FAMÍLIA DE ORIGEM Em primeiro lugar está a conexão que recebemos ao nascer. Quando crescemos, as pessoas que nos criam entram em nossas vidas e imaginações e ficam para sempre, sejam elas nossos pais biológicos, adotivos ou de criação. Desenvolvemos conexões igualmente fortes com outros membros da família, como irmãos e avós.

Se formos adotados — e um grande percentual de americanos é adotado ou tem pais de criação —, a conexão com nossos pais biológicos continua pelo resto da vida, mesmo que você nunca chegue a conhecê-los. Você desenvolve uma conexão crucial com eles, ainda que apenas mentalmente.

Se você for criado por seus pais biológicos, depois de sair de casa e mesmo depois que seus pais já tiverem morrido, sua conexão com eles continua para sempre.

Essa conexão explica quem você é de muitas maneiras. Ela inclui nossos pais biológicos e as pessoas que nos criam, assim como irmãos e o resto da família. Essas conexões primárias nos dão nossos genes e nossas lembranças mais primitivas. Elas nos fazem sofrer às vezes, mas também criam nossos alicerces para o que der e vier.

FAMÍLIA IMEDIATA A conexão que fazemos com a família que criamos quando adultos inclui a conexão com o nosso outro mais íntimo, seja um cônjuge, um sócio, um grande amigo, às vezes até um animalzinho de estimação. Pensamos nessa pessoa como nossa principal aliada, aquela em quem mais confiamos. Além disso, essa conexão pode incluir filhos (biológicos, de criação ou adotados).

Estar apaixonado é a força propulsora desse tipo de conexão. Fazemos isso diferentemente. Penso no casal dono da casa que a minha família aluga todos os verões. Um cirurgião e sua mulher, casados e apaixonados há mais de cinqüenta anos, nunca estão longe do pensamento um do outro. São personalidades bastante diferentes — ela, uma formidável matriarca; ele, um médico despretensioso à antiga —, mas é quase possível estender a mão e tocar o vínculo de amor entre os dois quando estão juntos. Não são apenas flores e corações. Não, é muito mais forte do que isso.

O amor que dura é feito de algo tão forte que suporta a constante pressão do egoísmo que bate dentro de cada um de nós. O amor é feito de uma liga cujo brilho nem o egoísmo humano consegue tirar.

Embora o amor atinja o seu ponto máximo nas pessoas que estão "apaixonadas", nas suas várias formas ele rega tudo que cresce no jardim das conexões. Sem amor, nenhuma conexão boa dura. Embora uma conexão ruim possa surgir do medo ou do ódio, é o amor que torna uma conexão boa. Com seu animalzinho, o seu quadro preferido, o seu amigo, a empresa à qual você tem se dedicado todos esses anos, não existe uma conexão positiva sem algum tipo de amor. E, quanto maior o amor, mais forte a conexão.

AMIGOS E COMUNIDADE As conexões positivas que fazemos com nossos amigos, vizinhos ou cidade nos fazem sentir de bem com a vida. Como o poeta William Butler Yeats escreveu, "Pense onde começa e termina a glória do homem,/ E diga que a minha glória foi ter tido esses amigos". A conexão com os amigos e a comunidade somos nós que escolhemos. Se a cultivarmos, ela irá nos retribuir como poucos investimentos são capazes de fazer. Infelizmente, ela é esquecida nesta vida tão atarefada que levamos atualmente. Mas, se lhe dermos prioridade, os amigos e a comunidade podem ser tão fortes quanto uma família, e às vezes até mais, porque foi você que escolheu, enquanto a família não se escolhe! Conheci muita gente — amigos meus, assim como pacientes — cujas vidas mudaram drasticamente para melhor, ou até se salvaram, pela ação de amigos ou de uma comunidade atenta.

TRABALHO, MISSÃO, ATIVIDADE Sua conexão com o trabalho, com um objetivo ou missão, até com um passatempo ou hobby agradável pode sustentá-lo todos os dias. O trabalho é a conexão mais importante de todas na vida de muitos adultos. Uma atividade não relacionada com trabalho, como pescar e esquiar, também pode se tornar a conexão mais apaixonante de alguém, ou simplesmente uma fonte adicional importante de energia positiva. Gostar de jardinagem pode ser profundamente sustentador. O trabalho voluntário, ou um programa de leitura em voz alta, pode conectá-lo a um reino totalmente novo.

Sentir que aquilo que faz para ganhar a vida é uma missão pode levar você a gostar de ir para o trabalho. Por exemplo, um professor que ganha pouco pode se tornar rico com a satisfação que o trabalho lhe proporciona. Ou um empreendedor iniciante pode viver de cachorro-quente e feijão, alimentando-se do seu sonho de como a empresa será um dia. Até a conexão com um jogo pode alimentar a alma. Embora se possa brincar com isso, o fato é que algumas pessoas se conectam tão profundamente com uma partida de golfe que, jogando, elas se sentem mais em paz com o mundo do que em qualquer outra ocasião. Se você sente no seu trabalho uma missão, ou um grande prazer num jogo ou em alguma outra atividade, essas conexões podem fortalecê-lo e prolongar a sua vida.

BELEZA A conexão que fazemos com a beleza — música, arte, literatura, seja lá o que acharmos bonito — tem tanto poder sobre nossas vidas quanto o permitimos. Para algumas pessoas, esta conexão não tem poder nenhum, porque elas não deixam que se desenvolvam. Para outras, significa tudo. Podemos ficar uma hora sentados diante de um quadro num museu, travando uma espécie de diálogo com aquela pintura e desenvolver um relacionamento especial com ele enquanto olhamos. Dizem que Henry Clay Frick, o famoso industrial que montou uma das maiores coleções de arte particulares do mundo, costumava se levantar no meio da noite e descer para ficar sentado numa das grandes salas onde suas obras-primas estavam penduradas. Ele olhava os quadros e escutava o que eles diziam em silêncio. Um deles era um auto-retrato de Rembrandt, cheio de tristeza e dor. A imagem de Henry Clay Frick, um governante do mundo na sua época, sentado sozinho diante de Rembrandt à meia-noite me diz como a arte e a beleza podem se conectar com o espírito humano como nada mais. Imagino que Rembrandt disse a Frick coisas que ninguém mais diria, e evocou nele sentimentos que nada mais poderia evocar.

O PASSADO A conexão que sentimos com o passado não é apenas um conhecimento histórico; na verdade, você pode ser rico em conexões históricas sem ter lido muita coisa nos livros de história. O que quero dizer com conectar-se com o passado é ter consciência de onde você veio, em vez de achar que o tempo começou quando você nasceu. Você pode adquirir conexão histórica conversando com seus avós ou aprendendo algo sobre seus ancestrais (qual o trabalho deles, que dificuldades enfrentaram, por que vieram para o país ou região onde você vive, o que sonhavam para seus descendentes — você) e considerando até que ponto você satisfez esses sonhos, ou como e por que você os alterou. Estudar história no colégio lhe dá um certo tipo de conexão histórica, mas aprender a sua história pessoal a amplia, em geral em termos mais emocionais.

Isso é precioso porque o passado pode se tornar o seu companheiro invisível. Você pode sentir, na auto-estrada, indo para o seu trabalho, que está aqui pela graça do seu avô, que trabalhava em dois empregos para o seu pai poder freqüentar uma faculdade, e que depois possibilitou os seus estudos. Ou você pode avaliar a mudança de status das pessoas na sua área que têm os seus mesmos antecedentes, e imaginar como teria sido a vida dos seus bisavós. A pessoa historicamente conectada pensa com freqüência no passado, vez por outra visita lugares do passado e talvez descubra um amigo há muito esquecido. A memória pode criar conexão histórica também quando lembramos onde estivemos e o que vimos. Na melhor das hipóteses, o passado nos incita e orienta, como um espírito sábio ao nosso lado.

NATUREZA E LUGARES ESPECIAIS Para algumas pessoas, a conexão que têm com a natureza é tão profunda que se torna uma espécie de religião. Determinados lugares também tocam profundamente nossas almas. Nós nos conectamos com a essência de certos lugares — o que se chama de *genius loci*, ou espírito do lugar. A casa onde moramos aos seis anos de idade, um banco especial num determinado parque, uma loja de esquina preferida, um quarto onde gostávamos de ler, um local isolado numa praia de que gostamos — todos nos falam numa linguagem como nenhum outro lugar ou pessoa consegue fazer, dando-nos conforto todas as vezes que visitamos ou mesmo pensamos nele. Ele dialoga conosco, fala conosco, mesmo que não estejamos lá. Por exemplo, se você tem um lugar favorito para ir nas férias, com freqüência, só de imaginar, você fica de bom humor, mesmo que as férias ainda estejam longe.

ANIMAIZINHOS DE ESTIMAÇÃO E OUTROS A conexão que fazemos com animaizinhos de estimação e outros, ou até com objetos inanimados, como ursinhos de pelúcia, quando somos jovens, pode ir mais longe do que as palavras. O psicanalista D. W. Winnicott chamou objetos como ursinhos de pelúcia de *objetos transicionais*, e explicou como eles podem ser essenciais para o crescimento:

Pode vir à tona alguma coisa... talvez um novelo de lã ou a ponta de um cobertor... que passa a ser de importância vital... e é uma defesa contra a ansiedade, especialmente a do tipo depressivo... Isso então se torna o que estou chamando de *objeto transicional*. O objeto continua sendo importante. Os pais reconhecem o seu valor e o levam nas viagens. A mãe deixa que fique sujo, e até fedorento, sabendo que ao lavá-lo ocasionará uma quebra de continuidade... o que pode destruir o significado e o valor do objeto.*

Basicamente, a criança se conecta com um ursinho de pelúcia para ajudar a levantar o seu ânimo enquanto faz a transição da fantasia subjetiva para a fria realidade, e da infância para a idade adulta.

Animaizinhos de estimação igualmente animam todos nós, crianças e adultos. Tão profundos são os sentimentos que as pessoas nutrem por seus animaizinhos, que muita gente os coloca em seus testamentos. Nós tínhamos collies quando eu era criança. Bessie, Ike, Mike — estes foram alguns deles. Tínhamos também um vira-lata chamado Rusty. Eu adorava a todos, e lembro nitidamente de adormecer diante da lareira muitas vezes usando o peito de Ike como travesseiro. Quase posso sentir a sua respiração ritmada. Nossas conexões com os animais, e até com objetos inanimados, proporcionam algumas das lições mais precoces e fortes sobre amor, perda e recuperação que aprendemos na vida.

Além do mais, com os nossos bichinhos aprendemos o prazer que dá cuidar de alguém. Eles nos dedicam um amor tão incondicional que *queremos* lhes dar alimento e abrigo. As crianças aprendem com os animais a responsabilidade de cuidar dos outros, pois sabem que eles dependem delas para o sustento, assim como elas mesmas dependem de seus pais. Para as pessoas idosas, sair com o cachorro ou alimentá-lo pode ser a única coisa que os força a se levantar da cama, a única coisa que os puxa para fora de si mesmos.

A intensidade desses vínculos também prova que a conexão profunda não depende necessariamente da linguagem. Um cão e

---

*D. W. Winnicott, "Objetos Transicionais e Fenômenos Transicionais" em *Playing and Reality*, publicado pela primeira vez em 1971, por Tavistock Publications Ltd, reeditado pela Routledge (Nova York, 1989).

o seu dono, ou uma criança e o seu ursinho, comunicam-se de um modo rico e complexo sem que o cachorro ou o urso jamais falem um palavra de português, embora falem uma porção de outras línguas imaginárias! Podemos nos *comunicar* com um animalzinho — como eu faço freqüentemente com a nossa cachorra, Pippy — de uma forma única. Eu falo com Pippy como se ela fosse uma pessoa, e ela me olha com seus olhos indagadores, e eu imagino que está me respondendo. Mas, engraçado, nós nunca discutimos!

IDÉIAS E INFORMAÇÕES A conexão que fazemos com idéias e informações pode ser um prazer supremo, assim como o nosso meio de vida. Nunca antes o velho ditado "Saber é Poder" provou ser tão verdadeiro como atualmente. A nossa era moderna facilita fazer a conexão com o conhecimento mais do que nunca na história humana. Somos inundados por idéias e informações todos os dias. Conectar-se com elas exige não tanto o esforço para desencavá-las quanto o de escolher entre as milhares que nos são oferecidas.

Nossas idéias são livres. Você é livre para passar adiante qualquer idéia que lhe agradar e, nos Estados Unidos pelo menos, você é livre para falar e escrever sobre o que quiser. O prazer do mundo das idéias é um prazer que aceitamos gratuitamente, até encontrarmos um velho amigo de quem ele foi subtraído, como nos casos de Alzheimer.

Todos nós pensamos, portanto todos nós nos conectamos com informações e idéias de alguma maneira, mas provavelmente conhecemos uma ou outra pessoa que realmente mergulhou fundo nos prazeres do pensamento. Assim como ficamos conhecendo grandes gourmets, apreciamos a companhia de um verdadeiro pensador, alguém que gosta de pensar, não por exibição, mas pelo simples prazer da conexão. Lembro do meu companheiro de quarto na faculdade dizendo que o seu maior prazer na vida era ficar simplesmente sentado pensando ou, melhor ainda, deitado pensando! Ele era o rapaz mais simples que já conheci, mas era um verdadeiro gênio. Muitas vezes eu voltava para o quarto, via Phil na cama e dizia: "Oi, está fazendo o quê?", só para ouvi-lo responder (como quem está ligeiramente chateado com a interrupção): "Estou pensando."

Apesar de serem raros entre nós aqueles que mergulham fundo no prazer das idéias, como Phil Green, ainda assim todos gostamos de pensar. Desenvolvemos o prazer da conexão com as idéias de muitas maneiras. Por exemplo, fazemos amizade com determinadas pessoas porque elas sempre têm alguma idéia nova ou algo interessante para dizer. Ou abrimos o jornal todas as manhãs e vamos direto para a página do nosso colunista favorito, como eu costumava fazer com Frank Rich, no *New York Times*. (A minha segunda parada era a de esportes no *Boston Globe*. Acho que isso indica o prazer que sinto com a minha conexão com um certo conjunto de informações!) Ou podemos assinar uma determinada revista e esperá-la ansiosos a cada número, porque sabemos que ela irá alimentar a nossa conexão com as idéias de uma forma de que gostamos.

Sejam quais forem as nossas áreas de interesse, nós as enriquecemos com a troca de opiniões, a satisfação de encontrar concordâncias, o estímulo de nos defrontarmos com discordâncias e a excitação de ampliar a nossa maneira de pensar — desenvolvendo novas idéias, baseadas em novas informações.

Nunca antes o mundo das informações e das idéias esteve tão disponível a todos. Nunca antes soubemos tantas coisas como hoje. E nunca antes o acesso a um vasto leque de idéias foi tão conveniente. Do nosso colunista preferido ao anfitrião do programa de entrevistas que adoramos detestar, à nossa crescente conexão com uma habilidade de gerenciamento de nossas informações — como enviar e-mail ou descobrir meios mais velozes de processamento de textos — aos nossos sentimentos em evolução sobre uma certa filosofia ou maneira de pensar, todos nós nos *conectamos* com informações e idéias. Para algumas pessoas, essa é a conexão central em suas vidas. Mas até para quem ela é periférica, pode ser fartamente compensadora.

INSTITUIÇÕES E ORGANIZAÇÕES   A instituição com a qual você se conecta pode ser o seu ambiente de trabalho ou a sua escola. Pode ser um clube, um partido político, uma associação de voluntários ou um time. Pode ser o seu país. Infelizmente, conexões desse tipo vêm se desgastando há várias décadas, depois que a descrença abalou a nossa confiança em muitas das nossas instituições e organizações. Na política, parece que vivemos numa névoa de cinismo, desde o Vietnã, passando por Watergate e Contragate, até o julgamento de *impeachment*. Nos negócios, vivemos na era de Dilbert. Nos esportes profissionais, até nos esportes universitários, o nome do jogo é o ganho pessoal, não o espírito de equipe. Na verdade, espírito de equipe passou a ser piada em certos esportes.

Entretanto, a energia positiva ainda cresce forte dentro da alma humana, se a alimentarmos. Observe alguém iniciando um negócio no qual acredita. Tenho tido o prazer de ver vários pacientes meus fazendo exatamente isso. O entusiasmo que sentem praticamente me faz andar nas nuvens — e eu peso mais de 90 quilos! É certo que eles também sentem medo, mas eles recorrem a sua energia positiva e à de seus colegas para salvá-los, "Lembro-me de trabalhar a noite inteira no porão da minha casa", um desses homens me contou, "com mais nada além da fé na minha idéia, o incentivo da minha mulher e a torcida dos meus pais para levar-me adiante. Olhando para atrás, não sei onde foi que encontramos a coragem — ou dinheiro — para sobreviver, mas sobrevivemos!" Essa atitude de que é possível fazer alguma coisa tornou-se o alicerce da que hoje é uma organização sólida — construída sobre riscos, esperança, uma boa idéia e a fé recíproca entre as pessoas.

Isso é que é conexão positiva com uma instituição — gente boa acreditando em boas idéias e umas nas outras.

Se você for capaz de renovar a sua conexão com uma instituição na qual acredita, essa conexão pode dar tanto a você quanto à instituição uma força renovada. Se você conseguir vencer o cinismo compreensível, escolher uma organização na qual acredite e, em seguida, investir uma energia especial ali, a recompensa será enorme. Ou talvez você possa iniciar a sua!

O QUE ESTÁ ALÉM DO CONHECIMENTO As condições da vida nos obrigam a considerar questões para as quais não temos uma resposta provável. "Você jamais saberá o que significa a vida até morrer", escreveu o poeta Robert Browning. "Mesmo durante a vida, é a morte que dá vida à vida." Ao desenvolver a sua conexão com o que está além, você nutre a sua alma e dá sentido à vida.

As pessoas dão nomes variados para esse tipo de conexão. Dizem que se conectam com o cosmo, ou com a verdade, ou simplesmente com o desconhecido. Dizem até que não existe nada além, e portanto não podem ter essa conexão. Até isso é um tipo de conexão — com o nada. Outros têm uma idéia bem articulada do que está além do conhecimento. Uns chamam de Deus. Para outros, ainda, a conexão que fazem com a natureza é a conexão deles com o Além.

No meu caso, Deus é o centro para onde me dirijo com as grandes questões. Essa conexão nunca me faltou. Sue e eu tentamos transmiti-la aos nossos filhos. Outro dia, saí do banho e vi Tucker, meu filho de três anos, aninhado na cama com Sue. Eu disse: "Que coisa linda vocês dois juntinhos." Ao que Tucker respondeu na mesma hora: "Deus está aqui também!" Eu fiquei muito feliz ao ver que Tucker estava desenvolvendo uma conexão, na sua infância, com Deus — um sentimento de que Deus está com ele em qualquer parte, de modo que ele nunca está sozinho. Essa é uma grande dádiva para uma criança, ou para qualquer pessoa.

VOCÊ MESMO A conexão de você com você mesmo lhe dá uma noção de independência e identidade.

Todos nós temos um relacionamento com nós mesmos. Travamos um diálogo interior. Olhamos para nós mesmos, nos julgamos. Temos o dom — ou a maldição — da consciência de si próprio, e com isso vem a inevitabilidade da auto-avaliação.

Para algumas pessoas, a conexão que fazem com elas mesmas é dura e autocondenadora. Para outras, é otimista e encorajadora. Ninguém sabe exatamente por que esta conexão se desenvolve de maneiras tão diferentes, mas a boa notícia é que sabemos que ela pode ser modificada. Na verdade, umas das melhores maneiras de mudá-la é aprofundar alguns dos outros onze tipos de conexão. Ao aprimorá-los, é quase certo que você se sentirá melhor na sua conexão consigo mesmo.

A conexão que você tem com você mesmo pode não estar precisando de tratamento, mas de expansão. Um exemplo comum é a pessoa que quer trabalhar no desenvolvimento do seu lado criativo. Muita gente feliz e de sucesso sabe que deixou atrofiar a sua criatividade, e se pergunta se poderá recuperá-la. A resposta é sim! A criatividade não morre; fica apenas ignorada.

Uma conexão saudável consigo mesmo não significa que você deva se achar perfeito; na verdade, quem pensa assim está mal.

Nem quer dizer que você tenha de ter todos os seus talentos plenamente desenvolvidos. Ninguém tem.

Uma conexão saudável com você mesmo simplesmente significa oferecer para si mesmo um bom lugar para crescer. Você não se prende lá atrás nem permanece no seu próprio caminho, pelo menos não tanto.

O objetivo de se conectar com você mesmo é criar condições nas quais você possa se tornar quem você deve ser e sentir orgulho de quem você é. O objetivo é você se sentir tão à vontade dentro de si mesmo como um velho olmo.

Todos estes tipos de conexão entrelaçam-se para criar uma vida conectada. Você não precisa se conectar integralmente com cada um dos doze tipos — não transforme a conexão em outro trabalho ou conquista! Experimente apenas fazer das conexões coisas importantes. A maioria das pessoas acha que a sua felicidade depende mais da conexão do que de qualquer outra coisa. Para consegui-la, faça o que lhe parecer correto. Passeie de mãos dadas com seu filho, conheça quem são seus vizinhos, entre na fila para doar sangue na Cruz Vermelha em épocas de calamidade, dance na festa da sua turma no colégio, ore num enterro, faça parte de uma equipe de cirurgiões cardiologistas ou de um time de futebol — seja o que for, *conecte-se*.

O resto se cuida sozinho. Como mágica.

CINCO

Família:

O QUE APERTA NOSSOS CORAÇÕES, E OS AFROUXA TAMBÉM

No feriado do Dia do Trabalho, em 1998, levei meus dois filhos pequenos para visitar o túmulo do avô — meu pai. Sue tinha trabalho para fazer, Lucy estava na casa de uma amiga, portanto Jack, Tucker e eu fomos jogar bola no parque. Depois resolvemos tomar um sorvete e, em seguida, voltando para casa, passamos pelo cemitério Mount Auburn. É lá que meu pai está enterrado. Eles nunca tinham estado em Mount Auburn e pareciam curiosos. Estacionei o carro, eles pularam fora e se dirigiram para um túmulo com um tigre de mármore em cima.

— Quem está enterrado aqui? — perguntaram.

— Não sei — respondi.

— Podemos sentar no tigre?

— Bem, acho que não deveriam — continuei — porque tem alguém enterrado aí embaixo, por isso devemos tratar o túmulo com respeito.

Dali seguimos a pé pela fileira de túmulos, descendo até onde meu pai está.

Mount Auburn é um cemitério enorme, com paisagens maravilhosas, com todos os tipos de árvores, arbustos e plantas interessantes, assim como tumbas e lápides de algumas pessoas famosas, como Henri Wadsworth Longfellow, Oliver Wendell Holmes, Mary Baker Eddy e Bernard Malamud, e outros milhares de desconhecidos como meu pai. Dizem que é um dos cemitérios mais bonitos do mundo.

Eu mesmo só tinha descoberto o túmulo do meu pai recentemente. Há vinte anos eu não ia lá, desde o dia do enterro, quando, mais uma vez por impulso, poucos meses antes, entrei no Mount

Auburn de carro e fui me orientando pelo labirinto de ruas e trilhas até chegar ao lugar onde ele foi enterrado.

Agora eu podia levar meus filhos até lá. Quando chegamos, no meio de uma pequena ravina, Tucker correu e começou a bater na lápide, acho que para ver se alguém respondia. Havia duas pedras ovais de granito, lado a lado, uma para minha avó e o marido, a outra para meu pai e Betty, a mulher com quem ele se casou anos depois de ter se divorciado de minha mãe. Os meninos, é claro, queriam saber de quem eram os quatro nomes que viam gravados na pedra, e onde essas pessoas estavam agora. "No céu", eu disse. "Um dia vocês vão conhecer cada um deles."

"O avô de vocês era fantástico", eu falei para os garotos, que já estavam escalando o topo da pedra. Pensei em dizer para eles descerem, mas aí lembrei que isso significava o modo mais próximo de subir no colo do avô a que poderiam chegar, portanto deveriam subir o quanto quisessem. "Ele era um homem muito bom", continuei. "Quase *nunca* se zangava." É verdade. Não lembro de jamais ter visto meu pai zangado. "Ele ensinava no colégio, jogava hóquei, pescava e velejava." Os meninos não estavam me ouvindo, mas eu queria falar. "Ele ama vocês dois muito." Então perguntei aos garotos se podíamos nos ajoelhar para rezar um pouco, e eles concordaram.

Ao saírmos da pequena ravina, tive a sensação de estar entrando em um campo muito tempo depois de terminado o jogo. Um dia, ali já tinha havido muitos aplausos, barulho, vitórias e derrotas, mas agora era só silêncio, e a beleza da relva crescendo no seu próprio ritmo. Nada tinha pressa ali.

E, no entanto, pensei, *o jogo continua*. Vejam Tucker e Jack. Não estariam aqui se papai não tivesse existido.

Eu amava meu pai, com todas as suas imperfeições, e ainda sinto muitas saudades dele. Gostaria que os meninos pudessem tê-lo conhecido. Ele era tão bom com as crianças! Gostaria que ele pudesse levá-las para andar de patins e lhes contar histórias de quando foi capitão de um contratorpedeiro-escolta na Segunda Guerra Mundial, e ensinar a pescar e velejar — mas ele não pode. Ele se foi.

Ainda assim, a família a que ele deu continuidade está viva. Acho que as famílias não morrem nunca, apenas ganham e perdem membros. Considero a família como uma fonte de energia que está constantemente atraindo as pessoas na sua direção, e elas estão constantemente tentando se afastar dela. Encontrar a distância *certa* é o desafio que a maioria das pessoas tem de enfrentar dentro das suas famílias.

Próximo demais, e você se vê tão envolvido que fica sem liberdade. Muito distante, e a família se torna quase uma lembrança, perdendo o seu poder de definir o que é bom e o que é ruim na sua vida.

Alice veio me procurar porque estava perturbada com seu relacionamento com os pais, particularmente com a mãe. Com trinta e sete anos, casada, com seus próprios filhos, Alice não conseguia se livrar da sensação de estar vivendo sob o domínio da mãe. "Moro em Boston", ela me disse. "Ela vive em Charlotte. Centenas de quilômetros nos separam, mas parece que mora no apartamento ao lado, psicologicamente falando."

Alice, uma mulher de negócios dinâmica que trabalhava para uma das empresas de consultoria mais fortes de Boston, não levava jeito de viver dominada por alguém.

— Mas você não conhece a minha mãe! — respondeu quando comentei que ela parecia muito independente. — E as mínimas coisas ainda me incomodam. Você acha que eu já deveria estar acostumada com o fato de meus irmãos serem deuses, não é mesmo? Quando éramos pequenos, os dois eram adorados, e continuam sendo. Nós, meninas, éramos bem corretas, e hoje continuamos apenas corretas. Não importa que nós três tenhamos conquistado para nós mesmas uma vida muito melhor do que os garotos. Mamãe provavelmente nem se dá conta disso.

— Isso não parece mesquinharia — eu disse.

— Não, mas as minhas reações são — ela retrucou. — Por exemplo, no mês passado fui até a casa de minha mãe com meus filhos e, quando chegamos lá, arrastando as malas para os nossos quartos, notei que as camas dos meus irmãos tinham sido arejadas. Mas, quando entrei no meu quarto, a minha estava do mesmo jeito. Claro que eu não disse nada. Como eu poderia, sem parecer uma pirralha mimada, mas fiquei furiosa! Era tão típico! Tratar os meninos como príncipes, e a mim como uma pessoa qualquer.

Alice e eu trabalhamos para ajudá-la a se separar psicologicamente da mãe. Na minha experiência como psiquiatra, essa é uma manobra delicada. Retirar a parte ruim do relacionamento de alguém com um dos pais é mais ou menos como tirar o chocolate do bolo de chocolate — é muito difícil de fazer sem tirar o bolo inteiro.

Tentei apelar para a realidade.

— Você agora é uma mulher adulta, é forte e poderosa, mais do que diz que sua mãe já foi. Tem a sua própria família, seus próprios amigos, sua própria carreira. Por que permite que ela tenha esse domínio sobre você? Por que precisa tanto dos elogios dela?

— Eu sei — respondeu Alice. — É ridículo. É idiota. Tenho até vergonha de lhe dizer isso.

Então, essa abordagem não ajudava.

Tentei ficar zangado por Alice, recriminando eu mesmo a sua mãe. "Ela não tem o direito de tratar você assim. Que mulher sem consideração. Ela parece uma pessoa muito difícil." Depois disso, Alice faltou às duas consultas seguintes. Ela não queria que eu rebaixasse a sua mãe.

Experimentei, então, uma outra tática. Tentei interpretar a psicologia por trás dos seus sentimentos.

— É natural você se sentir assim, tendo crescido à sombra dos seus irmãos. Agora que conquistou mais do que eles, você quer o que lhe é devido e, como isso não acontece, como não acontecia anos atrás, isso a faz ficar muito zangada, como ficava no passado.

— Sim — disse Alice —, é isso mesmo.

A interpretação pode estar correta, mas não sei se adiantou alguma coisa.

Em seguida, tentei um outro ângulo.

— Quem sabe você sente saudades da sua mãe, esse ressentimento com relação a ela é a sua maneira de preservar o seu apego. Dói menos do que a dor de perdê-la.

— Não acho — respondeu Alice.

Dávamos voltas e voltas, semana após semana, mês após mês, e nada realmente mudava. Alice continuava sentindo o olhar crítico da mãe sobre o seu ombro, e ainda se ressentia por ela não a elogiar.

O que consegui fazer — e para isso a psicoterapia serve muito bem — foi lhe fazer companhia no meio dos seus sentimentos. Mesmo que não resolvêssemos nem mudássemos nada, pelo menos não radicalmente, Alice voltava porque sentia uma conexão, tanto comigo como com os sentimentos confusos que estava tendo muita dificuldade para suportar sozinha.

Então, um dia, Alice soube que a mãe estava com câncer. Chegou ao meu consultório toda desarrumada. Aquela mulher, que parecia sempre ter acabado de sair da capa de uma revista, estava com um risco de rímel escorrendo pelo rosto e os olhos vermelhos de tanto chorar. Assim que ela se sentou no meu consultório, recomeçou a chorar. Um lado meu mais calejado perguntou lá no fundo: *O que é isso, não está contente porque a sua velha nêmesis vai bater as botas?* — mas não foi o que eu disse. O que eu falei foi:

— É muito grave?

— Eles não sabem antes de operar — respondeu ela, depois de assoar o nariz. — Vou pegar o avião hoje à noite. Não acredito que aquele incompetente daquele médico não tenha percebido isso antes.

— Que tipo de câncer é — perguntei.

— De cólon — falou Alice. — Ela acabou de fazer um exame de saúde completo, tem seis meses. Ele deveria ter visto isso na época.

Passaram-se duas semanas e Alice voltou. Trazia boas notícias. O câncer não se espalhara, ou assim pareceu ao cirurgião, e o prognóstico da mãe, com a quimioterapia, era bom.

O episódio provocou uma mudança radical. Embora Alice ainda estivesse ressentida com a mãe, comecei a ouvir muitas histórias carinhosas a seu respeito também. Quando Alice descrevia a mãe e as suas lembranças dela, não era mais com raiva, e sim com carinho. O ligeiro esbarrão da mãe com a morte pareceu disparar uma centelha que serviu, se não para solucionar o conflito, pelo menos para permitir uma ultrapassagem.

Alice passou a supervisionar os cuidados com a saúde da mãe, ligando para os médicos na Carolina do Norte, pedindo outras opiniões da comunidade médica de Boston e, eu imagino, arranhando o brilho de alguns médicos de Charlotte. Alice era uma mulher formidável. Fico imaginando se ela e a mãe não eram mais ou menos semelhantes.

Enquanto cuidava da saúde da mãe — o pai e os irmãos estavam muito contentes com isso —, ela ia em casa com mais freqüência. Ela e a mãe conversavam mais vezes pessoalmente, em vez de apenas pelo telefone. Nas histórias que Alice me contava havia cada vez menos queixas. Ela queria que o tempo que ainda tinha para passar com a mãe fosse bom. Imaginei que isso fosse recíproco, a mãe provavelmente aproximando-se e abrindo-se de certa forma, também.

Nada disso parecia intencional ou resultado da psicoterapia — que, como sempre, me fez lembrar de que devo ser humilde. Em vez disso, a natureza ou Deus tinha enviado um mensageiro, na forma da morte possível. Ele disse, tanto para Alice como para a mãe: "Parem. Não há mais tempo para continuar com isso. É hora de se prepararem para o fim."

Instigadas pelo câncer, Alice e a mãe finalmente encontraram a distância certa.

Que aconteceu com a voz crítica da mãe que costumava atormentar Alice, a voz que ela imaginava freqüentemente colocando-a para baixo? Não se calou totalmente, apenas deixou de ser a força dominante na vida de Alice. Passou de sino da igreja para um leve zunido. A briga — seja lá por que motivo nós queremos nos livrar de nossos pais — terminou quando Alice e a mãe se preparavam para dizer adeus.

Repetidas vezes vi o amor renascer nas famílias, mesmo quando se pensava que isso não aconteceria nunca. Tenho tratado de pessoas que me fizeram acreditar piamente, durante anos, que um ou ambos os pais eram monstros terríveis, para depois, num momento de crise, ver o amor brotando entre eles. Não foram poucas as vezes que reagi interiormente como fiz com Alice: *Você quer me dizer que está aflito? Eu achei que você ia dançar no meio da rua porque fulano está doente!* Mas raramente é essa a reação que vejo.

Mesmo sem terem passado muito tempo juntos, a conexão familiar pode ser eternamente íntima. Conheço um rabino que me contou esta história a seu respeito: "Desde que me lembro, sinto-me conectado com minha avó. Mesmo morando, na minha juventude, em Nova York e em Los Angeles, e ela em Londres. Estive com ela apenas *uma vez* em toda a minha vida, aos vinte e dois anos, e ela morreu seis meses depois, já faz trinta e dois anos! Ela continua sendo uma parte central da minha vida apesar das circunstâncias, embora eu esteja hoje com cinqüenta e quatro anos. Tudo começou com as cartas de "Querida vovó" que eu lhe mandava, desde os seis anos até ela morrer. Eu escrevia regularmente a carta típica — 'Como vai? Eu estou bem. Espero receber notícias suas em breve.' E ela respondia com seus bilhetes manuscritos, simples e elegantes, cheios de afeto por mim. Em resumo, eu a amava, e ela me amava claramente. A única vez que a vi foi quando viajei para o exterior, aos vinte e dois anos. Estava lúcida, a ponto de me perguntar por que eu desejava ser rabino num mundo onde a religião era motivo de tantos conflitos entre as pessoas. Respondi que, depois de ordenado, eu seria um líder espiritual que ajudaria a trazer harmonia entre grupos diferentes. Não creio que a tenha convencido, mas acho que o encontro valeu como um desafio pessoal e o penhor de toda uma vida, que eu tenho feito o possível para cumprir. Ela morreu aos noventa e seis anos. Embora não a tenha visto mais, exceto naquela ocasião, ela está sempre comigo."

Não existe um modo certo de fazer família. O apelo a que a família atende é tão forte e profundo dentro de nós que ela pode acontecer quase que em qualquer condição. Assim como algumas flores silvestres crescem no meio das pedras, certas famílias prosperam em condições as mais difíceis.

Por exemplo, tenho um paciente cujos pais se divorciaram com um rancor enorme, literalmente aos gritos e chutes. Numa sessão no tribunal, a mãe pegou a maleta do seu advogado e atirou-a do outro lado do corredor em direção ao seu futuro ex-marido. Ele a apanhou, esvaziou o conteúdo sobre a mesa do seu advogado e começou a jogar os livros e blocos de anotações de volta para a futura ex-mulher. Furiosa com a reação, ela jogou sobre ele a jarra de água que estava na mesa do seu advogado. Os dois tiveram de ser retirados da sala para que a limpeza fosse feita.

Mas terminado o divórcio, após alguns meses de acomodação, os dois começaram a se preocupar com o bem-estar dos seus dois meninos. Apesar do ódio que sentiam um pelo outro, passaram a cooperar nos detalhes para a administração da custódia conjunta. Por incrível que pareça, em um ano estavam almoçando todos juntos, brincando com a impertinência deles durante o processo de divórcio, lamentando não terem conseguido se separar de forma mais amigável, por mais incompatíveis que fossem como casal, e resolvendo dali por diante viver da melhor maneira possível, não só pelas crianças, mas pelo bem deles próprios.

Claro, o inverso também acontece. Uma disputa familiar pode

piorar com o tempo, a ponto de os participantes esquecerem por que se odeiam; sabem apenas que se detestam. Tratei de um homem chamado Jay que sofria de depressão. Descrevendo a sua família, ele me contou, entre outras coisas, que foi ensinado a odiar o tio. Ele não sabia por quê. Quando perguntava, diziam-lhe apenas: "Seu tio é a semente ruim. Não fale com ele. Ele é venenoso." Uma das maneiras que a família encontrou para se manter unida foi excluindo o tio proibido. Ele nunca estava presente nos eventos familiares, como no Natal e nos batismos, mas estavam sempre falando dele. Os membros da família analisavam a personalidade do tio Barry, revezando-se nas explicações dos motivos que o fizeram ficar tão mau. Era uma espécie de exercício psicológico em grupo. Conforme os membros da família foram crescendo e amadurecendo, indo para o colégio e depois para a faculdade, suas teorias amadureciam com eles em sofisticação e complexidade. Mas nenhum deles jamais falou com o tio Barry.

Nisso, quando Jay estava na faculdade, o tio Barry lhe escreveu dizendo que gostaria de conhecê-lo. Sendo uma pessoa de mente independente, meu paciente concordou. Quando os dois se encontraram, a versão da história que Jay ouviu do tio Barry foi, é claro, muito diferente. Jay descobriu que gostava do tio Barry. Mas não falou para ninguém sobre esse encontro. As instruções familiares para excluir o tio Barry eram tão fortes que Jay temia ser ele mesmo excluído se deixasse escapar que tinha almoçado com o tio. E que tinha acabado gostando dele, então, resultaria em expulsão, na certa!

Jay conseguiu continuar se relacionando com o tio Barry. Mas (pelo menos não naquele ano em que nos vimos) jamais ousou contar a ninguém da família a respeito dessa reconciliação. Temia que a família se sentisse traída e reagisse com raiva.

Eu tratei de um homem que foi traído nos negócios pelo irmão e que nunca mais falou com ele. Tratei de um homem cujo próprio pai teve um caso com a sua mulher. Tratei de uma mulher adulta que ficava tão perturbada sempre que ia visitar os pais que muitas vezes teve de sair do carro para vomitar pouco antes de chegar. A conexão familiar explora os nossos sentimentos mais fortes.

Não penso que exista uma fórmula para garantir uma família conectada e feliz. Nenhuma estrutura funciona melhor do que outra. Tenho visto famílias funcionando (e com o termo funcionar, estou querendo dizer ajudar as pessoas mais do que magoá-las) onde havia um dos pais apenas e oito filhos, ou quatro pais e um filho, ou pais em extremos opostos do país com filhos em diferentes colégios internos, ou avós em vez de pais, ou um dos pais entrando e saindo de hospitais psiquiátricos, ou ambos os pais viciados em recuperação, ou sem pai nem mãe, apenas substitutos. Tenho visto também a família tradicional do pai que trabalha fora e da mãe que fica cuidando da casa fracassando miseravelmente. Tenho visto o suficiente para saber que não existe uma fórmula fixa.

O que funciona melhor é simplesmente criar o sentimento de conexão entre todos os membros da família sem que ninguém se sinta preso. E há muitos modos de se conseguir isso.

Penso na minha própria vida e na estabilidade que eu encontrei nos internatos onde estudei, e nos pais substitutos que adotei entre meus professores. Muitas crianças que cresceram dentro de famílias difíceis encontram uma família de algum modo. Podem ser os vizinhos, ou os avós, ou até o time de beisebol.

Uma mulher cinqüentona me contou o seguinte sobre a sua infância: "Cresci sentindo-me desconectada da minha família — pai alcoólatra; mãe profissional, que eu adorava mas que trabalhava demais. Minha conexão naquela época foram as seis semanas de acampamento, no verão, durante muitos anos — conselheiros, a quem eu amava, e os companheiros. Eu era também muito amiga de vários professores no colégio. Além disso, gostava muito do meu tio e da minha tia, maravilhosos e adoráveis — e ainda gosto!" Agora ela já se reconciliou com os pais e se relaciona bem com eles, mas durante o tempo em que eles não participaram da sua vida ela deu um jeito de criar uma outra família artificial que funcionou.

Escuto e vejo essas histórias o tempo todo. A necessidade de conexão é tão profunda que, se lhes derem chance, as pessoas encontrarão um jeito.

Quando eu trabalhava numa unidade de internação infantil, tratei de um menino chamado Tibo, que foi internado no hospital depois de tocar fogo na cama da mãe. Ele fora testemunha de uma tentativa de assassinato no dia anterior, e estava num estado psicótico. Sem falar coisa com coisa, espalhando fezes pelas paredes, xingando as pessoas que entravam no seu quarto, aquele menino de sete anos estava totalmente perturbado.

A mãe o amava, mas era incapaz de cuidar dele, por uma série de problemas particulares. Era uma mulher orgulhosa e zangada, que detestava ver o hospital no controle da situação, e por isso tratou-me com rispidez quando nos conhecemos. Tinha um copo de papel na mão e cuspia nele a toda hora, dizendo que estava resfriada. Mas o verdadeiro motivo era evidente. Ela queria cuspir em mim e em tudo o que eu era: privilegiado, branco, homem, capaz de ajudar. Mas ela cooperou. Eu não precisava da sua admiração, só da sua cooperação. O fato é que eu a admirava, mas ia arrumar confusão se lhe dissesse isso! Ela me acharia paternalista.

Tibo encontrou um novo mundo para si próprio na unidade de internação. O hospital era pobre, mas não tanto quanto o lugar de onde Tibo viera; pelo menos tinha paredes, calor e comida. Se a pintura estava descascando, a comida era fria e o chão nu, ainda assim era o paraíso para Tibo, comparado com o seu lugar de origem.

Na manhã seguinte à sua internação, entrei no quarto de Tibo e lhe disse alô. Ele respondeu: "Passei a noite no seu cérebro e saí rastejando do seu nariz esta manhã." Pelo menos estava construindo frases. Frases loucas, mas frases.

Tibo ficou dois anos no hospital, indo para casa nos finais de semana. Eu o via várias vezes por semana, e os funcionários criaram o que chamamos de *ambiente terapêutico*. É assim que no jargão médico se chama um lugar estável para viver. Um assistente social se encontrava regularmente com a mãe de Tibo, e eu me juntava a eles de tempos em tempos.

Permitimos que Tibo nos adotasse, ao mesmo tempo que preservávamos a sua conexão com a mãe. Demos-lhe um ambiente seguro no hospital e a chance de aprender a viver sem precisar recorrer à violência.

Uma das maneiras que Tibo e eu usávamos para fazer isso era o que chamávamos de "brincar de Jesus". Um batista do Sul, Tibo tinha sido criado acreditando em Jesus, ainda que vivesse cercado de violência. Inventamos, portanto, um jogo em que Tibo e eu nos revezaríamos fazendo o papel de Jesus.

Na minha vez de ser Jesus, Tibo me fazia perguntas do tipo:

— Tudo bem, Jesus, o que você faz se um cara implicar com você?

Eu respondia algo parecido com:

— Eu peço para ele parar.

— E se ele lhe bater? — continuava Tibo.

— Eu vou embora.

— Aí ele ri de você — dizia Tibo.

— Procuro não ligar.

Depois Tibo era Jesus, e eu fazia as mesmas perguntas.

Com esse jogo, e muitas outras conversas, Tibo me adotou como uma espécie de pai substituto. Eu o lembrava, de vez em quando, como tentava não esquecer eu mesmo, de que eu não era o seu pai de verdade (o pai dele já tinha morrido havia tempos) e que não poderia levá-lo para minha casa quando ele saísse do hospital (sua mãe faria isso). Dessa forma, tentávamos controlar nossas expectativas.

Tibo permitiu-me ser o seu pai substituto, assim como eu tinha feito com meus professores nos internatos. A conexão que fizemos era, para usar o termo clínico, *terapêutica*. Uma outra maneira de dizer isso é que nós nos amávamos.

Mas isso tinha de acabar, como ambos sabíamos que ia acontecer. Quando eu estava para trocar o hospital por outro emprego, Tibo estava quase pronto para sair também. Mas eu fui primeiro.

Tibo era um outro menino. Alto, simpático e orgulhoso, expressava-se bem e era líder dos outros garotos da enfermaria. Agora ele sabia falar dos seus sentimentos — na verdade, estava ficando bastante retórico — e sabia conviver com os outros, inclusive com a mãe. Eu estava vendo que ele ainda ia acabar sendo um pregador batista!

Uma das regras na enfermaria era reduzir ao máximo, ou eliminar, qualquer contato físico entre os funcionários e as crianças. Eu sempre achei a medida ridícula, mas o objetivo era impedir que as crianças que já tinham sofrido algum tipo de violência achassem que estavam correndo algum perigo. A palavra no jargão médico era "impróprio". O contato físico era considerado impróprio.

Na última vez que Tibo e eu nos encontramos, na nossa despedida, eu lhe disse:

— Vou sentir saudades. Nós nos tornamos bons amigos.

— Bons amigos? — Tibo falou com ar de escárnio. — *Eu amo você!* De fato, eu lhe daria um beijo na boca, mas isso seria "impropro".

Jamais me esquecerei da palavra "impropro", e jamais me esquecerei de Tibo. Não sei onde ele está hoje, mas sei que a conexão substituta que fizemos continua existindo, na minha mente pelo menos.

Você, certamente, não precisa internar o seu filho num hospital psiquiátrico ou mandá-lo para um colégio interno se a conexão familiar for problemática. Se os pais não conseguem se encaixar no molde como acham que deveriam, talvez precisem examinar melhor esse molde. Não devem se sentir culpados por não conseguirem se adaptar a uma perfeição mítica, porque não existe um modo perfeito. O que é certo para uma família pode não ser para outra. Se a sua família funciona do jeito que você está fazendo, não se preocupe por ela ser diferente daquele que você sempre pensou que deveria ser, ou que algum especialista na TV diz que é. As exigências da vida moderna são tão complexas que ninguém tem a receita certa para uma família.

Desde que você organize a sua de modo que todos os membros se sintam conectados positivamente, você conseguiu. E fez isso magnificamente!

Qualquer que seja a sua estrutura, uma família requer cuidados constantes, como um jardim. Manter famílias unidas exige esforço. A minha geração se retraiu diante dos efeitos colaterais negativos da vida em família — sentir-se controlado, perder a sua voz, sentir-se sufocado, estar diariamente metido numa briga. Agora, acho que estamos tentando construir famílias de uma nova forma, sem os velhos modelos de dominação, até de violência. Mas queremos de volta alguns daqueles sentimentos bons que podem se desenvolver em torno, digamos, da mesa do jantar familiar, ou no carro durante uma excursão, ou numa competição de ginástica da qual o nosso filho de nove anos participa enquanto nós ficamos assistindo.

O truque é preservar a paixão enquanto você desintoxica a estrutura familiar. Uma família desconectada pode não ter nenhum dos problemas das famílias do passado, mas falta-lhe vitalidade também.

Por exemplo, eu tinha uma paciente, Molly, que raramente via a sua família distante. Era casada e tinha um filho.

— Minha mãe mora sozinha em San Francisco — ela me contou —, meu pai mora em Seattle com sua nova mulher, minha irmã está em NovaYork, meu irmão, em Atlanta e eu moro em Boston. Nunca nos reunimos.

— Mas, por quê? — perguntei.

— Logística. Todos nós trabalhamos, nossos horários são diferentes. Minha irmã e meu irmão têm filhos, e eu também. Nunca dá certo.

— Você não poderia dar um jeito? — continuei.

— Claro, se houvesse um motivo forte. Mas nós nunca nos demos muito bem quando estávamos juntos. Acho que sentimos que encontramos a distância certa.

— Que é não se verem nunca? — indaguei.

— Bem, se é assim que você entende, sim — respondeu ela.

Molly tinha me procurado porque estava deprimida. Podíamos encontrar vários motivos para a sua tristeza, mas nenhum deles me parecia tão forte quanto essa desconexão com a família, um fator que ela descartava totalmente. Eu falei da minha preocupação.

— Bem — falou ela —, talvez você tenha uma idéia tipo Poliana de como devem ser as famílias. Talvez você seja apenas ingênuo.

— Talvez — respondi. — Mas quem sabe você não está vendo um recurso que é mais importante do que pensa.

— Por que devo procurar a minha família se eles só fazem se mostrar aborrecidos ou ocupados demais? — ela falou.

Deixamos o assunto de lado por algum tempo e focalizamos outros aspectos da sua vida, como o seu casamento com um homem com quem se dava muito bem, sua carreira como advogada, e o filho, muito feliz na primeira série do colégio. A depressão não parecia vir dessas áreas. Molly queixava-se simplesmente: "Gosto do meu emprego, amo meu marido e meu filho, mas não suporto lidar com tudo isso ao mesmo tempo."

Era o suficiente para explicar a sua depressão? Eu não achava. Tentamos Prozac, que ajudou, mas continuava existindo uma corrente subterrânea de profunda insatisfação.

— Preciso lhe dizer, Molly — falei após alguns meses de terapia —, o que resta para nós fazermos é trabalhar com a sua família distante.

Ela revirou os olhos como se dissesse "Lá vamos nós novamente".

— Desculpe — continuei —, mas acho que não estaria fazendo

o meu trabalho direito se lhe dissesse que acredito que esse acordo que você tem com sua família é o melhor que vocês poderiam inventar.

— Você veio de uma família brigada? — Molly me perguntou. — É por isso que está tentando consertar a minha?

— *Touché* — respondi. — Mas ainda que a minha tivesse sido um modelo de família — o que, você está certa, não foi —, acho que ainda assim eu insistiria para você aproximar-se da sua.

— O seu papel não é me dizer o que devo fazer — disse Molly, depois de pensar um momento.

— Estou lhe dando a minha humilde opinião — falei. — Não estou lhe dizendo o que deve fazer. Mesmo que estivesse, conheço-a muito bem para saber que só faz o que quer.

Ela aprumou a cabeça:

— Está me insultando?

— Não — retruquei. — É um elogio.

A semente estava plantada. Na mente de Molly ela cresceu.

O resultado foi que vários meses depois a sua família toda se reuniu em Seattle. O pai tinha a casa maior. Revelou-se que a sua mulher estava querendo essa reconciliação, mas achava que o movimento não deveria partir dela. E, assim que Molly abriu a porta, ela entrou correndo para ajudar...

É claro, não se tornaram instantaneamente uma grande e feliz família. Mas quem visse Molly, uma mulher forte e orgulhosa como ela, no meu consultório, contando como tinha sido aquele final de semana juntos, passaria a acreditar fielmente no poder da conexão. "Eu sentia tanta falta deles, sem saber", ela soluçava, "eles sentiam a minha falta." Eu nunca tinha visto Molly chorar, mesmo no auge da depressão. Mas agora, derramando lágrimas de alegria, ela chorava ostensivamente. "Eu os amo", falou. "São todos uns unhas-de-fome, mas eu os amo." O poder da família estava ali o tempo todo. Só foi preciso colocá-lo em ação e lhe dar uma chance.

Agora a família de Molly se comunica regularmente, por telefone e e-mail, e já estão planejando a próxima reunião.

Quando a conexão se desfaz, pode ficar assim por muito tempo. A morte de um avô ou até uma mudança geográfica apenas de um dos membros-chave pode precipitar uma rixa que dura uma ou duas gerações. É por isso que não devemos ver com leviandade as exigências que as empresas fazem para que seus funcionários se mudem. A mudança pode dar à empresa o de que ela precisa, e oferecer a quem se muda um emprego melhor, mas o custo embutido para a família envolvida é incalculável. Como Molly pode lhe dizer, o preço da separação prolongada pode ser alto.

Parece que são os avós que unem com mais freqüência as famílias. Quando eles morrem, deixam um vazio. São muitos os que fazem eco às palavras de uma mulher de cinqüenta e cinco anos: "Meus avós eram responsáveis por uma conexão entre os membros da nossa família que deixou de existir. Nós nos encontrávamos nas festas e eram jantares de família enormes, com uma comida italiana deliciosa, todos se oferecendo para ajudar. As crianças montavam espetáculos, para o encanto de todos. Havia muito amor e aceitação. Tentamos nos reunir de alguma forma sem eles, e o que pareceu funcionar melhor é uma reunião de família num hotelzinho no campo. Conseguimos recuperar um pouco daquele velho sentimento de estarmos juntos."

É claro que a conexão familiar não é uma bênção genuína. Às vezes a família na qual você se criou é tão próxima que você não vê a hora de se livrar dela. Mal consegue esperar para tocar a sua vida por conta própria. Os psicólogos chamam a esse processo de tentativa de se estabelecer sozinho de *separação e individuação*. É importante para todos nós conseguir sair de casa e declarar a nossa própria independência, a nossa própria identidade.

Mas, às vezes, a separação e a individuação vão longe demais. O tiro acaba saindo pela culatra, como aconteceu com Molly e seus irmãos.

Essa questão da distância surge sempre. Até que ponto você quer ficar perto da sua família e até que ponto ela quer que você fique combinam-se para criar um diálogo quase diário para a maioria de nós. Como uma mulher me disse: "Sou muito ligada a minha mãe. Sou também muito grudada com a minha filha, de doze anos. Sei que minha mãe, hoje com setenta anos, está ficando velha e não vai viver para sempre, e temo que uma parte de mim mesma terá morrido quando ela não estiver mais aqui. De certo modo, temos um relacionamento de amor e ódio. Eu a amo muito, mas, se tivermos de morar juntas, como no passado, vamos brigar muito! Amo também demais a minha filha, mas quero ter certeza de que, apesar de sermos muito amigas, ela possa ser um indivíduo e estar conectada comigo de modo saudável, sem aquela sensação de sermos irmãs siamesas, possivelmente achando que não conseguirá viver sem mim. É assim que me sinto às vezes com relação a minha própria mãe."

O poder da conexão nas famílias é tão forte que a proximidade da conexão tem de ser vigiada: até que ponto você quer se aproximar do fogo?

É um talento especial que alguns de nós temos, eu acredito, o de cultivar famílias. Algumas pessoas nascem boas nutrizes. Outras não. Algumas sabem que, bem lá no fundo, não querem ter filhos. Você não deve se sentir culpado se a idéia de criar uma família não lhe atrai. Nem todos devem ter filhos. A sua missão pode ser outra. Os filhos só atrapalhariam a sua vida — e você a deles! Você pode ter uma vida boa e feliz sem se casar e sem criar um filho. É errado acreditar, ou fazer os outros acreditarem, que o único caminho para a felicidade passa pela conexão familiar.

Mas, para quem nasceu para isso, não há coisa melhor.

Às vezes, quem foi criado sem aquilo de que precisava sente-se mais motivado a tentar não repetir o erro. "Minha mãe é uma pessoa maravilhosamente compreensiva, mas não sei como ela ficou assim", uma mulher me disse. "Aos dezessete anos, *eu não tinha um dente na boca*, conseqüência de pais violentos. Durante a minha criação, muitas vezes fiquei sabendo por acaso de como ela havia sido maltratada pelos pais. Por exemplo, quando se casou com papai, que era meio italiano, seus pais não foram à cerimônia porque irlandeses e italianos não deveriam se casar. Apesar de maltratada quando criança e quando adulta, eu sempre senti que ela me amava muito e que a nossa conexão era muito forte. Ela nos alimentou e amou, a mim e a meus irmãos, a nós cinco. Apesar de não ter tido o carinho e a atenção dos pais, ela sempre conseguiu me fazer sentir plenamente amada e aceita. É um mistério para mim o fato de minha mãe, que não teve os cuidados e não sentiu nenhuma conexão com seus pais ou com a família, pudesse ter tido tanto amor e compreensão comigo."

Amor nascendo de um solo sem amor, uma criança espancada tornando-se mãe amorosa, uma adolescente desdentada sendo a mãe adorada de cinco filhos — o mistério é apenas parte do segredo da família e da conexão.

É um milagre ele acontecer, o poder de transformar o pior das conexões familiares — tal como uma criança espancada repetidas vezes — no que há de melhor. De onde ele surge, ninguém sabe, mas que isso acontece é impossível negar.

Aprendi com gente como Tibo, Molly e Jay que, se você manter o coração aberto, o resto se resolve sozinho. Estudos têm demonstrado que algumas crianças que tiveram infâncias horríveis saem-se muito bem na vida adulta, mas nem todas. As que se dão melhor possuem uma característica em comum: são capazes de estender a mão. Tibo estendeu a sua para mim e para os funcionários da enfermaria, embora tivesse todos os motivos para desconfiar de nós. Jay respondeu ao chamado do tio Barry, mesmo instruído para não fazer isso. E Molly superou suas reservas mais íntimas e abriu o coração mais uma vez.

Se existe um método para cultivar e manter as conexões familiares, eu o resumiria assim: manter o coração aberto, estar sempre pronto para perdoar, jamais mutilar e basear-se na crença de que você está melhor com eles do que sem eles. Em outras palavras, descobrir um jeito de fazer as coisas funcionarem.

Se não conseguir, não desista. Principalmente, não desista. Os danos que a família pode causar são superados pelo poder que ela tem de curar. As famílias têm correntes subterrâneas secretas. O inesperado acontece.

Se você quiser apressar o inesperado, às vezes os terapeutas de família conseguem realizar prodígios, e quase sempre forçar alguma melhora. O campo da terapia familiar é um dos mais sofisticados de toda a área da saúde mental. Para uma indicação, fale com o seu médico ou com um psiquiatra de sua confiança.

SEIS

Filhos:

AGONIA E ÊXTASE

NO ÚLTIMO VERÃO, EU DISSE à minha filha, Lucy, que no ano seguinte ela ia precisar de um professor particular por causa da sua deficiência de aprendizado. Ela começou a chorar, dizendo que não queria aulas particulares, que nenhuma das crianças com quem ela se dava teria isso, e que ela ia se sentir uma idiota.

Normalmente, Lucy é alegre e otimista como pode ser uma criança de nove anos. Nossa primeira filha, ela é o sol das nossas vidas desde a hora em que nasceu. Apelidada de Loosey-Goosey por uma amiga minha, ela é mesmo relaxada e muito divertida desde o primeiro dia. Ela iluminou em Sue e em mim aquela grande área do coração chamada amor por um filho, que você não sabe que existe até isso acontecer pela primeira vez.

O problema desse tipo de amor total é que você fica vulnerável a tudo que possa dar errado na vida do seu filho. Tratando-se de um adulto — seu cônjuge, amigo, parente —, você é capaz de amá-lo tão intensamente quanto ao seu filho, mas você também sabe que eles estão mais bem equipados para cuidarem de si próprios do que uma criança. Ela precisa de você como ninguém mais.

Descobrimos o êxtase e a agonia da paternidade quase no mesmo minuto em que Lucy nasceu. Quando o médico a ergueu de dentro de Sue através do corte da cesariana e proclamou "É uma menina!", ambos nos sentimos exultantes; eu, sentado à cabeceira de Sue junto com o anestesista, e Sue, deitada, exausta e também exultante.

Horas mais tarde, entretanto, ficamos sabendo que Lucy sofria de uma doença rara do coração, chamada *situs inversus*. Ela nasceu com o coração no lado direito do peito, em vez de ser no esquerdo. Fomos avisados de que ela teria de se submeter a um ecocardiograma para determinar se estava tudo bem. Havia duas possibilidades. Ela teria o tipo bom de *situs inversus*, quando todos os órgãos estão invertidos — chamado *situs inversus totalis*, e que é uma característica benigna. Ou teria o tipo ruim de *situs inversus*, em que só o coração estava do lado errado. Este segundo tipo de *situs inversus* está associado com anomalias cardíacas que representam risco ou impossibilidade de vida. Tínhamos de esperar e ver no ecocardiograma qual dos dois seria.

Por sorte, Sue estava tão sedada que nem escutou as palavras do médico ao me contar sobre o problema de Lucy. Mas eu estava acordado. Nas doze horas seguintes, enquanto marcavam o exame e programavam o transporte do Beth Israel para o Children's Hospital, eu tive de esperar. Nunca tinha sentido tamanha aflição em toda a minha vida — nem voltei a sentir desde então, graças a Deus.

Naquelas doze horas, experimentei o que é sentir-se impotente e preocupado com um filho. Eu era pai havia apenas alguns minutos, mas já estava pronto para dar a minha vida pela pequena Lucy. Era assim que eu pensava nela, *pequena Lucy*. Era assim que ela parecia no seu berço de vime na UTI pediátrica. Eu fiquei ao seu lado, rezando, enquanto médicos e enfermeiras trabalhavam. Darlhe a minha vida não ia adiantar. Não havia nada, além de rezar, que eu pudesse fazer para ajudá-la. Tinha de confiar nos médicos e nas enfermeiras para fazer o que fosse possível. Em uma das minhas orações, agradeci a Deus a mãe de Lucy estar dormindo. Eu rezava e recebia de meus amigos a coragem necessária.

Uma delas, Phyllis Pollack, mulher de Peter Metz, era cardiologista pediatra e tinha estagiado no Children's Hospital. Ela foi uma bênção. Não apenas dispôs-se a me explicar com calma toda a situação, como foi muito útil conseguindo marcar o exame o mais rápido possível. Até ofereceu-se para ela mesma fazer.

Sempre amarei Phyllis por isso. Pais que já ficaram desesperados, como eu, sabem o que é o sentimento de total gratidão por quem quer que seja que os ajude. Phyllis ficará para sempre entronizada na minha mente como uma heroína especial. Conexões estabelecidas em momentos de crise são eternas, pelo menos em nossas lembranças.

Fiquei um tempo enorme na sala de espera da unidade de tratamento intensivo do Children's Hospital. Conversei com outros pais que estavam ali, esperando notícias, e falei com quem já tinha escutado o pior. Uma mãe chorava baixinho — não queria que o seu outro bebê a ouvisse — ao me dizer que não havia esperanças para o seu filhinho. Eu fiquei segurando a sua mão até que veio um médico e pediu que ela o acompanhasse. Não a vi mais.

Entrei naquele diálogo interior, que a maioria dos adultos infelizmente já conhece, tentando barganhar com Deus. *Por favor, permita que Lucy fique boa, e farei tudo o que o Senhor quiser*, era a essência do diálogo. *Remediarei tudo o que já fiz de errado, e nunca mais na minha vida farei mal a ninguém*. Eram essas as minhas palavras interiormente. Naquele momento, eu sei, poderiam me pedir qualquer coisa, dentro da minha capacidade, que eu faria, se isso pudesse salvar Lucy.

Quando eu já estava quase sem entender mais nada, meu velho amigo Alan Brown entrou na sala. Até hoje não sei como ele me achou. Simplesmente surgiu, como um anjo. Alan tem mais de um metro e noventa de altura, veste-se como um velho remendão, mas é de fato um médico brilhante. É também um ser humano notável. Eu me levantei e ele me abraçou.

O seu aparecimento — do nada — naquela hora, naquele dia, ainda me intriga. Ele é outro que tem um trono na minha mente, junto com Phyllis. Ele se sentou e conversamos. Então, sem fanfarras nem preparativos, o cardiologista apareceu. Olhou para mim e para Alan.

— Um de vocês é o senhor Hallowell? — perguntou ele.

— Sou eu — respondi.

— Seu bebê está ótimo — falou ele.

Eu nunca tinha escutado quatro palavras que fossem mais importantes para mim. Lembro da minha reação, e Alan me recorda de tempos em tempos, caso eu me esqueça. Dei um pulo, corri para o cardiologista desprevenido, abracei-o e, de joelhos, beijei seus sapatos. Acabara-se a agonia.

Pelo menos por enquanto.

Como todos os pais sabem, é sempre por enquanto.

Foi por isso que, ao dizer a Lucy que ela precisaria de um professor particular, eu já estava de certo modo preparado para a dor que senti ao ver o seu sofrimento.

Lucy passou vários dias quieta e pouco comunicativa, queixando-se de dor de ouvido. Investigamos isso; ela não tinha febre, o ouvido não estava inflamado. Ela disse que se sentia cansada. Um das suas amigas comentou que ela andava muito calada. Perguntamos a Lucy se ela estava aborrecida por causa das aulas particulares, e ela respondeu com raiva: "Não!"

Mas, é claro, ela estava. Sue e eu sofríamos com ela. Mas só podíamos lhe oferecer coragem, segurança, conhecimento do que é ter, ou não ter, uma deficiência de aprendizado, e tentar fazer com que ela falasse sobre o que estava sentindo. Mas não podíamos eliminar a dor. Ali estava eu, especialista em dificuldades de aprendizado, incapaz de resolver o problema e fazer todos se sentirem bem.

A única coisa que eu podia fazer, tudo que Sue podia fazer, era oferecer ajuda. Podíamos dividir a dor, podíamos tentar usar palavras diferentes, mostrar novas perspectivas, mas não podíamos assumir o problema no lugar de Lucy. É isso que torna a conexão entre pais e filhos tão difícil.

Lucy superou esta. Sue e eu também! Rezo para que possamos superar o resto, junto com os outros filhos. Penso nas pessoas que praticam salto de obstáculos a cavalo, tentando não derrubar barra nenhuma. No esporte isso é difícil. Na vida, é impossível.

Então, vale a pena o sofrimento de um pai ou de uma mãe? Quase todos nós, pais, responderíamos com um sonoro "Sim!" O que mais faz o mundo girar?

SETE

Intimidade:

EXEMPLO DE UM CASAMENTO

A INTIMIDADE É A SUPREMA CONEXÃO. Como o sucesso pode ser a "droga" que faz as pessoas se esforçarem ao máximo no trabalho, se dedicarem totalmente a uma meta, a intimidade é a "droga" que nos motiva a tolerar os conflitos inerentes nas conexões. De fato, a verdadeira intimidade é melhor do que qualquer droga.

Você vai se tornar íntimo de alguém se nenhum dos dois pretender ser melhor do que o outro. Se você consegue ser autêntico, com todos os seus bloqueios, preconceitos e cacoetes egoístas, e o outro também pode ser honestamente ele mesmo com você, então vocês estão começando a ser íntimos.

Mas intimidade não é só isso. Além dos sentimentos de atração sexual, que freqüentemente deflagram a intimidade, aquilo que a torna tão excitante, o que lhe dá o seu ímpeto é a forte emoção que dois seres humanos experimentam quando chegam a um determinado ponto crítico de proximidade. É quase como uma lei da física: quando duas psiques humanas estão suficientemente próximas uma da outra, uma certa força extraordinária explode. Um tipo de energia muito especial dispara pela mente e pelo corpo das duas pessoas. Não é uma energia totalmente agradável, porque ela assusta. Conforme ela aumenta, torna-se forte o suficiente para derreter nossas defesas.

Essa energia da intimidade nos dá, ao mesmo tempo, um arrepio e uma sensação de alívio. O arrepio é porque estamos descobrindo o outro profundamente, porque não estamos mais sozinhos, e o alívio é porque nos sentimos assim tão à vontade com a outra pessoa, porque encontramos uma espécie de terra prometida.

Você já se sentiu tão próximo de alguém a ponto de tremer ao falar? A intimidade altera o nosso estado físico. Pode nos deixar trêmulos, tontos, correndo na direção oposta. A intimidade pode nos deixar esgotados. Mas também pode nos fazer sentir vivos como nada mais.

Você só precisa prestar atenção. Quando você chega assim tão perto de alguém, a alta voltagem dessa energia pode fazê-lo abandonar totalmente a sua própria identidade. É extasiante a sensação de sair dos confins da sua própria personalidade e estar tão próximo do outro a ponto de não saber mais quem você é nem onde está. Todos nós nos cansamos de ser quem somos.

Mas isto pode ser perigoso. Se não ficar atento a quem você é e ao que é melhor para você, pode perder-se num relacionamento íntimo fazendo mais do que o necessário ao seu próprio bem-estar. Poderá passar meses, até anos, fazendo sacrifícios por uma outra pessoa, sacrifícios esses de que você poderá arrepender-se amargamente depois.

O melhor tipo de relacionamento íntimo é aquele em que você viaja para fora de si mesmo, mas volta sempre. Em outras palavras, você tem encontros íntimos e momentos íntimos, mas não abandona quem você é e não pára de buscar a sua própria segurança.

Dessa forma, a intimidade conduz ao crescimento. Relacionamentos íntimos são bons para a saúde física, e para a emocional também. Relacionamentos íntimos fazem você viver mais.

Melhor ainda, são divertidos.

Vou mostrar a intimidade em ação. Dos muitos casais que eu poderia dar como exemplo de intimidade, escolhi Marie e Fred, porque são muito autênticos, porque passaram por muitas coisas juntos, porque conseguiram continuar juntos, e porque ainda estão apaixonados um pelo outro. Intimidade a longo prazo raramente é uma coisa fácil, e quero mostrar um casal que enfrentou momentos difíceis, visto que isso é comum em quase todos os casais.

Marie e Fred são pessoas trabalhadoras, heróis no meu ponto de vista, mas não celebridades. Ambos na casa dos quarenta, mudaram-se recentemente para a Carolina do Norte para começar tudo de novo. Podem não ter muito dinheiro, mas têm um bocado de coragem e disposição.

Pedi a Marie que me contasse a sua história e ela me escreveu uma carta longa, da qual incluo algumas partes aqui com meus comentários. Suas palavras são o testemunho de um longo relacionamento íntimo — o trabalho que ele dá e o sofrimento que pode causar, assim como as suas recompensas.

"Caro Ned", Marie começou, "Desculpe a demora desta carta. Escrever não foi tão fácil quanto eu imaginava. Sentada aqui, trabalhando nisso, muitas vezes chorei pensando em todas as coisas que Fred e eu enfrentamos, e ri ao lembrar de outras." Esta é a natureza essencial da intimidade prolongada. Nunca é tudo bom ou tudo ruim. Quando se vive com outra pessoa, dividindo tudo, desde a pasta de dentes até a conta bancária, as brigas são inevitáveis.

Marie deu um título para a carta que me escreveu: "Nossa História de Amor..." Como todas as histórias de amor que já me contaram ou que conheço, esta se compunha tanto de dor quanto de alegria também.

Começou quando vi Fred subindo a rua no seu lindo carro. Foi o que me atraiu primeiro, devo admitir. Eu sabia que ele servia no Corpo de Bombeiros, como dois dos meus irmãos mais velhos, e então perguntei a eles quem ele era e qual era a sua história. Eu sabia que ele costumava aparecer no barzinho que nós todos freqüentávamos, portanto fui até lá num sábado à noite e fiquei esperando por ele...

Saímos juntos durante três anos e meio antes de nos casarmos. Quando dizem que o amor é cego, jamais pensei que fosse acontecer comigo. Eu fiquei louca por ele desde a primeira vez que o vi. Nunca me interessou o que os outros pensavam, só sabia que eu o amava. Diziam que ele era velho demais para mim, que não tínhamos nada em comum, e por aí vai. Mas eu não ia escutar o que os outros diziam. Sempre soube o que eu queria e não admitia que ninguém ficasse no meu caminho. Nem mesmo meus pais!

A cegueira de que fala Marie pode ser uma exigência do amor romântico. Tive um professor de psiquiatria que costumava dizer que o amor romântico era a única forma de psicose aceita pela sociedade. Somos todos tão imperfeitos, e no amor temos de fazer tantos sacrifícios, que devemos estar loucos para imaginar que a outra pessoa merece isso! Mas, no amor, é isso que todos nós fazemos, desde Romeu e Julieta, Marie e Fred, e até você e eu.

"Pouco depois de conhecer Fred", a carta de Marie continuava,

... saí da casa dos meus pais e fui morar sozinha. Assim eu podia ir e vir à vontade sem ter de dar satisfações a ninguém. Isto era importante para mim, para provar a mim mesma que não precisava de ninguém! Fiz exatamente isso. Trabalhei em dois empregos durante muito tempo só para pagar as contas, mas valeu a pena ser independente.

Depois de sair com ele três anos, comecei a achar que Fred jamais aceitaria o compromisso de se casar comigo. Comecei a achar que era melhor procurar outra coisa. Nunca tivemos um relacionamento possessivo. Sempre pude sair com meus amigos ou com a minha família, sem ter de me preocupar em dar explicações depois. Achava que, se eu estivesse fazendo alguma coisa que não fosse do seu agrado, azar! Se Fred quisesse mudar as coisas, que se casasse comigo. De outra forma, eu estava preparada para seguir o meu caminho e deixar que ele fizesse o mesmo. Eu tinha vinte e dois na época — estava muito bem empregada, ganhava 25 mil dólares por ano. Tinham muita autoconfiança. Uma auto-estima fantástica. Imaginava que tinha pela frente um grande futuro, com ou sem Fred.

Você pode ver Marie mantendo a conexão com ela mesma, que eu disse antes ser muito importante. Mesmo apaixonada, ela não estava abandonando as suas próprias necessidades para ficar a serviço dele. Ele tinha de se pronunciar ou se calar para ela estar disposta a fazer mais sacrifícios.

Ele finalmente se pronunciou.

Nós nos casamos em dezembro de 1983. Fizemos um grande casamento na igreja e tudo mais. Quando voltamos da lua-de-mel, eu me mudei para o barraco de três quartos que era a casa de Fred. Vivemos felizes por uns tempos... Aí eu me cansei de trabalhar o dia inteiro, voltar para casa e encontrar Fred e o cachorro que ele me deu de presente de casamento dormindo juntos no sofá! Fred trabalhava por conta própria na época, como limpador de chaminés, o que ele adorava fazer, mas não tinha automotivação. Se o telefone não tocasse, ele não trabalhava. Não saía procurando trabalho, ou tentava ampliar seus horizontes para incluir outro tipo de trabalho associado com chaminés, tal como consertos, coberturas, pesquisa de opinião ou publicidade.

Sempre que eu sugeria que ele tentasse uma nova área para incentivar os negócios, ele simplesmente se fechava. Hoje eu sei que, por mais que eu tentasse ajudar, o que acontecia era que ele ia ficando cada vez mais deprimido e ansioso. Estava com trinta anos e não tinha feito do seu negócio algo lucrativo, não tinha dinheiro que fosse dele e não via o que fazer para se ajudar. Tinha sorte se ganhasse o suficiente para abastecer o carro todas as semanas.

Como diz o ditado, a lua-de-mel acabou. Como é freqüente nos casamentos ou em qualquer conexão íntima de longo prazo, cada pessoa tem uma idéia diferente de como viver a vida. Marie mais uma vez manteve-se firme na sua idéia do que era justo.

Eu, na área de vendas, muito ambiciosa e automotivada, dei-lhe um ultimato depois de uns dez meses nessa situação. Arranje um emprego firme — fazendo QUALQUER COISA — ou cai fora! Nós tínhamos sonhos, mas eu não podia realizá-los sozinha. Eu queria ter uma casa antes de ter filhos. Eu queria ter dinheiro no banco para não ter de voltar a trabalhar logo em seguida, e eu queria uma certa segurança também. Eu queria que Fred participasse, que não vivesse dependurado em mim.

E, como costuma acontecer se ambos são razoavelmente sadios, o dique rompeu.

Fred arrumou um emprego e as coisas começaram a mudar. Eu queria o sonho americano. Um bom emprego, uma casa no alto da colina com uma cerquinha branca em volta do jardim, e filhos. Começamos a trabalhar juntos no sentido de alcançar essa meta do sonho americano. Trabalhamos juntos como uma ótima equipe.

A vida continuou bem.

Fred sentia-se de novo motivado. Empolgou-se com nossos projetos para a casa e me levou para conhecer um amigo seu que desenhou as plantas e sugeriu o que mudar e como melhorar as coisas, como, por exemplo, colocar uma banheira de hidromassagem no banheiro da suíte e instalar um tipo de sistema de aquecimento para podermos colocar ar central no futuro se quiséssemos. Estava impaciente para começar. Ele demoliu a casa onde vivíamos em duas horas com marreta e serra elétrica.

Moramos quatro meses e meio com os pais do meu marido até nos mudarmos para a nossa nova casa. Naquela época, nós dois trabalhávamos o dia inteiro, mas de noite e nos finais de semana estávamos sempre lá martelando pregos e construindo a casa dos nossos sonhos. Foi uma ótima experiência de união entre nós dois. Eu conhecia os meus limites, em se tratando de construções. Eu sabia pregar pregos e dar os acabamentos, tingir e pintar, e administrar as finanças. Eu cuidava que ele tivesse sempre bastante bebida e parasse para comer. **113**

Como disse Marie, eles estavam aprendendo a ser uma equipe. Este é o grande desafio. Qualquer um pode se apaixonar, mas aprender a gerenciar as coisas da vida como uma equipe — isso exige prática.

Como estavam indo bem, resolveram acrescentar algo mais às suas vidas.

Enquanto isso, eu tentava engravidar e acabei desistindo. Eu tinha procurado um médico e estava bastante frustrada por não conseguir ter um filho. Nós conversamos, e eu não estava disposta a continuar com os exames. Achava que, se Deus quisesse que eu fosse mãe, isso ia acontecer quando ele quisesse. Terminamos a casa e nos mudamos num Dia de Ação de Graças, em 1985.

Descobrimos, em janeiro, que aquele pequeno presente que Fred me deu no dia do meu aniversário, no final de novembro, era o filho que desejávamos. Finalmente, eu estava grávida.

Filhos, quando chegam, trazem junto com eles ao mesmo tempo a maior alegria e a maior preocupação que a maioria dos adultos jamais conhecerá. A experiência de ter um filho revela uma face desconhecida de você mesmo. De repente, você descobre que ama, muito mais do que a você mesmo, um outro ser que acabou de conhecer, um ser que você ficou conhecendo num frenesi de dor e suor, um ser que você sabe vai lhe custar tempo e dinheiro, um ser que poderá um dia partir o seu coração — e, no entanto, nem por um momento você pensa em outra coisa que não seja devoção. Ao contrário da pessoa autoprotetora que costumava ser, de repente você não duvida de que cortará fora um braço ou dará a sua vida para proteger seu filho. Sabemos que existem hormônios, como a oxitocina, envolvidos nessa reação de afeto, que une duas pessoas para sempre. Mas o resto não sabemos o que é na realidade. De todas as nossas conexões, não consigo imaginar outra mais forte capaz de levar alguém a se sacrificar como esta. O amor de um pai ou de uma mãe pelo filho é a mais espontaneamente altruísta de todas as conexões humanas.

Annie, a nossa primogênita, nasceu seis semanas antes do tempo. Isso me deixou arrasada. Ela teve muitos problemas durante aquela primeira semana de vida. Três vezes fomos chamados de emergência. Para nós foi a coisa mais assustadora. Pensar que, depois de tudo que tínhamos passado, poderíamos perdê-la. Ela pesava só dois quilos e quarenta gramas ao nascer e baixou para aproximadamente um quilo e meio. Quando, afinal, ela recuperou os dois quilos e quarenta gramas, depois de quinze dias, implorei aos médicos para que me deixassem levá-la para *casa*.

Depois de tudo isso, e nós finalmente levamos Annie para casa, era hora de voltar ao ginecologista-obstetra para o meu check-up. Comentei com ele que me sentia como se estivesse grávida, e ele, é claro, disse que eram os hormônios... Então, eu pedi para fazer um exame de sangue só para garantir. Expliquei que tinha procurado seguir o que ele tinha me dito: "NADA DE SEXO DURANTE SEIS SEMANAS." Infelizmente, ele não tinha falado com Fred!

Eu estava grávida. Ele olhou para mim, sorriu e sacudiu a cabeça.

Eric chegou em junho de 1987. Ele é que foi um desafio. Desde que nasceu, eu disse ao seu médico que havia alguma coisa errada com ele. Só dormia umas quatro horas a cada vinte e quatro. E nunca eram quatro horas seguidas. Eram, em geral, cochilos de quinze minutos ao longo do dia. Isto foi sempre... Todas as vezes que eu contava ao médico o que Eric estava fazendo, ele me dizia apenas: é muito novinho... Eu falava que não era normal uma criança de dois anos subir no alto de uma árvore de dez a doze metros de altura no quintal como Eric fazia o tempo todo.

Finalmente, um dia, eu disse a Fred que se ele fosse trabalhar e me deixasse sozinha em casa com Eric eu ia matar o menino. Eu não agüentava mais. Ele me exigia tanto, todos os minutos, dia e noite, eu estava enlouquecendo. Então eu disse a Fred que, se ele saísse para trabalhar, eu provavelmente não estaria ali quando ele voltasse, e certamente Eric não estaria. Eu lhe disse que eu estaria na cadeia, e Eric, morto. Na verdade, a idéia da cadeia parecia bem boa, se você é capaz de imaginar. Sem Eric me solicitando a cada minuto!

115

Mais uma vez, Marie está lutando pelos seus direitos, e pela segurança de Eric também, com a técnica do ultimato que já a ajudara antes. Ela sempre parece saber, instintivamente, quando colocar limites. A capacidade de fazer isso pode ser a salvação para um casal não se tornar tão unilateral, a ponto de aquele que está por baixo acabar indo embora ou ficar psicologicamente arruinado. É um paradoxo da intimidade de muitos anos que, para funcionar bem, você tenha de pensar em si próprio, ainda que isso signifique estar disposto a perder a intimidade.

Como tinha feito antes, Fred atendeu ao ultimato de Marie.

Mesmo depois de passar um dia inteiro com Eric — Fred ficou em casa para eu poder sair e me afastar de tudo aquilo —, ele continuou sem ver o problema. Percebi que ele não era capaz de ter uma visão realista sobre Eric. Quando de novo eu não consegui fazer Fred entender que eu estava exausta, resolvi adotar uma medida mais drástica.

Numa sexta-feira, quando ele voltou do trabalho, eu lhe disse que estava saindo, e boa sorte. Dessa vez eu tinha decidido passar o fim de semana inteiro fora. Quando liguei no sábado de manhã, Fred estava preocupado, mas ainda não estava exausto. No domingo, quando telefonei, ele estava! Perguntei se agora ele entendia o que eu tinha tentado lhe dizer. Ele respondeu que agora tinha uma idéia, que eu devia voltar para casa, e discutiríamos a respeito um pouco mais.

Eu só estava na casa da minha mãe, a uns oito quilômetros dali; portanto, quando cheguei, dez minutos depois, ele estava mais do que pronto para conversar. Ele percebeu que não era apenas o fato de ter de vigiar Eric o tempo todo, mas Annie também era pequena e precisava de atenção. Quando você faz isso dia após dia, dormindo pouco ou nada noites a fio — na verdade, para mim eram semanas e meses a fio —, você fica exausta. Concordamos em procurar alguém além do pediatra, que continuava nos dizendo que Eric era apenas um garotinho.

Então conhecemos o dr. James (Jim) Kelly. Nosso salvador! Passei a maior parte da nossa primeira consulta chorando. Expliquei que tínhamos programado viajar no fim de semana, mas não consegui ficar no carro com Eric mais de meia hora. Comecei a contar a nossa história para Jim. Ele foi muito compreensivo e entendeu imediatamente o que eu descrevia.

Um bom terapeuta, como Jim revelou ser, pode ser crucial para casais. Tem gente que ainda acredita que é preciso estar maluco para procurar um terapeuta, ou que consultar-se com um deles é sinal de fraqueza ou desonra. Com freqüência, essas pessoas temem que procurar um terapeuta seja o primeiro passo para o divórcio. Nenhum desses conceitos é verdadeiro. E são todos autodestrutivos. De fato, ir a um terapeuta é o mesmo que ir ao cabeleireiro ou ao mecânico de automóveis. Os terapeutas possuem técnicas para ajudar os casais, assim como os mecânicos têm técnicas para dar um jeito no carro e os cabeleireiros, nos cabelos.

Quando Jim me disse que queria ver Eric com urgência na manhã seguinte, fiquei surpresa. Ele me perguntou se eu não podia agüentar só mais um dia, e trazê-lo ao seu consultório, que ficava distante 56 quilômetros. Eu respondi: "Se vai me ajudar, agüento mais um dia."

Então começou o processo do diagnóstico de Eric. Por

favor, lembre-se de que durante todo esse tempo não tive NE-NHUM apoio da família! Eu só ouvia: "Não seja ruim com ele" e "Ele só precisa é de uma boa palmada". Foi terrível. Depois de uma dura experiência, Eric foi diagnosticado e colocado num regime de medicamentos que funcionavam. Modificamos a sua dieta e Jim nos ensinou muitas estratégias que nos ajudaram a manter a estrutura e a harmonia dentro de casa.

Mas aí veio o mais difícil. Comecei a ficar muito ressentida com Fred. Se ele era capaz de ver essas características em Eric, por que não conseguia vê-las nele mesmo? Passei muitas sessões com Jim tentando superar o meu ressentimento. Ele me perguntava: "Por que você continua com ele?" Eu respondia sempre: "Não sei. Eu o amo. Ainda fico alvoroçada quando o relógio marca 4:30h e sei que ele vai entrar pela porta a qualquer minuto. Não faz sentido, mas é assim."

Depois de muitas discussões, e quase no fim do nosso casamento, Fred acabou concordando em ir falar com Jim sobre ele mesmo. (Não se esqueça de que Fred tinha uma auto-estima muito baixa e, caso sentisse que estava sendo atacado, se fecharia.) Bem, Jim teve algumas sessões sozinho com Fred e depois pediu para eu participar também. Jim queria que eu contasse a Fred quais eram os meus problemas com ele, e tentava nos ajudar a falar sem raiva ou ressentimentos atrapalhando. Ele me perguntava diante de Fred: "Por que você não se separa dele?" Eu continuava dando as mesmas respostas, e acrescentava que não queria ficar com a responsabilidade de criar as crianças sozinha. Estava grávida também, do nosso terceiro filho, Lilly.

Entrei em trabalho de parto três vezes antes de finalmente dar à luz Lilly. Fred me levou para o hospital todas as vezes e ficou do meu lado. Conseguia até encontrar alguém para cuidar de Annie e Eric. Ele ficou comigo todas as vezes — emocionalmente. Esta foi uma parte importante da conexão entre nós dois. Ele era forte por mim. Eu sabia que ele estava assustado, mas só quando tudo terminou foi que soube exatamente o quanto. Ele me contou, na terceira vez que fui para o hospital, que o médico tinha dito que, se fosse necessário decidir na última hora, salvaria a mim primeiro, e o bebê se fosse possível. Eu estava tendo hemorragia e os médicos acharam que a placenta estava começando a se soltar. Depois de uns dois dias, a hemorragia estancou e o monitor mostrou uma batida cardíaca forte. O médico me mandou para casa. Ele me disse que, à primeira contração, eu devia ir logo para o hospital. Especialmente porque eu morava a 40 quilômetros de distância.

Quando acordei, no dia 28 de outubro, às seis horas da manhã, Fred acordou também. Ele continuou deitado, esperando eu me levantar e ir ao banheiro, mas quando voltei para cama e me aconcheguei ao seu lado, ele estranhou. Dez minutos depois senti um *plup*. Levantei e fui ao banheiro de novo, ele também se levantou. Ele sabia que tinha chegado a hora. Vestiu-se, engoliu o café e foi ligar o carro. (Tudo antes até de falar comigo no banheiro!) Eu o chamei de lá, e ele apareceu com o telefone. Eu disse: "Para que isso?" Ele falou: "Para chamar o médico!" Eu expliquei que ainda não estava sentindo dor, mas no minuto seguinte eu estava em TRABALHO DE PARTO. Quando chegamos ao hospital, saltei do carro, agarrei uma cadeira de rodas e empurrei-a para dentro. Quando quiseram me colocar sentada para fazer o registro, Fred disse: "AGORA NÃO — VOLTO DAQUI A UMA HORA — ELA NÃO PODE ESPERAR!" Eu fui empurrando a cadeira até a sala de parto, para espanto de Fred. Lilly nasceu às 6:45h — cinco minutos depois de chegarmos ao hospital.

Nunca vou esquecer o modo como Fred me olhou quando ela nasceu. No seu olhar havia amor, alegria, felicidade, orgulho e, é claro, alívio. Estava quase chorando. Eu soube naquela hora que ele estava apaixonado de novo — por Lilly.

No decorrer de tudo isso, continuamos as consultas com Jim. Ele tinha um jeito incrível de vencer todas as resistências e ir direto ao assunto. Fred nem sempre ficava muito satisfeito porque Jim era capaz de ver o que ele estava fazendo e o forçava a enfrentar isso. Fred tem um jeito de ser passivo-agressivo. Ele me espicaçava e depois fingia inocência, e ficava frustrado quando Jim apontava especificamente para o que ele estava fazendo.

Uma das coisas com que Fred tinha muita dificuldade de lidar era eu ter sido sexualmente molestada na infância. Uma das coisas que descobri trabalhando com Jim era que o homem que me molestara sempre começava coçando as minhas costas. Sem saber por quê, sempre que Fred me acordava coçando as minhas costas eu sentia a minha pele formigando e eu ficava muito zangada. Quando lhe disse que detestava quando ele fazia isso, ele não entendeu e continuou fazendo.

Jim explicou a ele que não importava o motivo, o fato é que isso realmente me aborrecia, então ou você pára ou banca o idiota e continua fazendo isso e vocês vão acabar dormindo em camas separadas! Fred compreendeu, quando Jim falou com ele neste tom, que precisava prestar mais atenção, e não coçar mais as minhas costas, mesmo sem entender por quê.

Com o passar do tempo, Fred só fazia isso quando estava inconscientemente muito zangado comigo por causa de alguma coisa. Então, quando eu acordava desse jeito, na sessão seguinte eu falava sobre isso. Finalmente Fred compreendeu que as "lembranças físicas" não desaparecem. Em vez de coçar minhas costas, encoste em mim, segure a minha mão, coce a minha perna, qualquer coisa, mas deixe as minhas costas em paz!

Depois de mais um ano de terapia, ele finalmente começou a conseguir me dizer quando as coisas o aborreciam. Ele não costumava me dizer quando eu fazia alguma coisa que não o agradava. Fiquei sabendo que ele sempre se sentiu inferior a mim, e tinha medo de me dizer quando não gostava de alguma coisa. Então Jim assegurou-lhe que não havia mal nenhum em ele se zangar comigo. E que se eu fizesse alguma coisa de que ele não gostasse, ele devia falar, e que, se eu estava sendo uma filha-da-mãe, era importante mostrar-me isso. Quando reclamei, Jim me disse que eu posso ser uma filha-da-mãe, e que Fred não deve ter medo de me dizer isso!

A primeira vez que Fred me chamou de filha-da-mãe — ele estava realmente furioso — eu ri. Pensei comigo mesmo: Finalmente ele consegue sentir raiva, e não precisa se preocupar que eu vá sair pela porta afora. Fred tinha consciência do quanto precisava de mim. Eu não sabia do quanto ele precisava de mim. Sabia que eu o queria, não que precisava dele. Não a esse ponto, pelo menos.

O trabalho deles com Jim Kelly é um bom exemplo de como a terapia pode ajudar de uma forma prática. Marie e Fred aprenderam técnicas realmente úteis. Mas Marie e Fred ainda teriam outros problemas para enfrentar.

Durante esse tempo, Fred iniciou a medicação para o seu grave distúrbio de deficiência de atenção, que Eric herdara. E, em junho de 1991, fiz uma histerectomia total. A recuperação foi lenta, mas essa era a menor das minhas preocupações. A terapia começou a se intensificar comigo e com Jim. Ele queria chegar ao âmago das minhas reações.

O controle era um ponto importante para mim. Quando Jim sondava, eu procurava mantê-lo a distância, mas ele finalmente vencia e eu me abria e revelava os horrores que tive de suportar quando criança. Muitas vezes eu entrava no seu consultório e me sentava, e mal ele começava a falar comigo eu sentia um calafrio, e ele dizia por hoje chega. Eu reclamava, "Mas nem começamos", e ele dizia que já tinham se passado uma hora e meia ou duas horas. Eu aparentemente desligava assim que ele começava com as perguntas, e quando ele parava eu acordava.

Este tratamento aumentou demais a minha ansiedade. Eu tinha passado por um período de mais ou menos um ano e meio sem sair de casa para nada, exceto para ver Jim e o ginecologista-obstetra. Assim que Jim começou a romper a minha grande muralha, comecei seriamente a desmoronar. Tornei-me suicida.

Fred levou-me para ver Jim um dia, e eu fiquei duas horas sentada no consultório, provavelmente sem dizer mais do que uma dúzia de palavras. Jim sabia que eu tinha chegado ao fundo do poço e que precisava ir para o hospital. Eu estava pesando 43 quilos, não comia nada havia dois meses, e bebia talvez menos de um copo de líquido por dia. Eu me sentia morrendo por dentro, e não aceitava a ajuda de ninguém.

Fred estava fora de si. Ele me levou ao meu clínico, puxou-o de lado e explicou que eu estava tendo um esgotamento e que ele queria me internar no hospital para fazer uma reidratação, e tentar fazer com que eu voltasse à minha medicação para colite. Fred achava que se conseguisse me internar no hospital por uns dois dias, talvez eu comesse, e depois eu iria para a psiquiatria para tentar superar os sentimentos suicidas. Fred chamou um grande amigo meu, Tim, para ajudá-lo a me internar no hospital. Eles literalmente me carregavam para fora de casa, eu estava fraca demais para atravessar a sala andando, mas eu lutei com eles quando tentaram sair comigo. Quando me colocaram dentro do carro, lembro de ter pensado: "Ótimo — Tim tem um revólver no porta-luvas!" Mas, quando tentei abrir, o compartimento estava vazio. Ele pulou para o assento do motorista ao meu lado e disse: "Acha que sou idiota? Eu a amo, Marie. Deixei a minha arma no escritório!"

Ao sairmos do consultório do médico, eles me levaram para o hospital, onde aparentemente estavam me esperando. Não precisei entrar na fila. Acabei ficando no hospital um pouco mais de duas semanas, e quando voltei para casa tentei juntar os cacos da minha vida.

Era uma situação sobre a qual eu não tinha controle. Fred tinha, e ele me mostrou com suas ações que me queria, não só que precisava de mim. Na hora crítica, ele ia cuidar de mim e não deixaria ninguém me magoar novamente.

Às vezes, quando uma das partes do casal é quem organiza e planeja quase o tempo todo, como Marie tinha feito, essa pessoa pode começar a se sentir necessária, como uma empregada ou secretária, mas não obrigatoriamente querida. Um dos vários resultados positivos desse período difícil foi a forte sensação de Marie de que podia confiar em Fred, assim como ele confiava nela, e de que ele queria estar ao seu lado.

Ele também provou-lhe o seu valor de uma outra forma. Mostrou que estava disposto a fazer o que era melhor para ela, mesmo que isso significasse ter de assumir o risco de perdê-la. É assim que Marie descreve.

Fred morria de medo que, internando-me na unidade psiquiátrica, eu o abandonasse ao sair. Ele achava que eu ia ficar tão zangada com ele por ter feito isso que jamais o perdoaria. Depois de pesar tudo, ele decidiu: era melhor que eu estivesse viva, que o abandonasse e o odiasse, do que morta e longe para sempre das crianças.

Embora inconsciente enquanto tudo isso acontecia, lembro do seu tom de voz ao falar com o médico no consultório, forte, firme, confiante, assertivo. Um tom de "ESTOU FALANDO SÉRIO". Jamais alguém tinha se levantado para me proteger assim na minha vida! Quando finalmente superei tudo isso, lembrei daquele tom de voz, e lembrei de me sentir segura, se isso era possível naquele estado de depressão e desespero. A lembrança da sensação de estar sendo protegida por ele contra o mundo foi o argumento final para mim.

Numa discussão que tivemos meses depois, eu não conseguia que Fred se abrisse e me respondesse. Quando o forcei a responder, ele explicou que tinha medo de me dizer o que pensava porque não queria que eu o abandonasse. Ele agora sabia que me queria, não apenas que precisava de mim. Ele disse que não conseguia dormir sem tocar em mim de noite, queria acordar e começar cada dia comigo, e que me amava mais do que tudo no mundo.

Eu expliquei que me lembrava do que ele tinha feito por mim. Lembrei a ele as suas atitudes no consultório do médico e no hospital. Eu lhe disse que depois que ele me protegeu de todos, inclusive de mim mesma, eu jamais o abandonaria. Nada que ele fizesse me faria ir embora para sempre. Eu o amo de verdade e gosto dele. Faço questão de lhe dizer sempre que ele é maravilhoso, inteligente. Sempre procuro reforçar a sua auto-estima, porque quanto melhor ele se sente consigo mesmo, melhor eu me sinto. Quando Fred se sente confiante, ele é atencioso, prestativo e franco com as crianças e comigo.

Eu aprendi isto sobre os homens: nós precisamos de elogios. As mulheres, também, mas elas se sentem muito mais à vontade com esta necessidade, portanto não procuram escondê-la, como os homens. Eles, com freqüência, chegam a extremos na tentativa de esconder a sua necessidade de reafirmação, levantando complicadas cortinas de fumaça para ocultar o que está acontecendo, tornando-se irritadiços e lacônicos quando tudo que realmente desejam é um simples "você é o máximo". Marie soube disso instintivamente.

Fred é um ótimo pai. Nesses últimos três ou quatro anos, Fred levou as três crianças todas as terças-feiras para a "noitada das crianças" no shopping. Eles saem e jantam, e vão brincar nos jogos eletrônicos até o dinheiro deles acabar. Eric adora mexer nas ferramentas do pai. Em vez de se zangar, Fred lhe mostra que ferramentas usar e a importância de colocá-las de volta no lugar para estarem lá quando Eric quiser usá-las novamente. Ele ajuda Eric nos seus pequenos projetos de construção, como casinhas de passarinhos e portões que não levam a lugar algum. Annie está chegando à idade que só quer o papai quando precisa de alguma coisa — conserta a minha bicicleta, uma das rodas do meu patins entortou, me leva na casa da minha amiga etc. E Lilly simplesmente adora o seu papai. Ela ainda gosta de vir se enroscar na cama com a gente e mostrar como sabe fazer coisas, como ler, contar ou lavar o chão da cozinha, passar o aspirador, tirar o pó ou qualquer tarefa doméstica que, em geral, sou obrigada a fazer.

Marie e Fred continuaram a construir uma vida cada vez melhor para eles, confiando na sua forte conexão. A crise seguinte aconteceu quando eles tiveram de sair de onde moravam por causa de uma mudança de emprego.

Quando a conexão entre nós se rompe, nossas vidas se tornam caóticas. Exemplo: nossa recente mudança para a Carolina do Norte.

Fred nunca teve realmente de se vender para conseguir um emprego antes. Sempre vinham oferecer-lhe empregos. Até agora — ou assim ele pensava. Nosso plano era Fred se transferir com a empresa para a qual trabalhava havia quinze anos, a Suburban Propane. A esperança de Fred era, quando houvesse algo disponível na Roush Racing, que ele entraria. (Meu cunhado, Norman, é o chefe da loja da Roush Racing, aqui em Mooresville, Carolina do Norte.)

Bem, duas semanas antes da mudança, Norman ligou e disse a Fred que haveria uma vaga, e se ele estivesse interessado devia estar lá na semana seguinte para falar com o chefe. (Estávamos mesmo indo para a Carolina do Norte, para fechar o contrato da nossa nova casa; então, foi bastante conveniente.)

Fred compareceu a essa entrevista e foi informado de que Jack Roush pedia aos seus funcionários um exame médico e outro para drogas antes de começarem a trabalhar. Isso foi tudo que Fred basicamente extraiu da entrevista. Ele queria muito esse emprego. (Mesmo com um corte substancial no seu salário — ele queria poder dizer a Suburban Propane "pegue este emprego e ENGULA!")

Ele decidiu que não queria que encontrassem Dexedrina no seu organismo (remédio receitado pelo médico e que Fred toma para tratar o seu distúrbio de deficiência de atenção) quando fizesse o teste de drogas. Então, suspendeu a medicação. Dois dias depois, eu já comecei a notar a mudança. Quando lhe perguntei, ele explicou muito naturalmente: "Não vou fazer nada que possa estragar as minhas chances de conseguir este emprego."

Ora, isso começou a prejudicar a nossa conexão. Ele ia em muitas direções ao mesmo tempo e eu não conseguia acompanhar. Quando nos mudamos, precisávamos de dois caminhões Ryder e não de um, como ele pensava. Eu o avisara de que precisávamos de dois desde o início, mas ele me disse que eu nunca tinha me mudado antes e não sabia do que estava falando...

Trabalhamos dois dias inteiros colocando a mudança nos dois caminhões, e mesmo assim não coube tudo. Até hoje, ainda estamos precisando fazer outra viagem até Connecticut para pegar o resto que deixamos para trás. Fred trabalhava com tamanha agitação que acabou jogando tudo dentro dos caminhões sem prestar atenção se cabia o que era importante.

Finalmente partimos por volta das 9 horas da noite, na terça-feira. De Connecticut até a Carolina do Norte são mil e quatrocentos quilômetros; costumamos fazer isso em 12 horas. Fred dirigia um dos caminhões rebocando o nosso carro, meu amigo Tim dirigia o outro, e eu dirigia a van com as crianças, e meus amigos Nancy e Peter dirigiam a van deles. As duas vans chegaram, finalmente, em casa à uma hora da tarde de quarta-feira. Fred apareceu no primeiro caminhão às três e meia.

Eu estava na entrada, esperando. Quando Fred chegou sem Tim, perguntei onde ele estava. Fred respondeu: "Não sei! Saí da auto-estrada e ele não. Esperei dez minutos ele voltar, ele não apareceu e eu fui embora." Eu fiquei FURIOSA, para dizer o mínimo. Eu lhe disse: "Fred, você vai voltar para encontrar o Tim. Ele não sabe onde está, nem como se faz para chegar até aqui." Fred tinha resolvido pegar um caminho diferente, não aquele que tinha anotado nas instruções para Tim. E Fred recusou-se!

Finalmente, encontrei Tim às sete e meia da noite. Estava encharcado de suor e louco da vida. Quando o vi, toquei a buzina e saltei da van da minha irmã ainda em movimento. Corri e lhe dei um longo abraço. Disse que sentia muuuuuito! Entrei na loja de conveniência onde o encontrei, peguei algo para ele beber e o levei de volta para a van da minha irmã. Ela dirigiu o Ryder de volta para a casa dela e eu levei a sua van. Tim, é óbvio, tinha ficado extremamente preocupado quando se perdeu. Tinha vindo atrás de Fred o caminho todo até ali, desde Connecticut, portanto Fred não conseguia entender como, no último minuto, ele não saiu da estrada.

Ora, quando perguntei a Tim o que tinha acontecido, a sua história foi bem diferente. Ele me disse que durante quase uma hora tinha tentado chamar a atenção de Fred de tudo quanto era jeito para fazerem uma paradinha para ir ao banheiro! Emparelhou com ele, gesticulou, tudo, mas Fred não estava prestando atenção, e não percebeu nada.

Então, quando Fred estava para sair da estrada, ele mudou de pista de repente e saiu. Tim não podia mudar de pista tão rápido, porque havia um dezoito rodas bem ao seu lado. Teria batido se tentasse sair naquele momento. Tim continuou descendo a auto-estrada até o primeiro acostamento, onde parou e ficou esperando Fred. A orientação que tinha recebido era para seguir por um caminho diferente, portanto não sabia para onde ir.

Bem, encurtando a história, Fred e eu brigamos feio desta vez. Fazia 46 graus quando chegamos aqui. Fred ainda estava descontrolado e a mil por hora. Ele começou a descarregar o caminhão. Quando eu lhe disse que devia parar e descansar um pouco, ele gritou comigo, dizendo que eu o deixasse trabalhar em paz.

Durante alguns dias, mal nos falamos. Tim e eu fizemos

compras no mercado e começamos a trabalhar em outros projetos na casa. No domingo, eu estava tão exausta que nem conseguia pensar direito. Tinha dormido só seis horas desde terça-feira, não tinha conseguido comer nada e estava estressadíssima.

Tentei, pela última vez, fazer algum tipo de conexão com Fred, e ele me disse que eu era um problema para ele. Chamou-me de filha-da-mãe, porque não parava de aborrecê-lo. Tentei lhe dizer que eu estava indo a pique e precisava de ajuda. Eu tinha ataques de ansiedade todas as vezes que entrava de carro pelo portão, por causa de todas aquelas caixas empilhadas até o teto na garagem, e não conseguia mais funcionar assim. Mas ele estava muito longe, a mil por hora, e não distinguia as árvores na floresta.

Então eu disse tudo bem. Avisei a ele que estava levando a van para a oficina de manhã para fazer a revisão, que ele deveria ter feito antes de sairmos de Connecticut e não fez, e que depois voltaria para Connecticut com Tim. Ele falou: "Vai levá-lo para casa?" Eu disse que ia levá-lo para casa e que ia ficar em Connecticut também. Não conseguiria sobreviver aqui nessas condições, e se não saísse ia desmoronar! (Ainda tenho uma casa em Connecticut que está à venda e deve ficar vazia qualquer dia desses.)

De novo, Marie parece saber a hora de estabelecer limites. Embora tendo dito a Fred que jamais o abandonaria para sempre, sabia que por enquanto precisava afastar-se, ou pelo menos ameaçar fazer isso.

Fred parou um pouco para pensar naquela noite, antes de ir para a cama, e entendeu o que eu tinha dito. Percebeu que eu estava voltando para Connecticut e que agora ele teria de lidar com tudo sozinho! Ele veio falar comigo, e eu lhe disse que não tinha passado todo aquele tempo trabalhando com ele e Jim para ele, simplesmente, jogar tudo fora porque ELE não queria que a Dexedrina aparecesse no seu teste de drogas. Eu lhe disse que compreendia que o seu emprego era importante, mas era mais importante do que a sua família? Eu lhe disse que ele não nos dera (a mim ou às crianças) nenhuma atenção desde que chegamos à Carolina do Norte, exceto para gritar conosco ou nos mandar sair do seu caminho. Eu também expliquei que não haveria nenhum problema se encontrassem Dexedrina no seu organismo. É um remédio que ele toma para tratar um distúrbio de atenção, não para se drogar. Jim tinha escrito algumas cartas para ele no passado, ficaria contente em fazer isso de novo.

Recusei-me a continuar discutindo esse assunto com ele. Eu sabia que estava cansada e começaria a recriminá-lo e a dizer coisas que não devia. Eu tinha de me afastar e deixá-lo pensando nas suas opções.

Ele veio me receber quando voltei da oficina autorizada na manhã seguinte. Agora ele queria conversar. Disse que tinha pensado muito no que eu havia dito e sabia que eu estava com a razão. As crianças tinham medo de falar com ele, e ele estava querendo fazer coisas demais, e não percebia os destroços que deixava pelo caminho. Agora ele via a bagunça que estava largando atrás dele. Disse que tinha retomado a sua medicação, e percebia a confusão que tinha causado. Pediu desculpas e que eu o perdoasse, no que concordei, é claro. **127**

Marie diz: "No que concordei, é claro." Isto é amor. Ela sabia, bem lá no fundo, o que era necessário para conseguir que Fred fizesse o que tinha de fazer; e ela sabia, *é claro*, que o perdoaria.

Desde então, temos trabalhado lado a lado, esvaziando caixas, montando a nova piscina, construindo o deque ao redor da piscina, fazendo compras e cuidando das crianças. A conexão se fez novamente, assim que ele foi capaz de ver com clareza o que estava fazendo.

Quando ele age como um furacão, não percebe o que está destruindo, mas quando vem a calmaria, e o sol aparece, ele consegue ver os estragos provocados pela fúria da tempestade.

Vamos fazer quinze anos de casados em dezembro. Ainda fico alvoroçada quando olho o relógio e sei que ele está para chegar a qualquer minuto. Posso perdoá-lo por quase tudo que ele fizer. É um homem bom, e eu o amo de verdade.

Quando Marie viu Fred pela primeira vez no seu "carro bonito" anos atrás, não sabia o que a esperava, não mais do que qualquer um de nós sabe. Ao longo dos anos, este casal teve de suportar muitas coisas — um pouco menos do que alguns, mais do que outros, mas certamente muito. Você se pergunta como eles fizeram isso, como alguém é capaz disso.

Começou com a paixão, aquela súbita explosão de energia que sinaliza que você foi atacado. Mas essa explosão não sustenta um casamento para sempre. Pelo menos, é raro isso acontecer. Essa explosão nos enlouquece o suficiente para lhe darmos uma chance. Então outras forças devem fazê-la durar.

Vocês precisam se tornar amigos. Precisam se tornar uma equipe. Precisam se tratar um ao outro com respeito. Pouco a pouco, com o tempo, vocês precisam ficar conhecendo os pontos vulneráveis um do outro, e aí tomar atitudes no sentido de ajudar o outro a se fortalecer onde ele é fraco. Os casais se separam quando usam o conhecimento íntimo dos pontos vulneráveis um do outro para se magoarem mutuamente.

É por isso que muitos de nós resistem à intimidade, e é por isso que o meu velho professor disse que amor era uma forma de psicose. Você mostra ao outro onde pode ser machucado. Você expõe suas partes mais vulneráveis, sem enfeites. Você faz isto literalmente em nudez física, mas — ainda mais arriscado — você faz isso figurativamente ao expor seus sentimentos ocultos e suas mágoas passadas.

Não só isso, mas vocês lutam. Vocês competem por tempo, por lazer, pela escolha dos filmes e programas de televisão, por controle. Vocês disputam com a pessoa amada.

Marie e Fred faziam isto o tempo todo. Eles passavam por muitas coisas mas ressurgiam para enfrentar outras mais, fortalecidos na dificuldade superada.

É essa a recompensa que as pessoas encontram quando conseguem fazer a proximidade com o outro durar. Embora a explosão inicial de energia se apague, um novo tipo de energia começa a surgir com o tempo. Se a primeira era a chama num palito de fósforo, esta segunda é como o calor do dia. Dura mais, não queima, e cobre uma área mais ampla.

O amor que Marie e Fred sentem hoje é muito mais forte do que aquele sentimento inicial, e continua crescendo, sendo testado, tenho certeza. Quem sabe se vai durar para sempre — acredito que sim, mas às vezes as pessoas se separam por motivos imprevisíveis. O que eles criaram até agora, porém, é produto do verdadeiro tecido da intimidade: paixão, conflito, dor e, finalmente, um sapato velho chamado amor para sempre.

OITO

Amigos

NA CERIMÔNIA DO MEU CASAMENTO, tive dezoito acompanhantes. As pessoas acharam graça, mas para mim significava muito ter o maior número possível de amigos participando. Eu segui o conselho do meu pai e sempre fiz questão de manter firmes os vínculos de amizade. Foi o melhor conselho que ele me deu.

Não é preciso convencer ninguém de que a amizade é importante; todos nós acreditamos nisso. No entanto, os adultos abandonam seus amigos muito facilmente. Abandonar os amigos é como jogar dinheiro no rio. Não só isso, pode reduzir anos da sua vida.

A desculpa usual dos adultos é que os amigos tomam muito tempo ou que não se pode contar com eles. Sem dúvida, os amigos podem nos magoar e desapontar, e pode ser difícil arrumar tempo para eles. Mas são cruciais para uma vida longa e feliz. Quando meu pai me dizia que eu teria sorte se tivesse um ou dois bons amigos de verdade, eu pensava: "Ora, espero ter mais do que um ou dois!" Mas o tempo passou, e eu aprendi a sabedoria de suas palavras. É difícil manter muitas amizades quando você está ocupado criando uma família e trabalhando para viver. Muita gente não tem, de fato, dois amigos íntimos.

Ajuda muito, para manter os bons amigos, livrar-se dos ruins. Estes são indivíduos que não tratam você bem, mesmo afirmando serem seus amigos. É uma afirmativa tão óbvia; não seja amigo de quem não é bom com você. Imagina-se que ninguém vai ser amigo de quem não é gentil com ele, mas não é isso que acontece. De fato, a maioria de nós fica amarrada a amigos que não foram bons em algum momento. Mantemos a amizade porque esperamos que *um dia* essa pessoa será boa conosco; ou gostamos das vantagens que ela nos dá, tais como prestígio, dinheiro ou influência; ou, simplesmente, não encontramos um modo educado de cair fora desse relacionamento, e continuamos para evitar confrontos. Mas isso é ruim para você. Deixa você doente, corrói o seu coração. Como diz o ditado, a vida é muita curta.

Se você se livrar dos maus amigos — se limpar o jardim das ervas daninhas, por assim dizer —, terá mais tempo e espaço para as boas amizades. Este é um forte motivo para você se livrar dos maus amigos.

Não quero dizer que os bons amigos não lhe farão passar por maus momentos. Isso vai acontecer. Mas os bons amigos, mesmo quando se encostam em você, não o fazem se sentir como se estivesse numa via de mão única. Você se mantém firme por causa deles, e sabe que eles farão o mesmo por você.

Meu amigo Peter Metz e eu nos conhecemos em 1979, quando estávamos ambos iniciando o nosso treinamento em psiquiatria no Mass. Mental. Jamais esquecerei como foi que resolvi que tínhamos de ser amigos. Foi dessas coisas "tão de homem", como dizem. Eu vi Peter apresentar um caso. Ora, o Mass. Mental era um hospital-escola de Harvard, e como tal era muito competitivo. Quando vi Peter apresentar o seu caso, eu fiquei impressionado porque ele era muito bom — expressava-se bem, era inteligente e até modesto! Ele despertou todos os meus sentimentos competitivos, decidi ali mesmo que ou eu o mataria ou ficaria seu amigo. Felizmente, escolhi a última opção.

Somos amigos há vinte anos. Ele é padrinho de Lucy, nossa filha, e eu sou padrinho de Sarah, sua filha. Adoro sua mulher, Phyllis, assim como Sarah e David, seu filho.

Continuamos amigos não só pelo amor que sentimos um pelo outro, embora tenhamos consciência disso, mas também porque fizemos dos nossos encontros regulares uma prioridade.

Fazemos isso jogando squash nas tardes de terça-feira. Mais uma vez, coisa de homem. Uma terça sim outra não, nos últimos vinte anos, Peter e eu saímos mais cedo do trabalho e nos encontramos numa academia de ginástica onde jogamos squash. Começamos quando residentes, e desde então não paramos mais, exceto para férias e viagens. Ambos recusamos oportunidades de carreira para preservar o nosso jogo de squash das tardes de terça-feira.

Lembro de um colega residente ter ficado chocado um dia quando me ouviu dizer a um superior que tinha acabado de me oferecer um emprego. "Vou poder sair cedo nas terças-feiras para jogar squash?"

"*Como é que você foi perguntar isso?*", meu amigo veio me falar depois, meio engasgado. "Não sabe como é difícil conseguir este emprego?"

Mas empregos existem sempre. Um amigo é que não se encontra facilmente por aí. E, no final, me deram o emprego, com a cláusula de que eu poderia sair cedo na terça-feira e compensar essas horas mais tarde durante a semana.

Depois de jogarmos squash, Peter e eu vamos tomar uma cerveja juntos e conversar sobre tudo deste mundo.

Essa partida de squash e essa conversa tornaram-se um ponto alto da minha vida. É, ao seu modo, tão importante quanto ir à igreja.

Além do squash com Peter, tenho outro jogo programado para domingo, às oito da manhã. Há dezessete anos jogo aos domingos. Comecei com meu amigo Bart Herskovitz, depois ampliei incluindo outros dois, John Ratey e Jeff Sutton. Todos os domingos, os quatro nos reunimos e nos revezamos nas partidas, sem ordem de precedência. Se alguém está viajando e só estão três de nós, um fica sentado lendo o jornal ou na bicicleta ergométrica enquanto os outros dois jogam, depois trocamos, assim todos jogam. Depois tomamos uma chuveirada e nos sentamos para conversar e tomar café.

Depois eu vou para casa, pego Sue e as crianças e vou à igreja. É uma manhã inteira de conexão.

O que quero enfatizar é que esses jogos regulares só acontecem porque estão programados. Se deixássemos para o acaso, quase nunca jogaríamos. Mas, como esse tempo está reservado, nós comparecemos. Depois, com o passar do tempo, a mágica acontece. Você obtém muito mais do que imaginou que teria. Aprofundar e manter a conexão com um amigo *requer* que se gaste esse tempo. Vocês precisam de uma estrutura, uma rotina, para impedir que se afastem.

Manter uma amizade é coisa que *todos* podem fazer. Antes de dizer que não tem tempo, ou que não pode se dar esse tempo, ou que não tem amigos que deseje ver tanto assim, pare e dê a si mesmo uma chance de imaginar como seria possível fazer isso, se você quisesse. Porque, se fizer, se sentirá *sempre* feliz por ter feito!

Na minha profissão, vejo todos os dias exemplos de como as amizades salvam as pessoas da loucura, e do quanto elas enriquecem a vida. Mas também ouço casos sobre a frustração que ela pode causar. Um paciente meu disse-me recentemente:

— Não sei se os amigos valem isso.

— Por quê? — perguntei, esperando que ele fosse me contar alguma traição. Mas ele me falou de uma conversa simples durante a qual não foi compreendido.

— O outro sujeito, seu nome é Jack, aproveitou o que eu disse para me contar a história da sua própria vida. Ele só queria era contar-me a *sua* história. A minha presença ali era apenas uma desculpa para ele falar de si próprio. Amizade é isso?

— Você sabe que é mais do que isso — respondi.

— Mas, às vezes, parece impossível. Até para mim, um homem moderno, esclarecido!

Este paciente, Chris, que muitas vezes ria da sua sensibilidade com os outros, também sentia muito prazer nas amizades.

— É a desvantagem de ser quem você é — falei. Você pode ficar desapontado quando não se conecta. As outras pessoas nem percebem!

— Quem sabe, elas é que têm sorte.

— Não, elas saem por aí querendo encontrar algo mais profundo em suas vidas. Como não conseguem, vão pescar ou escrever livros.

— É por isso que você escreve livros?

— Não — respondi. — Acho que escrevo livros para contar às pessoas sobre os peixes que pesquei.

— Ora — continuou Chris —, qual a vantagem de ter um amigo insensível como o Jack?

— Mas você me disse em outras ocasiões que Jack é um sujeito legal. Talvez ele estivesse num dia ruim.

— Suponho que sim.

Este tipo de diálogo entre mim e Chris seria pouco provável algumas décadas atrás. Dois homens, mesmo na psicoterapia, não falavam abertamente de amizades e sentimentos aparentemente mesquinhos. As mulheres nos ensinaram muito sobre o poder dos relacionamentos para nos sustentar. Hoje os homens se sentem com permissão para ter sentimentos, até mesquinhos, e de falar deles, até de explorá-los! É um grande avanço para todos, homens e mulheres. Quando você mantém ativa uma amizade, se cuidar dela, ela cuidará de você mesmo quando você não estiver no seu melhor momento. Vou dar um exemplo de quatro boas amigas que vêm se apoiando mutuamente há mais de vinte anos. Elas conversam todas as semanas, e fazem isso há muitos anos, mesmo morando em diferentes partes do país. Estas quatro mulheres, Maeve, Sarah, Susan e Jann, mantiveram-se deliberadamente unidas umas com as outras, de forma que hoje são uma espécie de família de amigas.

Todas de criação católica romana, uma (Maeve) adotada, elas se encontraram por acaso, mas o que as uniu foi muito mais do que o acaso.

Elas foram se conhecendo durante um período de quatro anos, na década de 1970. As quatro mulheres foram companheiras de quarto em espaços diferentes de tempo, dependendo de quem estava onde e fazendo o quê. Um tipo de campo energético estava se gelatinizando entre elas, uma força que só fez intensificar nos anos seguintes, de forma que agora as quatro não passam uma semana sem que entrem em contato umas com as outras, apesar de morarem em partes diferentes do país.

Como Maeve me contou, "Sempre nos divertimos. Saímos com alguns dos amigos umas das outras, e até com antigos namorados umas das outras. Era sempre arriscado discutir o que pensávamos e sentíamos a respeito desses homens diferentes. Mas, no todo, funcionou."

"No todo", precisou de um bocado de todo. Em parte, funcionou porque este era um grupo de quatro amigas, e não duas apenas. Portanto, quando as quatro se reuniam, pessoalmente ou por telefone, havia o cruzamento de quatro pessoas se relacionando para sustentá-las, não apenas uma linha de duas.

Com o passar do tempo, todas se casaram, todas tiveram filhos, todas desenvolveram carreiras. O interessante é que todas acabaram em profissões de ajuda: Maeve é psicóloga, Sarah é médica com especialização em psiconeuroimunologia, Jann é terapeuta-massagista e Susan é músico-terapeuta. Como Maeve me disse, "Agora todas temos filhos, o que acrescenta assunto às nossas conversas. Finalmente estamos todas na mesma página ao mesmo tempo! Estamos na casa dos quarenta, agora".

Elas se mantiveram unidas.

— Estamos em 1998 — Maeve falou. — Todos os anos nos reunimos, só as quatro, para um final de semana prolongado. Fazemos isso há doze anos. Nos primeiros cinco ou seis anos, íamos esquiar em New Hampshire, no inverno. Só nós, quatro mulheres. Sem crianças, sem maridos. Iniciamos com um chá de panela para Jann, quando ela se casou; nos divertimos tanto que resolvemos repetir no ano seguinte. No começo, fazíamos alguma coisa física, em geral algum tipo de esporte ou caminhada, depois começamos a falar mais sobre nossas vidas espirituais e familiares, em seguida criamos rituais quando nos reuníamos em fins de semana prolongados. Nós também saímos só para ficar lendo um livro.

— Que rituais são esses? — eu quis saber.

— Coisas simples. Saímos para comer, depois nos sentamos numa sala. Às vezes acendemos pequenas velas e comemoramos se uma de nós está deixando uma carreira ou entrando em outra. Temos alguns rituais espirituais também. Por exemplo, se alguém está passando por dificuldades, deixamos que ela fale e nós ficamos só ouvindo, dando-lhe apoio incondicional e conversando. Fizemos umas terapias corporais juntas, basicamente falando de problemas durante uma massagem. Jann e eu aprendemos um pouco a fazer isso, então fazíamos uma na outra. Em geral essa técnica traz à tona alguma coisa não resolvida do passado ou da infância. É uma coisa muito íntima e pessoal. Nossos relacionamentos ficaram muito mais profundos nesse processo.

— Parece maravilhoso — disse eu, imaginando quantos de nós nos beneficiaríamos com esses fins de semana juntos, se nos dispuséssemos a arrumar tempo para programá-los.

Maeve continuou:

— Tentamos coisas novas. Susan aprendeu algo que se chama terapia energética, e praticou conosco uma vez. Outra vez, ficamos só conversando durante horas. Às vezes vamos assistir a filmes bobos e depois comentamos. Ou a filmes tristes, e choramos. E, é claro, todas falamos de nossos maridos — ela sorriu. — Acho que nossos maridos, todos eles, tiveram momentos de verdadeira paranóia por causa de nós quatro. Tipo: será que vão falar mal da gente? Mas eles também perceberam que é bom para eles o fato de nós nos reunirmos. O fato de estarmos as quatro juntas e falando de nossas vidas tem ajudado nossas famílias, inclusive nossos maridos — porque *somos* uma espécie de família. E eu acho que, como uma unidade familiar, é interesse de todas nós que o casamento das outras corra bem. Se uma de nós pensasse em se divorciar agora, ou estivesse tendo problemas no seu casamento, teria um bocado de apoio para tentar consertar isso, ao contrário de "Oh, cai fora, isso é terrível". O esforço seria no sentido de tentar mantê-lo íntegro. Esse apoio a gente não tem das nossas famílias de origem. Mas recebemos umas das outras. Todas nós já dissemos em algum momento: a minha família são vocês, mais do que qualquer outra que eu possa ter tido.

— Então vocês não sentem ciúmes dos maridos. Pelo contrário, sentem que desejam manter os casamentos felizes e intactos?

— Sim — falou Maeve.

— Quando vocês se conheceram, eram todas pobres? — perguntei.

— Como ratos de igreja — respondeu Maeve no mesmo instante. — Estávamos todas pegando o que aparecesse. Mas eu lhe digo, não pense que qualquer uma de nós vinha com esse papo de marido rico. Não acho que isso tenha passado pela cabeça de nenhuma de nós. E acho que todas nós, pelo contrário, pensávamos em ter uma carreira. Em ser auto-suficientes. Todas nós queríamos casar também. Bem, Susan não queria, mas todas queríamos ter filhos. Mas nenhuma sabia exatamente como isso ia acontecer.

— E agora vocês todas têm carreira, casamento e filhos. Então aconteceu. Com que freqüência vocês conversam?

— Eu diria que falo com uma ou com outra uma vez por semana, ou mais. Se passam duas semanas, em geral alguma coisa não está bem. Agora a gente se comunica também por e-mail. Continuamos conectadas.

Apesar de uma estar no Tennessee, outra em Boston e duas perto de Chicago, se não têm notícias umas das outras, sabem que alguma coisa está errada. Até agora, elas sempre tiveram.

Vinte anos de amizade íntima. Isso as tem sustentado a todas. Mas como conseguiram isso? Como é possível no mundo atual dar aos amigos tamanha prioridade? A resposta de Maeve não me surpreendeu.

"Pura determinação", ela disse sem hesitar. "Eu *preciso* estar com estas amigas, porque elas são a minha linha da vida. Elas têm uma história comigo. Eu confio plenamente nelas para a intenção de boa vontade, para a crença num significado espiritual mútuo na vida que é tão forte. Acho que morreria se desistisse disso. Não há dúvida de que para mim é tão importante quanto o meu casamento. De fato, foi o que me possibilitou não fugir do meu casamento, o que para mim seria mais natural. Agora, todas já conhecemos os nossos pais e os nossos filhos de alguma forma. E já estivemos em festas de família. Como nos casamentos, você conhece todo o mundo. Todos os velhos amigos sabem quem você é. Posso nos imaginar bem velhinhas, sentadas em cadeiras de balanço. Somos um grupo poderoso. É como uma conexão de almas."

Maeve continuou. "Nos momentos de dor, se alguém fica doente ou está tendo problemas com o marido, dizemos: 'Você casou com ele por algum motivo, qual foi? Para que isso, agora? Sabemos que nós nos conhecemos por uma razão, acima da nossa compreensão, então para que isso? Por que isso está no seu caminho?' Ou digamos que alguém está brigando com um administrador ou chefe. Perguntamos: 'Por que esta pessoa está na sua vida? O que você pode aprender com isso? Onde você está emocional ou espiritualmente? Que porta você precisa abrir?' É isto que costumamos nos dizer. Funciona bem melhor quando uma de nós pergunta em vez de perguntarmos a nós mesmas."

Concordei com um movimento de cabeça.

"A outra parte", continuou ela, "é ouvir simplesmente, sem julgar. Acho que essa é a parte espiritual. Em vez de julgar ou dizer 'Bem, acho que você devia fazer isso', dizemos 'Não sei por que você está passando por esse momento difícil e não sei por que isso a faz sofrer tanto, mas eu a amo.' E haverá entendimentos suficientes para você poder continuar em frente. Temos um sentimento de existir *em* cada uma de nós, não apenas participar de atividades juntas. Esse sentimento existe o tempo todo. E quando ligamos umas para as outras, imediatamente nos conectamos com ele. Com freqüência nos dizemos: 'Estou aqui o tempo todo.' Confiamos nas coisas invisíveis do mundo — porque nos conhecemos umas às outras, e vivemos nossas vidas juntas, e tornamos possível para nós dizer: 'Bem, posso confiar no desconhecido na minha vida, no que não posso ver, porque sei que você está fazendo isso comigo. Eu divido isso com você e isso me permite fazer mais.'"

"Tem funcionado com a gente", Maeve falou. "Milagres parecem acontecer. Estamos sempre vendo nossas vidas se interligarem.

Por exemplo, agora todas temos práticas terapêuticas. Uma está na medicina, uma, na psicologia, uma, na musicoterapia, e uma, na massoterapia. Temos o físico, o emocional, o intelectual e o espiritual. Não é algo que planejamos. É algo que evoluiu de nossas vidas; e unindo-os num só sentido, nós nos demos mutuamente. É um presente. Nós o recebemos umas das outras e aceitamos."

— Outras pessoas não podem ter isso? — perguntei.

Maeve sorriu, depois disse:

— Tem momentos que penso que é especial. Mas aprendi com esses relacionamentos e com a observação das nossas próprias vivências que é possível para mim ter este tipo de intimidade com meu marido se eu quiser. Tenho com meus filhos, e eu vejo isso crescer, porque sei o que fazer. Parece que se você acredita nisso e pratica, isso se torna cada vez mais parte dos seus relacionamentos. Em breve, você não passa sem ele. Você pensa, é tão bom, por que vou desistir? Nesse sentido, acho que todos podem ter, mas é preciso experimentar uma vez, e depois você pega o presente e segue em frente. É uma fonte espiritual, como este lago. Ele o alimenta e está sempre ali. Basta pular dentro e assumir o risco. É só dizer, está lá, como não o vi antes?

— É como se fosse um presente a cada dia — falei.

— Sim, e cria o sentimento de apoio e compreensão. Uma espécie de intuição sobre a vida da outra pessoa. Este é o presente inesperado. Você está ali conversando e, de repente, vê a vida da outra pessoa e pode dizer alguma coisa útil. Não dogmática, não pragmática, mas útil emocionalmente. Isso exige uma enorme confiança. É um presente. Nós quatro não sabíamos o que íamos receber quando nos conhecemos. Não tínhamos idéia. Uma vez sentindo isso, você não vive sem. É muito construtivo para a vida.

Construtivo para a vida. Não posso imaginar um termo melhor para o poder da conexão.

NOVE

Trabalho, parte I:

CRIANDO UMA BOA QUÍMICA

SE EU PUDESSE PEDIR TRÊS COISAS para meus filhos, uma delas é que eles gostem do seu trabalho quando crescerem. (As outras duas é que eles tenham saúde e sejam felizes no amor.)

Nós, em geral, passamos tanto tempo no trabalho que, se não formos felizes ali, sofremos muito. Em média, segundo o livro de Juliet Schor, *The Overworked American*, nos Estados Unidos as pessoas estão trabalhando 160 horas mais do que há trinta anos. Cento e sessenta horas equivalem a quatro semanas de quarenta horas de trabalho, ou um mês a mais de trabalho por ano do que em 1968. Trabalhar muito sempre esteve na essência dos valores americanos, e não há dúvida de que estamos levando a efeito esses valores em nossas vidas atualmente.

Mas esses números só ressaltam a importância de desenvolvermos um sentimento positivo com relação ao nosso trabalho. Fazer horas extras num emprego que você detesta é um modo infalível de acabar com o seu ânimo.

Algumas pessoas não têm outra opção. No entanto, a maioria tem mais opções do que imagina. Encontrar o trabalho e o lugar certo para trabalhar é tão importante quanto encontrar o parceiro certo para uma vida feliz. Vale a pena procurar e não aceitar menos do que o desejável.

Cada vez mais, as pessoas estão buscando satisfação no trabalho além de apenas um contracheque. Por exemplo, os advogados, que tradicionalmente se satisfazem com os desafios intelectuais que enfrentam, estão agora exigindo além disso um clima mais positivo no trabalho. Uma avaliação recente com advogados "mostrou de forma conclusiva que a insatisfação é uma função do ambiente de trabalho — o declínio da satisfação se deve ao fato de que fatores negativos no trabalho aumentaram e outros fatores positivos diminuíram. A presença de desafio intelectual não é mais um fator preponderante".

Os médicos — outra profissão que sempre registrou níveis muito altos de satisfação no trabalho — estão agora profundamente insatisfeitos. Um editorial recente publicado no *New Journal of Medicine* reportou um mal-estar generalizado, porque os médicos sentem que as seguradoras os estão impedindo de praticar boa medicina. Essas empresas sabotam a conexão do médico ou da médica com seus pacientes.

A questão do dinheiro está surpreendentemente ausente nessas queixas sobre o trabalho. Quem se sente feliz no trabalho em geral diz que é porque percebe que têm uma missão, gosta do chefe ou dos colegas, ou da flexibilidade no trabalho que lhes dá tempo para ficar em casa com os filhos. Todas essas são condições para *conexão*. Nada têm a ver com dinheiro. É claro, você deve receber um salário justo, e mais é sempre bom, mas dinheiro é um fator bem menos significativo para a satisfação no emprego do que a maioria das pessoas imagina.

Quem se sente infeliz no trabalho em geral estremece e conta histórias horríveis sobre a política no escritório, chefes mandões ou o isolamento que sentem no emprego — todas condições de desconexão.

Sem dúvida, o dinheiro é importante, o desafio intelectual é importante, mas com freqüência esquecido nas listas dos fatores importantes está aquele que mais importa: a conectabilidade no ambiente de trabalho.

Não sou um executivo de empresa, mas *trato* de executivos de empresas, empreendedores, gerentes financeiros de alto nível, CEOs, médicos, advogados, arquitetos, assim como funcionários de todos os níveis.

Repetidas vezes os erros sobre os quais escuto falar têm a ver com a desatenção e o desrespeito pelos sentimentos das pessoas, ou desprezo não intencional pela opinião de alguém.

Por exemplo, um dos meus pacientes, médico pesquisador num hospital de Boston de fama internacional, está fazendo uma excelente pesquisa, mas sente-se infeliz, não porque receba pouco —

todos os médicos ganham mal nesse hospital —, mas porque a política do laboratório é muito venenosa.

Ele me conta histórias de dados ocultados, colegas que se recusam a ajudar, do principal investigador fazendo funcionários inocentes de bode expiatório e várias outras de perfídia e má vontade. "O clima no laboratório é paranóico", ele diz. "É muito difícil trabalhar quando é preciso estar sempre em guarda."

Fiquei imaginando em voz alta, junto com ele, por que as coisas têm de ser assim.

"Você me diz. Você é o psiquiatra", ele responde rindo. Mas a minha resposta é: *Não sei*. Não sei por que um grupo de trabalho consegue se dar tão bem e outro parece voltado para a destruição mútua.

Meu impulso é sempre o de saltar no meio do grupo e dizer: "Vamos, caras, parem com isso. Se entendam. É lucro para todo o mundo se vocês se entenderem." Às vezes isso ajuda, mas às vezes o tiro sai pela culatra. Nunca se sabe quando se trata de um grupo de pessoas. Grupos podem se comportar das formas mais loucas.

Grupos são imprevisíveis. É preciso um líder muito hábil para criar um clima de conexão positiva. Em geral, o que faz a maior diferença é o respeito pelo indivíduo. Quando as pessoas se sentem desrespeitadas ou desvalorizadas, o pior nelas começa a saltar fora.

Portanto, o conselho para meu médico/paciente foi controlar o que pudesse: respeitar a todos, não se envolver em tramas e ardis do grupo, fazer o trabalho dele da melhor maneira possível e, se as coisas se tornassem intoleráveis, procurar um outro laboratório. Em outras palavras, tentar conectar-se da maneira mais positiva possível, mas tendo em mente que sair dali talvez fosse a melhor solução.

Se um indivíduo tenta criar um clima de conexão dentro de um ambiente de trabalho desconectado, deve se preparar para um ataque do grupo contra ele. Os integrantes de um ambiente de trabalho desconectado muitas vezes possuem motivos ocultos para querer que o ambiente permaneça assim. É por isso que, no início do meu treinamento, ensinaram-me o adágio "Toda boa ação será castigada".

Pular no meio da rixa e dizer "Parem com isso, sejamos amigos!" é arriscado, talvez imprudente, mas ainda é o meu primeiro instinto. Continuo acreditando que energia positiva gera energia positiva e, como consultor, tenho visto isso acontecer muitas vezes. Existem dados provando que, a longo prazo, essa abordagem positiva, de respeito, é o que funciona melhor. Arie de Geus, um executivo da Shell durante trinta anos, estudou os fatores que fazem as empresas terem vida longa e prosperidade. Ele ficou intrigado porque a maioria das empresas, até as grandes que começam com um grande sucesso, não duram. Muitas morrem cedo. Por exemplo, em 1983, *um terço* das empresas da lista das quinhentas da *Fortune* de 1970 tinham desaparecido do mapa! Através de fusões, falências ou aquisições, estas "grandes" corporações tinham deixado de existir. De Geus queria descobrir o que faz uma empresa durar.

Ele estudou trinta companhias que tinham se saído bem — e se saído bem ao longo do tempo, de cem a setecentos anos. Ele descobriu que todas tinham em comum quatro qualidades: tolerância com relação a idéias novas, conservadorismo nas finanças, sensibilidade ao mundo em redor e *consciência da sua identidade*.

Este último fator é a conectabilidade. De Geus relatou as suas constatações no *Harvard Business Review*: "Por mais diversificadas que fossem as empresas, todos os seus funcionários sentiam-se parte de um todo... O sentimento de pertencer a uma organização e estar identificado com suas conquistas é com freqüência desprezado como falta de energia. Mas as anamneses mostram repetidas vezes que *a noção de comunidade é essencial para uma longa sobrevivência*."

Sabemos disso por instinto, e dados consistentes como os oferecidos por Arie de Geus o comprovam, no entanto ainda se escutam alguns gerentes falarem como se a conexão não fosse uma coisa importante. "Chainsaw Al" Dunlap foi chamado para assumir a Sunbeam porque prometeu cortar custos, cortar empregos, cortar pessoal, cortar tudo — daí o seu apelido, "Serra Elétrica". Wall Street adorou a sua abordagem e as ações da Sunbeam subiram — a curto prazo. Mas aí o plano começou a falhar. O próprio Chainsaw Al foi cortado. Ele saiu, ameaçando levar o caso à justiça.

Você não pode desprezar o seu pessoal. Arie de Geus descobriu que as empresas de maior sucesso cuidavam de seus bens — o seu dinheiro — como oxigênio: necessário à vida, mas não a razão de viver. Uma empresa deve gerar lucros para sobreviver;

mas quando seus bens começam a valer mais do que as pessoas, de Geus descobriu, a empresa começa a morrer.

A maioria de nós trabalhou nos dois tipos de emprego: o interessado apenas no dinheiro, e outro que respeitava o seu pessoal. Todos nós nos demos melhor no segundo cenário.

A medicina moderna é um exemplo perfeito de como a negligência da conexão humana pode arruinar um emprego.

A prática da medicina nos Estados Unidos anda trôpega. Gastamos mais com serviços de saúde do que qualquer país na face da Terra, e no entanto as nossas estatísticas de serviço de saúde estão abaixo da média. E não só isso, tanto pacientes quanto profissionais estão sofrendo. Os médicos não conseguem praticar a medicina como deveriam, e os pacientes não ficam tempo suficiente com seus médicos. Os únicos contentes são as companhias de seguro.

O grande problema da medicina é a desconexão. Médicos e pacientes não estão podendo estar juntos o tempo que desejam e precisam. As companhias seguradoras não permitem. Conversei com uma médica que me contou que estava largando o seu emprego, um cargo que ocupava havia vinte anos como cancerologista de um determinado hospital, porque o plano de saúde que havia assumido o estabelecimento tornara a sua vida tão complicada que ela preferia abandonar a medicina a trabalhar para eles. Pedi que me desse um exemplo.

"Bem, o chefe do departamento me disse que eu devia conseguir atender cinco pacientes em uma hora com um primeiro diagnóstico de câncer metastático. Isso significa que ele esperava que eu fosse me sentar com um paciente e, em *doze minutos*, lhe dar a notícia de que sofre possivelmente de uma doença fatal e descrever para ele um plano de tratamento! É nojento, se você quer saber. Então pedi demissão. Agora não sei o que vou fazer, mas pelo menos posso me olhar no espelho, porque aquilo eu não faço!"

Há alguma coisa errada. Quando um país está gastando mais do qualquer outro no mundo em serviços de saúde e, no entanto, os resultados são medíocres, alguma coisa está errada. Quando ambos, paciente e médico, estão insatisfeitos, então alguma coisa não está certa. De um modo ou de outro, temos de reconectar médico e paciente de uma forma positiva.

O campo da medicina é apenas um exemplo, embora escandaloso, de como a desconexão pode infectar o ambiente de trabalho.

Vivemos, afinal de contas, na era do personagem de histórias em quadrinhos Dilbert. Caso você ainda não tenha lido nenhuma das tirinhas de Scott Adams sobre Dilbert, o fictício ocupante do cubículo corporativo, elas retratam com brilhantismo o mundo alienado e cínico que tantos funcionários de empresas habitam.

Dilbert é todo sobre desconexão.

As pessoas com depressão de quem trato queixam-se mais de condições desconectadas no trabalho do que de qualquer outra coisa.

"Eu não me importaria de fazer as horas extras que eles exigem", Hank me disse, "se me respeitassem mais". Esta é a queixa número um que eu escuto, *de longe*. Hank trabalhava para a companhia de eletricidade. Estava lá havia quase vinte anos. Tinha suportado mudanças da administração antes, assim como cortes de pessoal, alterações abruptas na descrição do seu cargo, e uma caça às bruxas no escritório em torno do assédio sexual, tudo com espírito esportivo. Mas foi quando lhe deram um supervisor que o tratava com declarado desprezo que ele começou a procurar outra coisa para fazer. Eu o conhecia bem. Não era uma pessoa que desistisse facilmente. Mas esse supervisor quase o expulsou. Por sorte, foi despedido antes que Hank saísse.

"Por que ele me tratava assim? Por que ele tinha de tratar *qualquer um* assim? Não é óbvio que as pessoas não trabalham bem quando são exploradas?", Hank perguntava, exasperado.

Criar um clima conectado no ambiente de trabalho não só deixa os funcionários mais felizes, como impede que eles saiam ou percam o estímulo. Podemos achar graça da meta de felicidade no trabalho. A linha de montagem de Henry Ford, afinal de contas, não estava repleta de operários felizes. Mas o ambiente de trabalho atual, na nossa economia baseada no conhecimento, exige muito mais do intelecto do que a linha de montagem exigia. A produtividade depende mais da prontidão e da criatividade do que do desempenho mecânico. Daí que o gerenciamento mental de cada funcionário passou a ser a principal preocupação de gerentes mais esclarecidos do país.

Vou lhe dar mais um exemplo. O Departamento de Química da Universidade de Harvard, especialmente o programa de graduação, pode ser comparado a um ambiente de alta-pressão. Os mais de trezentos alunos de pós-graduação e pós-doutorado estão todos se esforçando para produzir pesquisas importantes. A competição é forte e aposta-se tudo. Todos são extremamente inteligentes — há cinco prêmios Nobel no departamento — e todos trabalham muito. A ciência não perdoa. Ou você consegue resultados ou não. Todos estão competindo por porções limitadas do dinheiro dos patrocinadores, e os financiamentos precisam ser disputados ano após ano. Mas professores e alunos não estão competindo apenas por dinheiro; eles brigam também por aquele prêmio mais difícil de conquistar: novo conhecimento. Quem fará a próxima grande descoberta? E quem ficará com o crédito?

Neste clima intenso, coisas ruins podem acontecer. No verão de 1998, aconteceu uma coisa terrível. Um dos alunos de pós-graduação se suicidou. Era um dos estudantes mais talentosos, um daqueles cujo futuro prometia ser fantástico. Ele ia bem, muito bem, mas um dia se matou.

Em decorrência desse suicídio, o presidente do departamento de química, Jim Anderson, veio me consultar. Ele e um dos seus alunos de pós-graduação tinham lido o meu livro sobre preocupação e encontrado nele algumas idéias que pensavam seriam úteis para o departamento.

Na consulta com Jim Anderson, encontrei um homem que desejava mudar o modo como as coisas sempre tinham sido feitas. Estava profundamente preocupado porque o departamento não fazia o suficiente para cuidar do desenvolvimento emocional dos alunos de pós-graduação e pós-doutorado. "Quero que o suicídio de Jason conduza a algo melhor", ele me disse. "É hora de reavaliarmos o nosso modo de trabalhar."

Semanas depois, Jim, com assessoria e consentimento dos outros integrantes do corpo docente, tinha feito mudanças estratégicas na estrutura do departamento de química. Ele modificou o sistema de orientação para que cada aluno tivesse três orientadores em vez de um só. A intenção era acalmar o relacionamento, às vezes tenso, que pode se criar entre um orientador e um determinado graduando.

Ele também tomou uma série de medidas para melhorar a comunicação, o contato e o apoio entre alunos e professores. Começou a se reunir regularmente com cada turma de alunos de pós-graduação e pós-doutorado para descobrir quais eram os seus interesses específicos. Conseguiu que o departamento pagasse sessões de psicoterapia para quem estivesse interessado. Embora Harvard tenha um serviço de saúde universitário, ele é dirigido como uma HMO, portanto a psicoterapia é limitada. Ele me pediu também para dar uma palestra para todos os alunos de pós-graduação e pós-doutorado sobre modos práticos de se lidar com o estresse, e depois a redigisse como um breve documento para ser distribuído por todo departamento. (Está anexado ao final deste capítulo.) Ele marcou uma série de palestras, para os recém-formados do departamento, sobre várias opções de carreira disponíveis aos pós-graduados de Harvard. Informou que sua porta estava aberta para quem quisesse discutir algum problema e, na verdade, nunca vi sua porta fechada. Começou a dar mais importância às reuniões sociais do departamento; por exemplo, contratou um quarteto de cordas para tocar na festa de Natal e o serviço ficou por conta de um excelente bufê de Cambridge. E instituiu uma tradição de jantares servidos na biblioteca do departamento, no sistema de bufê, a cada duas semanas, para quem quisesse comparecer. Muitos quiseram.

Eu participei de um desses jantares. Tendo estudado em Harvard, eu sabia como essas bibliotecas de departamento eram formais. NÃO É PERMITIDO COMER NEM BEBER costumavam dizer os cartazes. Não sob a direção de Jim Anderson. Ele enchia a biblioteca de comida, e boa comida por falar nisso, e dizia aos 250 estudantes que compareciam para não fazerem cerimônia. Quando você ia ver, havia grupos de alunos comendo por toda a biblioteca, sentados nas mesas, no chão, nos recantos isolados para estudo, por toda parte. Eu via a conectabilidade se espalhando pelo departamento como uma reação química, catalisada por Jim Anderson, movida pelo desejo natural das pessoas de estarem juntas. Apesar do suicídio, ou talvez por causa dele, no Natal o clima no departamento, pelo que pude ver, estava mais positivo e conectado. Todos os alunos com quem falei confirmaram esta observação. A vida não estava livre de estresse — na verdade, o estresse era altíssimo —, mas pelo menos os alunos se sentiam menos sozinhos.

As diversas medidas que Jim tomou estavam todas voltadas para dar mais apoio emocional à experiência da pós-graduação. "Muitos destes alunos são bastante machistas", ele me disse. "Combina com a área da química. Eles não vão pedir apoio se isso não fizer parte da cultura. Alguns a rejeitam ativamente, dizendo que preferem fazer as coisas da maneira mais difícil. Mas eu quero oferecer esse apoio, pelo menos. Já é hora." Já é hora em toda parte, eu acrescentaria.

Os primeiros resultados foram promissores. Os alunos gostaram. O tempo dirá exatamente que impacto o novo programa de Jim terá causado, mas passados alguns meses professores e alunos aprovavam as mudanças. Um dos alunos de pós-graduação até me disse: "As outras universidades deveriam ter isso como modelo."

Esteja você falando do Departamento de Química de Harvard, de um escritório jurídico na cidade grande ou alguma corporação de alta tecnologia, o gerenciamento de mentes sob estresse está se tornando prioridade máxima nos ambientes de trabalho no mundo inteiro.

O modo de lidar com esse problema varia de um local de trabalho para outro, mas a conexão positiva no ambiente de trabalho sempre reduz o estresse, ajuda a impedir o desânimo e permite que as pessoas funcionem da melhor maneira possível.

Se você não tem isso no seu trabalho, faça a proposta. A conexão no trabalho vai fazer você viver mais e trabalhar melhor. Os dados comprovam.

O que vem a seguir é o breve documento sobre administração do estresse que preparei para o Departamento de Química de Harvard. A intenção foi torná-lo simples, prático e objetivo. Meu esforço foi o de propor medidas que funcionem e que possam ser adotadas por qualquer pessoa.

PERGUNTAS E RESPOSTAS SOBRE OS CUIDADOS E A MANUTENÇÃO DO CÉREBRO HUMANO PARA O DEPARTAMENTO DE QUÍMICA DE HARVARD

P: Por que devo me preocupar com isto?
R: A atenção às nossas bases emocionais leva a um aumento de produtividade, assim como a uma sensação maior de bem-estar. Os riscos de se ignorar a vida emocional são semelhantes aos de

se ignorar o gemido do motor do carro ou uma dor no peito; o carro enguiça e o coração pára. Pessoas normais, assim como os carros, precisam de cuidados e manutenção.

P: Até em Harvard?

R: O estresse é comum, na verdade inevitável, entre pessoas muito inteligentes e criativas, como os estudantes de pós-graduação de Harvard. Quanto mais ambicioso e agressivo for o programa do qual você participa, mais probabilidade existe de você ter de enfrentar o atrito provocado pelo estresse, como o carro em grande velocidade o tempo todo. Reconhecer isso é ser forte e sábio, não fraco e choramingas. Você jamais dirá a alguém que levou o carro para a revisão para calar a boca e parar de se queixar.

P: É comum haver problemas relacionados com estresse num lugar como Harvard?

R: Muito comum. Virtualmente, todos os membros da comunidade de Harvard se sentiriam melhor se ampliassem suas bases emocionais.

P: O que sinaliza desgaste do sistema emocional?

R: Redução da produtividade, baixo desempenho, perda de interesse por atividades antes interessantes, aumento da irritabilidade, fadiga, insônia, perda ou ganho de peso, desmotivação e insegurança, atitudes mais pessimistas e cínicas, declínio da eficiência mental e da capacidade de concentração, menos criatividade, tendência para ver críticas e rejeição onde não se pretendeu isso, pensamentos sombrios (até suicidas) recorrentes, aumento da autocrítica, preocupação excessiva, tendência a se afastar dos outros e recusar ajuda quando ela é oferecida, queixas físicas variadas que não cedem a um diagnóstico médico.

P: Se eu sentir alguns desses sintomas, como vou saber se estou tendo um problema — se não foi apenas um mau dia ou uma semana ruim?

R: Se qualquer um desses sintomas ocorrer com suficiente intensidade e duração a ponto de impedir o seu desenvolvimento pessoal ou profissional, então vale a pena adotar medidas corretivas.

P: Que medidas corretivas posso tomar?

R: . *Jamais se preocupe sozinho.* Converse com alguém de sua confiança. Um amigo. Seu orientador. Um parente. Qualquer pessoa com quem se sinta à vontade. Esta é uma boa medicina preventiva, assim como um bom tratamento para as fases ruins quando elas chegam.

. Vá aos fatos. Com muita freqüência o estresse e a preocupação são produto da imaginação, não da realidade, particularmente no caso de pessoas criativas trabalhando sozinhas. Nós (como escritor experimento isso o tempo todo) temos a tendência de imaginar todos os tipos de conseqüências ou de julgamentos negativos que simplesmente não têm nenhuma base na realidade exterior. Nós pegamos um tiquinho de realidade e a exageramos e ampliamos em nossas imaginações até transformar uma observação casual numa profecia apocalíptica. Fique com os fatos.

. Durma o suficiente.

. Coma bem. Não pule o café da manhã. Procure incluir alguma proteína no desjejum.

. Faça bastante exercício. Essa é uma das melhores coisas que você pode fazer pelo seu cérebro.

. Reze ou medite. Aprenda a se colocar mentalmente num lugar calmo e a desligar a sua voz crítica.

. Aprenda a falar bem com você mesmo.

. Monte um plano para atacar a sua preocupação; não seja a vítima passiva e não deixe a preocupação atacá-lo.

. Quando se sentir estressado, não se retraia. Conte aos outros.

. Não seja machista no que se refere à sua vida emocional. Isso é tão errado quanto dirigir com um pneu careca.

. Mantenha o seu sistema de apoio. Dedique um tempo aos amigos. Você pode continuar sendo um aluno de pós-graduação enlouquecido, frenético, entusiasmadíssimo e ter tempo para dizer um alô para um amigo ou mandar um e-mail para o seu velho mentor em casa. É bom para você sentir-se conectado.

. Lembre-se de que para ser produtivo o tempo todo sem desanimar é imprescindível aprender a administrar a sua mente — não apenas ficar açoitando-a para produzir cada vez mais.

. Mantenha o senso de humor. Ria muito. A vida é divertida.

- Não use álcool ou outras substâncias como remédio para o seu estresse e preocupação. É bom beber, mas não use a bebida para se automedicar.
- Apanhe bastante sol. Quem trabalha em ambientes fechados horas seguidas pode desenvolver uma depressão baseada apenas na insuficiência de luz solar. Se não puder sair para apanhar sol, existem no mercado lâmpadas que lhe darão o tipo de luz necessária.
- Faça pequenas pausas para se exercitar quando estiver fazendo hora extra. Por exemplo, suba e desça correndo as escadas algumas vezes, ou dê uma caminhada rápida pelo quarteirão. Assim você aperta a tecla de reinicialização do seu cérebro.
- Coloque música no ambiente de trabalho, no seu laboratório ou escritório. Escolha a de sua preferência. Os especialistas em efeitos da música sobre o cérebro recomendam Mozart.
- Peça a um amigo ou colega para massagear seus ombros de vez em quando. O estresse tende a se acumular no músculo trapézio (atrás do ombro).
- Não hesite em procurar ajuda profissional. Atualmente existem remédios muito bons para a preocupação tóxica, depressão e excesso de ansiedade. Tanto a psicoterapia (não a eterna) quanto a nova geração de medicamentos funcionam bem.
- Não fique muito tempo na Internet. Um estudo recente pela Carnegie Mellon relatou que um período de até uma hora por semana on-line estava associado a um aumento de sentimentos de solidão e depressão. Cuidado com a tendência que vejo o tempo todo entre meus pacientes muito inteligentes, viciados no seu computador pessoal e na Internet.
- Um corolário do item anterior: evite o excesso de televisão. Isto também embota o cérebro. Especialmente, não consumir notícias demais, via TV, imprensa ou qualquer outro meio. As notícias são perturbadoras. Têm de ser, para chamar a sua atenção. Resista.
- Contrate especialistas para ajudá-lo. Não tenha medo de pedir ajuda — seja em química, administração financeira ou para lavar roupa. O estresse aumenta quando você se sente incompetente numa tarefa em particular.
- Queixe-se. Queixar-se — para a pessoa certa — é bom para a alma.

- Não invoque diagnósticos morais. Em outras palavras, não se chame de fraco ou covarde se estiver se sentido triste, preocupado ou melancólico. Pense nessas emoções como os ruídos do motor do seu carro. Investigue, não os censure. A melhora vem com o conhecimento, não com auto-acusações.
- Cante, assobie, sorria. Parece ridículo, mas o estresse diminui quando você canta. É difícil ficar aflito e assobiar ao mesmo tempo.
- *Jamais se preocupe sozinho.* Uma repetição do primeiro item, porque é o mais importante desta lista.

P: E se essas medidas não forem suficientes?
R: Ajuda profissional pode fazer uma grande diferença. O University Health Services está sempre disponível. Você pode também ligar para o dr. Hallowell e se consultar com ele, ou pedir uma indicação. O departamento pagará por este serviço. O telefone é 781-643-0728. O e-mail é EHallowell@aol.com.

DEZ

Trabalho, parte II:

O VALOR DO MOMENTO HUMANO

O DIRETOR FINANCEIRO DE UMA empresa internacional de consultoria está com o celular grudado no ouvido enquanto espera a próxima ponte aérea que sai de La Guardia para Boston. Ele escuta as mensagens acumuladas desde a última vez que ligou, faz três horas. Depois de fechar o fone, ele se senta para esperar o seu avião, e começa a remoer as idéias. Um detalhe em uma das mensagens lhe chamou a atenção — um valioso funcionário tinha pedido transferência para outra divisão. Perguntas ricocheteavam dentro da sua cabeça a uma velocidade supersônica: "E se o funcionário ficar se queixando para todo o mundo na empresa dizendo que pediu para ser transferido porque sou um péssimo chefe? E se o funcionário estiver planejando levar a equipe junto com ele? E se, e se...?" O CFO se perde num assustador cipoal de improváveis — mas possíveis — conseqüências, um cipoal que vai embaralhar sua mente a viagem inteira até Boston. Assim que ele chega em casa, dispara um e-mail, esboçando as suas recentes preocupações para o funcionário, e ansiosamente aguarda uma resposta, que, ao chegar no dia seguinte, só o deixa ainda mais aflito por sua ambigüidade. Mais ruminações se seguem, ficando difícil a concentração no trabalho daquele dia à medida que este novo problema imaginário vai assumindo enormes proporções na mente do CFO.

Nota: uma versão deste capítulo, com ligeiras diferenças, foi publicada originalmente em *Harvard Business Review*, jan.-fev. de 1999.

Em outro cenário, um talentoso gerente de marcas de uma empresa de aparelhos eletrônicos está ficando cada vez mais alienado dentro de uma organização grande e influente. O problema começou quando a chefe de divisão demorou vários dias para responder a um telefonema seu. Ela disse não ter recebido a mensagem, mas aí o gerente de marcas notou que não tinha sido convidado para uma reunião importante com uma nova agência de publicidade. Ele pensa: "Tem alguma coisa errada no meu desempenho?" O homem quer falar sobre isso com a gerente de divisão, mas parece que nunca surge a oportunidade. Todas as suas comunicações chegam via memorando, e-mail ou voice mail. Estas eles trocam com freqüência. Mas quase nunca se encontram. Um dos motivos, seus escritórios estão 80 quilômetros distantes um do outro, e além do mais ambos estão sempre viajando. Nas raras ocasiões em que se encontram pessoalmente — de passagem num corredor ou no estacionamento — é inadequado ou impossível discutir preocupações complexas. E assim as questões persistem em estado latente.

Nesses cenários, a ansiedade em que se consomem o CFO e o gerente de marcas tinham um antídoto simples: conversar. O CFO e o seu funcionário de partida, assim como o desencantado gerente de marcas e sua chefe que nunca parava no mesmo lugar, precisavam se reconectar — pessoalmente. Eles precisavam se cumprimentar com um aperto de mão, sentar em suas cadeiras, olhar bem no olho um do outro, colocar em dia assuntos pessoais de suas vidas, até rir juntos. Eles precisavam experimentar *o momento humano*: uma conversa cara a cara. Dei um nome ao momento humano porque ele começou a desaparecer da vida moderna.

O que exatamente é o momento humano? Os dois pré-requisitos são: 1) a presença física das pessoas e 2) a atenção delas. Só isso. Duas ou mais pessoas juntas prestando atenção uma na outra criam um momento humano. A presença física apenas não basta; você pode passar dez horas dentro de uma avião, ombro a ombro com alguém, sem ter um momento humano a viagem inteira! E atenção apenas não é o suficiente; você pode dar atenção a alguém ao telefone, mas isso não é um momento humano.

Momentos humanos são poderosos e requerem energia. É por isso que devem ser usados com critério — é raro a pessoa que consegue agir eficazmente num momento humano durante horas a fio! (Na verdade, alguns pacientes meus padecem, não de deficiência do momento humano, mas de excesso!) O momento humano pode ser rápido, eficiente e curto. Não precisa ser emocional ou tocante. Uma conversa de cinco minutos pode fazer toda a diferença do mundo se as partes participarem ativamente. Para que ele funcione, você deve deixar de lado o que está fazendo, baixar o memorando que está lendo, desligar-se do seu laptop, abandonar suas divagações, e concentrar a sua atenção na pessoa com quem está. Em geral, quando você faz isto, o outro (ou outros) sentirá a energia e responderá em espécie, naturalmente. Se não responder, você se sentirá frustrado e desapontado. É por isso que os momentos humanos são tão exaustivos, aborrecidos e contraproducentes quando não funcionam bem, e esta é uma das razões pelas quais muita gente os evita. Mas se a outra pessoa (ou pessoas) reagir, você está bem. Vocês criam rapidamente um campo de força de energia excepcional.

Um momento humano é capaz de promover atividade criativa muito tempo depois que as pessoas envolvidas se despediram e foram embora. Nesse sentido, o momento humano é como a ginástica: seus benefícios se fazem sentir mesmo depois que ela termina. Mas não duram para sempre. Para continuar a ter os benefícios que o momento humano (ou a ginástica) proporciona, você deve praticá-lo com regularidade. Mas isto não é difícil, porque é estimulante e, em geral, agradável.

Todos nós conhecemos o impacto do momento humano; infelizmente, todos nós podemos estar prestes a descobrir o poder destruidor da sua ausência. Não estou falando como executivo, mas como psiquiatra que trata de pacientes com distúrbios de ansiedade há quinze anos. Minha pesquisa não está quantificada, mas posso dizer sem sombra de dúvida que praticamente todos aqueles a quem atendo me procuram por causa de alguma deficiência de contato humano. Na verdade, sou cada vez mais procurado porque as pessoas se sentem sozinhas, isoladas ou confusas no trabalho. Elas se sentem ilhadas.

Certamente, as pessoas se sentiram solitárias no trabalho no passado. Nas primeiras fábricas de Henry Ford, não havia sessões de encontros em que as pessoas pudessem falar abertamente do que sentiam e pensavam. Mas, a partir da década de 1950, o trabalho ganhou um lugar central na vida emocional das pessoas. Tornouse uma expectativa no ambiente de trabalho as pessoas conversarem umas com as outras, e até irem praticar um esporte juntas no final do dia. E, quando era hora de entrar em contato com clientes ou fornecedores distantes, pegava-se um avião. As reuniões aconteciam pessoalmente. Sim, elas consumiam tempo e dinheiro. Mas também promoviam a confiança e um certo nível de conforto. E, aliás, eram também mais divertidas.

Recentemente, porém — digamos nesses últimos dez anos —, mudanças tecnológicas tornaram muitas das interações face a face desnecessárias. Estou falando de voice mail e e-mail, principalmente — modos de comunicação de via única e eletrônicos. A interação face a face também foi vítima da *virtualidade* — gente que trabalha em casa ou, então, fora da empresa. Eu certamente não vou tentar defender a idéia de que essas mudanças sejam ruins; só um retrógrado faria isso. E, na verdade, ninguém planejou exatamente assim; está apenas acontecendo como uma coisa natural, com a inevitabilidade da água que escorre morro abaixo. Temos a tecnologia, portanto a usamos.

De fato, muitas dessas mudanças são boas. Estão tornando a nossa vida muito melhor, na sua maior parte. Eu mesmo usufruo todos os dias da eficiência e da liberdade que nos dão o voice mail e o e-mail. Comunico-me com as pessoas quando e onde eu quero. Como viajo pelo país dando palestras, estou em dia com as mensagens dos meus pacientes e com o que acontece no meu consultório através do voice mail, e acesso a Internet dos quartos de hotel para recolher meus e-mail todos os dias. Como a maioria das pessoas, não sei como conseguiria resolver-me sem estas ferramentas (que aprendi a usar apenas nesta última década!).

Mas, na minha opinião, existe um problema na perda do momento humano que não pode ser ignorado. Seres humanos precisam de contato humano para sobreviver, e certamente prosperar. Eles precisam disso para sua acuidade mental, assim como do bem-estar emocional. Afirmo isso depois de escutar e aconselhar literalmente milhares de pacientes cujos empregos perderam o momento humano. E digo isso com base em fortes evidências da área da ciência mental.

Vamos falar primeiro dos meus pacientes, gente que vejo todos os dias. Mais especificamente, vamos falar do que eles sentem que está faltando. Deve lhe parecer familiar, pois parece que todos sabem como é vital, revigorante, e muitas vezes eletrizante, uma reunião pessoal. Você se encontra com um colega para discutir um determinado projeto e os dois aparecem com uma pauta em mente mas, sem nem perceberem como, uma observação casual dispara uma resposta não planejada. De repente, vocês estão discutindo outras preocupações e se dando mutuamente informações que detonam novas associações à medida que vocês pulam de um determinado problema para falar dos filhos, depois da tecnologia educacional mais recente; e, aí, entre dois goles de café, um de vocês pensa alto: "Por que não desenvolvemos esse software?" Vocês interrompem e sobrepõem frases, que rapidamente se tornam meias frases ou palavras isoladas, e a energia aumenta quando cada um de vocês pega na sua pasta um outro documento ou fragmento de idéia que acende ainda mais o entusiasmo no outro, que leva ambos a incrementar suas idéias mais um pouco, até um de vocês se erguer da cadeira e bater com o punho fechado na outra mão e dizer: "É isso! Podemos fazer isso!" Tal cena acontece porque uma energia extraordinária impregna o momento humano, energia que está ausente em todos os outros tipos de comunicação — em particular, os eletrônicos.

Na ausência do momento humano, a mente se torna vulnerável. Vou dar alguns exemplos de como as coisas podem dar errado quando o momento humano fica em segundo plano.

Harry, um sócio sênior de um escritório jurídico de Boston, e meu paciente, estava representando um banco num acordo imobiliário complicado com o incorporador de uma propriedade comercial. Muitos detalhes do acordo estavam sendo resolvidos por e-mail entre Harry e o consultor do incorporador. Num determinado momento-chave, quando surgiu um detalhe técnico, o consultor mandou um e-mail para Harry. "É claro que o seu cliente não vai entender isso, porque não vai compreender o que estamos falando." Quando o cliente de Harry leu esta mensagem, no meio de outros documentos, ficou furioso e esteve a ponto de cancelar o acordo. Na tentativa de melhorar as coisas, Harry foi falar com o outro advogado, que se espantou ao saber que a sua mensagem tinha sido tão mal interpretada. "Eu estava querendo fazer ironia!", o advogado exclamou horrorizado. "Seu cliente é um especialista na área — dizer que ele não sabia do que estávamos falando foi uma brincadeira. Não acredito que tenha causado todo esse mal-entendido!"

Harry estava tentando entender as suas intenções e me perguntava se tinha tido algum desejo inconsciente de fracassar ao deixar que a mensagem chegasse ao conhecimento do cliente. Mas o verdadeiro problema não era o inconsciente de Harry, mas o modo de comunicação. O acordo se salvou — mas quase se perdeu, porque e-mail é uma coisa tão diabolicamente fácil de ser mal interpretada. Ele não tem nenhuma das dicas não-verbais, como a linguagem corporal, tom de voz e expressão facial, tão importantes para a compreensão correta, especialmente entre pessoas sofisticadas com inclinação para sutilezas, ironia e espirituosidade. É por isso que eu, como psiquiatra, em geral me recuso a dar consultas por telefone — muito menos por e-mail!

Num nível mais profundo, a negligência do momento humano pode causar danos permanentes. Tratei recentemente de um homem — vamos chamá-lo de Zack — que me procurou porque acordava no meio da noite preocupado com a empresa que tinha acabado de vender por 20 milhões de dólares.

— O que está acontecendo de errado? — perguntei.

— Eu pretendia ficar na empresa pelo menos mais uns dois anos, mas estou preocupado porque acho que não vai ser possível. Não consegui lidar com o COO. Ele está no Texas, onde fica a sede, e eu, em Boston, e ele não pára de mandar e-mails com listas de coisas que quer que eu faça. Pode parecer mesquinho, mas o modo como ele se expressa me deixa louco. Quando vendi a empresa, sabia que o meu papel ia mudar, mas isto é totalmente degradante.

— Pode me dar um exemplo? — eu quis saber.

— Lógico. Liguei meu computador na segunda-feira e recebi um e-mail que dizia simplesmente: "Última comunicação inaceitável. Refaça." Enviei de volta um e-mail pedindo detalhes. Ele retornou: "Não tenho tempo para explicar. Não pode imaginar o que seja?" De repente, eu estava me sentindo como um garoto de escola. Mas procurei ser superior. No dia seguinte, ele me mandou uma mensagem: "Seu pessoal aí tem de trabalhar mais no final de semana." E aí comecei a perder o sono. Foi quando minha mulher me disse para procurá-lo.

— É o jeito deles de se livrarem de você? — indaguei.

— Parece que sim, não é? Mas o fato é que eles precisam de mim. Eles sabem disso. Mas não consigo lidar com isto.

— Você pode falar com o COO? — continuei.

— Ele é evasivo. Quando nos encontramos, ele é educado mas pouco substancial. Os estragos, ele faz por e-mail. Tudo que é questionável.

Apesar de Zack estar determinado a fazer a transição e ficar na nova empresa, aos poucos a sua resolução foi se abatendo, conforme ele se sentia cada vez mais em disputa com a sede, particularmente com o COO. Zack começou a se preocupar com o trabalho em vez de sentir prazer no que fazia. Não parava de pensar na direção e no propósito da empresa, questões sobre as quais estava confiante quando fez o negócio. "Eu me transformei num sujeito que se preocupa, em vez de um solucionador de problemas", ele me disse. "Eu nunca fui assim."

Quando Zack apresentou a sua carta de demissão, viu-se submerso por uma avalanche de evidências de que a empresa queria que ele ficasse. Mas, aí, o mal já estava feito. Seu coração não estava mais ali, ele estava interessado em novas idéias para outros negócios, capitalistas interessados em investimentos de risco começaram a procurá-lo assim que ele deixou vazar a sua insatisfação, de modo que as tentativas da empresa para mantê-lo se mostraram um pouco atrasadas demais.

Quando discutimos a sua renúncia, ele me contou como teria sido fácil para a empresa continuar com ele se ele tivesse sentido que estava sendo apenas tratado com respeito pelo COO. "Meus problemas realmente se resumiam àquelas interações por e-mail. A ironia é que o COO precisava de mim."

Era como se o COO não conseguisse lidar com seus sentimentos competitivos; então, em vez de tratar pessoalmente com Zack, ele pegava no seu pé por e-mail. Eu até levantaria a hipótese de que o COO era um tanto passivo-agressivo. Ele usava o e-mail como uma arma para as suas emoções negativas e iradas. Pessoalmente, ele teria de se submeter, se você prefere, às convenções sociais. Seus sentimentos ocultos seriam forçados a virem à luz.

O momento humano, portanto, é um regulador: quando suprimido, os instintos primitivos das pessoas levam a melhor. Assim como no anonimato de um automóvel pessoas estáveis podem se comportar como loucas, também num teclado elas podem ser rudes e abruptas, como o COO de Zack.

Menos drásticos, porém mais comuns, são os casos das pessoas que me procuram porque se sentem simplesmente exaustas de todas as interações não humanas que preenchem seus dias. "Sinto que estou perdendo neurônios e a capacidade de ouvir e interagir com pessoas vivas", disse Alex, executivo de um sistema de plano de saúde. Ele veio se consultar comigo porque achava mesmo que estava perdendo a memória. "Trinta a 40 por cento do meu trabalho é feito por meio de mensagens por voice mail, siga-me ou e-mail. Acho que o meu cérebro não está mais funcionando direito."

Uns poucos testes simples feitos no meu consultório revelaram que o cérebro de Alex estava em ótimas condições. Mas o seu modo de trabalhar não estava permitindo que ele funcionasse na sua melhor forma. Alex não estava levando em conta o que o seu cérebro precisava para funcionar com fluência. Era como se ele subisse correndo dez lances de escada e depois achasse que tinha alguma de coisa de errado com ele porque precisava parar um pouco para tomar fôlego! A maioria das pessoas perde eficiência mental se fica grudada na tela, on-line ou ao telefone durante muito tempo, assim como a maioria tem falta de ar depois de subir dez lances de escada correndo. Alex precisava fazer o equivalente mental do ato de tomar fôlego. Precisava refrescar a mente com um pouco de exercício (como caminhar) ou, melhor ainda, com um ou dois minutos de conversa com um ser humano! Tanto o exercício quanto o momento humano reabastecem o cérebro, que pode estar com fome de momento humano tanto quanto de oxigênio. (É por isso que castigos como exílio ou prisão em solitária são tão dolorosos.) Nem todo o café do mundo resolve o estado de apatia cerebral que muita gente que trabalha como Alex sente lá pelas três horas da tarde.

Pode ser que o desaparecimento do momento humano esteja na base da preocupação e do estresse que meus pacientes cada vez mais relatam sentir no trabalho. Os seres humanos têm uma flexibilidade notável e são capazes de lidar com quase tudo, desde que não fiquem isolados demais. Meus pacientes, de profissões as mais diferentes, me dizem entretanto que, apesar de estarem hiperconectados eletronicamente, estão perdendo o contato pessoal direto o tempo todo.

"Não falo mais com pessoas ao vivo. Só faço receber memorandos e diretrizes", Ray, um administrador de sistemas sênior de uma grande companhia de investimentos, me contou. Ray tinha me procurado para saber se estava sofrendo de esgotamento. "Não é que eu não goste do meu trabalho. Eu gosto. E a minha empresa gosta de mim. Sou um técnico que sabe falar. Isso me torna valioso. Mas quando fico isolado como estou agora, começo a ter idéias esquisitas. Minha imaginação fica enlouquecida. Começo a me preocupar com meu desempenho, embora saiba que é excelente, e se sou apreciado pelo que faço, mesmo sabendo que sou, e depois fico ressentido intimamente. Fico irritadiço e menos eficiente."

Quando lhe perguntei se era capaz de me dar um exemplo, ele me contou a seguinte história. "Um sujeito me mandou um e-mail que dizia: 'Não conseguimos acessar o seguinte aplicativo, e precisamos saber por quê' e mandou uma cópia para o supervisor só para mostrar que estava fazendo alguma coisa para resolver o problema. O que me intrigou foi a expressão *e precisamos saber por quê*. Se ele tivesse falado pessoalmente comigo, poderíamos ter solucionado o problema, mas não, eu recebi aquele e-mail em tom peremptório, e com cópia. Minha reação imediata é *devolver*. Então eu escrevo um e-mail em tom oficioso, com cópia para um monte de outras pessoas, incluindo o seu supervisor, explicando que eu havia apresentado uma etiqueta de mudança de gerenciamento, e que se ele tivesse comparecido à reunião onde isso foi discutido saberia do que se tratava e nem teria tentado acessar o aplicativo. Não gosto do que fiz. Exagerei. Tornei-me o adversário daquele sujeito em vez de resolver o problema. Mas senti-me forçado a isso. Vou continuar, cada vez mais, tendo esse tipo de atitude. Estou com algum problema?"

Minha resposta é não, Ray não está com nenhum problema. O problema é a negligência do momento humano. Ray não precisava de um psiquiatra; precisava apenas que lhe confirmassem o que seus instintos básicos estavam lhe dizendo. O problema estava no modo de comunicação. À medida que o momento humano cede espaço ao eletrônico, a mente tende a ficar mais frágil, desregulada.

Nesse estado, a mente fica mais vulnerável à preocupação tóxica. Publiquei recentemente um livro sobre preocupação (*Worry: Controlling It and Using It Wisely*, Pantheon, 1997), e a minha pesquisa levou-me a distinguir entre a preocupação útil, boa, e a que é tóxica, destrutiva. A boa preocupação conduz ao planejamento construtivo e à ação corretiva, e é essencial para o sucesso em tudo que se faz. Mas a preocupação tóxica imobiliza o sofredor e leva à indecisão ou ação destrutiva. A pesquisa que fiz mostrou repetidas vezes que as pessoas com mais tendência para a preocupação tóxica são aquelas mais afastadas do contato com seres humanos ao vivo.

Por exemplo, alguém que está viajando e vivendo de e-mail e mensagens telefônicas, e que não tem o benefício de reuniões de equipe ou contato pessoal diário com os colegas, provavelmente vai se sentir isolado. Nesse isolamento, essa pessoa talvez desenvolva idéias erradas sobre o que está acontecendo na sede do escritório. Sentir-se isolado é como estar no escuro. É uma realidade da natureza humana que no escuro todos nós nos sentimos paranóicos. Experimente. Entre num quarto de noite e apague todas as luzes. O seu corpo inteiro reagirá. Mesmo que você conheça bem o lugar, provavelmente vai sentir um certo arrepio na nuca, imaginando quem pode estar ali espreitando num canto! O momento humano é como a luz num quarto escuro; ele ilumina cantos escuros e dispersa fantasias suspeitas. Sem ele, a preocupação tóxica aumenta.

Mas existem dados consistentes de que a falta do momento humano é ruim para as pessoas? Sim, uma quantidade enorme de dados, não apenas na área da psicologia, mas da medicina, da biologia, da antropologia e da epidemiologia também. Parte deles foi apresentada na Introdução e no Capítulo I. Na nossa cultura, temos muito orgulho da nossa auto-estima, mas ignoramos a nossa necessidade de associação nos momentos de grande perigo. Pessoas precisam de pessoas — pessoalmente — e a literatura científica está abarrotada de evidências disso.

Anos atrás, Rebe Spitz mostrou que os bebês que ninguém pegava no colo, acariciava e ninava, mesmo que tivessem pais que os alimentassem e vestissem, sofriam de retardo do desenvolvimento neurológico. Os estudos clássicos de Emil Durkheim sobre suicídio mostraram que o isolamento social, que ele chamou de *anomie*, era um importante fator de risco para o suicídio levado a termo. (Será que existe um tipo especial de anomia endêmica para o ambiente de trabalho virtual? E o antídoto seriam doses suficientes de momento humano?) Outras evidências da natureza especial do contato pessoal é que os filhos de pais surdos não aprendem a falar com ajuda de fitas gravadas ou da televisão: eles precisam ser colocados junto com outras crianças e adultos para aprender a usar a linguagem de forma correta. E os pesquisadores da Universidade McGill mostraram os efeitos extremamente tóxicos da privação sensorial; horas apenas num tanque de privação sensorial podem levar a uma sensação alterada da realidade, até ostensivas alucinações.

O primeiro estudo sobre o uso doméstico da Internet comprova a minha tese sobre a importância do momento humano. Conduzido por pesquisadores da Universidade Carnegie Mellon, este estudo acompanhou indivíduos durante dois anos e descobriu que as pessoas que ficavam on-line apenas algumas horas por semana experimentavam níveis mais altos de depressão e solidão do que as que ficavam on-line menos horas. Essas pessoas pioraram com o passar do tempo; em outras palavras, ficar on-line as deixou mais deprimidas e solitárias do que estavam no início do estudo.

O *New York Times*, numa notícia de primeira página sobre esse estudo, escreveu: "Com base nesses dados, os pesquisadores levantam a hipótese de que os relacionamentos mantidos a longa distância, sem contato pessoal face a face, não oferecem o tipo de apoio e reciprocidade que caracteristicamente contribui para uma sensação de segurança psicológica e felicidade, como poder cuidar dos filhos de um amigo numa emergência ou pegar uma xícara de café."

Também se mostrou que o apoio social prolonga a vida depois de um ataque cardíaco, aumenta a função imunológica, reduz o risco do resfriado comum e até acelera a cicatrização de feridas! A questão é que, num nível psicológico, *algo* indispensável acontece no momento humano.

O que exatamente é esse *algo*? Ainda não conhecemos a história toda, mas sabemos que o momento humano pode reduzir o nível dos hormônios do estresse, epinefrina, norepinefrina e cortisol na corrente sanguínea. Fora os hormônios do estresse que regulam a resposta do corpo a situações de perigo, a natureza também nos equipa com hormônios que promovem confiança e união (além dos hormônios sexuais). Em grande abundância nas mães que amamentam, esses hormônios estão sempre presentes em algum grau em todos nós, mas aumentam de nível quando procuramos tocar outra pessoa. Eles contribuem para os sentimentos naturais de empatia, cuidado e união que fluem dentro de todos nós de vez em quando. Estes hormônios, oxitocina e vasopressina, são fortemente estimulados no momento humano, face a face. Na verdade, uma das razões de ser mais fácil lidar com severidade com alguém via e-mail do que pessoalmente é que estes hormônios de união em geral não são estimulados *off-site*, por e-mail (embora possam ser por uma cena comovedora num romance). E um dos motivos de ser mais difícil para a maioria das pessoas sustentar uma atitude severa face a face é que o contato visual tende a estimular uma reação sensível, em parte devido à produção de oxitocina e/ou vasopressina. Isto ajuda a explicar os estudos citados no Capítulo I, mostrando que as conexões sustentadas prolongam a vida e promovem uma sensação de bem-estar.

É claro, nem todos os momentos humanos reduzem o estresse e promovem a confiança. Na verdade, algumas interações aumentam o estresse e reduzem a confiança, dependendo do que acontece num determinado momento humano!

Mas passamos melhor com ele do que sem ele. As evidências científicas apresentadas no Capítulo I ressaltam o valor do momento humano. O "Estudo sobre o Envelhecimento na América", da Fundação McArthur, por exemplo, conduzido ao longo dos últimos dez anos por uma equipe de eminentes cientistas do país inteiro e recém-terminado, mostrou que os dois principais fatores de previsão de bem-estar quando as pessoas envelhecem são a freqüência das visitas a amigos e a freqüência da participação em reuniões de organizações. A importância do momento humano é ainda mais ressaltada pela constatação de que, embora as pessoas com crenças religiosas vivam, em média, mais do que as que não têm essa fé, aquelas que realmente freqüentam serviços ou cerimônias religiosas vivem ainda mais do que as que simplesmente acreditam, sem participar pessoalmente de um culto.

Se a ciência provou que o contato humano pode prolongar a vida, reduzir o estresse, melhorar a saúde física — como se reflete em inúmeras medições — e intensificam uma sensação de bem-estar quando as pessoas envelhecem, isso não é prova de que a sua falta possa ter um efeito negativo sobre as pessoas no ambiente de trabalho?

Médicos — não apenas psiquiatras — vêem a comprovação disso todos os dias em seus consultórios. Estima-se que um terço de todas as consultas a médicos clínicos são motivadas não por uma necessidade médica, mas por estresse emocional. Cada vez mais as pessoas me procuram por causa de problemas que acabam se revelando, pelo menos em parte, relacionados com a falta de contato humano direto no trabalho. Por um lado, estas pessoas se deleitam com a conveniência proporcionada pelas comunicações eletrônicas, mas também se queixam cada vez mais de problemas relacionados diretamente com o fato de estarem afastadas da interação ao vivo com outras pessoas. Problemas como depressão, sensação de estar de fora, preocupação tóxica, desconfiança e crescente ceticismo, todos se originam da falta de contato humano.

Segundo me disse um CEO, "Alta tecnologia requer alto toque". Quando lhe perguntei o que queria dizer com isso, ele me explicou que faz parte da estrutura da política da sua empresa acrescentar na sua estrutura novos tipos de interações humanas sempre que ele cria escritórios virtuais. "Veja o que está acontecendo com os bancos por causa dos caixas eletrônicos. Você não conhece mais a Alice do outro lado do balcão, nem sabe quem são os agentes atrás das paredes de vidro; então, quando vai pedir um empréstimo não há familiaridade, não há confiança. Fica tudo muito mais difícil para ambas as partes. Isso quer dizer que os caixas eletrônicos são ruins? Claro que não. Mas significa que a indústria teve de pensar em novas maneiras de criar um alto toque que a alta tecnologia subtraiu." Chame você a isso de alto toque, como o CEO, ou de momento humano, como eu, estamos falando da mesma coisa.

Mas há boas notícias. Fora os problemas relacionados com a falta de momento humano, também encontrei muitos exemplos no mundo dos negócios atual onde o poder do momento humano está sendo bem utilizado.

Jack W. é um importante empreendedor imobiliário na área de Boston, com escritórios e interesses que na última década se tornaram internacionais. Ele dirige a sua grande operação a partir de um conjunto de salas localizadas no primeiro andar de uma casa com fachada de pedra na Back Bay, a que ele se refere como a "bat-caverna". Ex-jogador de futebol em Yale, Jack acha que o trabalho em equipe é a chave do sucesso da sua empresa. Quando lhe perguntei como fazia para lidar com o recente desenvolvimento da sua empresa, com a sua crescente diversificação, e a expansão do número de pessoas que trabalhavam para ele e as dimensões globais do que antes era apenas um empresa imobiliária de Boston, ele riu e me contou sobre o seu almoço das quintas-feiras.

"Há uns dez anos, percebi que não estava me encontrando com as pessoas com a mesma freqüência de antes. Comecei a ver que estava dando voltas, assim como todo o mundo. Estávamos perdendo alguma coisa importante. Eu nunca tinha chance de me sentar e conversar, e não era só eu. Como dependo de conversar com as pessoas, isso era muito ruim. Sendo um homem simples por natureza, decidi tentar uma solução simples. Instituí a prática de encomendar pizzas às quintas-feiras. Sei que esta não é uma técnica avançada de gerenciamento, mas funcionou. Mando vir um monte de pizzas e Coca-Cola — e água mineral, é claro — para a bat-caverna, e quem estiver ali naquele dia senta-se em volta da mesa de reuniões na minha sala e conversamos. Não existe pauta além da comida. O grupo, em média, chega a quinze pessoas, muda todas as semanas, mas existe um miolo de cinco ou seis que mantém a continuidade. Eles se reúnem mesmo quando não estou lá. Todos nós esperamos esse dia, não como uma reunião de negócios em si, mas como um fórum. As pessoas ficam sabendo das novidades umas das outras, discutem, trazem assuntos que não se encaixam em lugar algum, e funciona como mágica. Aquilo que estava faltando voltou a acontecer. As visitas comentam como é bom o nosso moral, como nos comunicamos bem, e me perguntam qual é o meu sistema. 'Pizza às quintas-feiras', é a minha resposta."

Enquanto o almoço de pizza de Jack W. era uma idéia simples, os grupos de desempenho de David P. eram consideravelmente mais complexos, e foram criados em condições bem mais adversas.

David dirige uma grande empresa de consultoria que presta serviços especificamente à indústria varejista de móveis. Há uns dez anos mais ou menos, ele descobriu que seus clientes estavam ficando cada vez mais isolados. Como ele diz, "Estamos numa indústria muito fragmentada. O comércio varejista de móveis domésticos ainda é composto basicamente de pequenas lojas de propriedade familiar. É o último dos negócios familiares, e passou por considerável consolidação. O problema é que tantos desses estabelecimentos hoje pertencem a cadeias de lojas que os representantes de vendas vão direto para as sedes das cadeias. Portanto, não existem mais cinco lojas para ver na cidade. Três ou quatro delas agora pertencem a uma cadeia, e você consegue uma loja importante que se manteve independente, se conseguir. Ora, esse sujeito não está recebendo nenhuma atenção. E, com os catálogos enviados a distância, ele nem precisa de representantes de vendas. Portanto, ele não está tendo acesso às informações confidenciais que os representantes costumam fornecer. E não está tendo o aspecto social dessas visitas que costumavam lhe dar apoio. Antes, você sabia pelos representantes que paravam na sua loja o que estava acontecendo no mercado. E muitos desses relacionamentos eram bastante íntimos. Ora, com a proliferação das cadeias, os grandes independentes, as lojas de um-a-quatro-milhões de dólares, estão cada vez mais isolados.

Vendo no isolamento que os lojistas estavam enfrentando a raiz do problema, David queria iniciar o que chamava de *grupos de desempenho*: grupos de lojistas independentes de diferentes partes do país que se reuniriam três vezes por ano para falar de negócios e, implicitamente, oferecer apoio. Mas quando ele apresentou a sua idéia aos colegas na sua empresa de consultoria, riram dele. "Você acha que esses caras vão se abrir e falar sobre os seus problemas nos negócios diante de um grupo? Você deve estar brincando!" Os associados de David acharam a idéia ridícula, especialmente devido à natureza notoriamente preservada, privada, dos varejistas de móveis independentes. Embora esse contato e essa comunicação possam ser necessários, os colegas de David achavam que era uma coisa impossível de acontecer.

Mas David persistiu. Numa última tentativa, ele saiu e abriu uma nova empresa, irmã do seu escritório de consultoria, e encontrou gente que acreditava na sua visão para trabalhar com ele. Sabia que a indústria automotiva tinha usado o que chamavam de *grupo dos vinte* (assim denominados porque cada grupo tinha, no máximo, vinte pessoas) desde a década de 1930, quando revendedores independentes perceberam que seria uma boa coisa se eles se reunissem para discutir seus problemas e preocupações. "E então eu procurei meus clientes e disse: 'Olhem, vou criar esses grupos de desempenho para vocês se reunirem três vezes por ano com outros varejistas do resto do país. Facilitaremos as reuniões para garantir que vocês cumpram suas agendas, que nenhum ego domine as reuniões e que as pessoas que falam demais não falem tanto, e as que não falam pelo menos contribuam. Vocês vão ter de nos apresentar declarações financeiras e estar dispostos a dividir essas declarações com o resto do grupo.' É essa revelação total de suas finanças que dez anos atrás as pessoas jamais fariam. Hoje, temos gente em nossos grupos que diz que seus pais se contorceriam nos túmulos se soubessem que estavam passando adiante informações financeiras da sua empresa. Mas isso gera confiança e união. E eles têm um acordo de não concorrência. Eles se reúnem com outros varejistas de diferentes partes do país três vezes por ano durante dois dias e compartilham as suas melhores idéias, comparam desempenhos e se dão mutuamente o apoio de que precisam."

Não só David enfrentou a resistência da sua própria empresa, o que ele resolveu simplesmente abrindo outra, como ele teve de vender a sua idéia sobre o poder do momento humano a um grupo de clientes altamente céticos. Por que eles a compraram? Como diz David, "Só se aceita a dor da mudança quando deixar como está dói mais. Pode ser um pouco difícil pedir ajuda, mas, diante da ameaça da concorrência que existe hoje em dia, um número cada vez maior de pessoas está descobrindo que precisa desse tipo de assistência. Mas elas não querem abandonar seus negócios e também não querem vender suas almas a quem não confiam. O grupo de desempenho lhes permite falar com quem conhece o negócio e conhece as tradições.

David, então, continuou me falando sobre o impacto positivo dos grupos. Hoje ele tem seis grupos diferentes em funcionamento, representando mais de sessenta lojas de todo o país, com uma lista de espera para formação de futuros grupos. Ao contrário da reputação de gente durona, seus membros se permitem ser vulneráveis nas reuniões. "As sessões podem ser muito emotivas", David disse. "Já tivemos homens que começam a chorar quando o grupo olha para eles e diz: 'Demita o seu filho.' Ou 'Você precisa tomar uma atitude'. Para eles, esses grupos são um fórum composto de gente que tem conhecimento do negócio e pode ajudar a resolver problemas."

Após três anos, David perguntou aos integrantes do primeiro grupo que havia formado o que tinha sido mais importante para eles. "Para mim, o mais interessante", David continuou, "foi a unanimidade da resposta, 'Estar perto de gente que se importa com as coisas. Do outro lado da mesa eu vejo alguém que se importa com o que acontece comigo e com os meus negócios'. E eu lhe digo, são sujeitos durões. Conseguir que eles dissessem que o principal motivo de pertencerem a um grupo de pessoas era que elas realmente se importavam com eles parece uma coisa meio maricas, você pode dizer. Mas, novamente, isso nos leva de volta à importância de se permitir ser vulnerável. É muito difícil e é só pelo medo de se verem extintos que eles fazem isso.

"Tenho outro grupo iniciado este ano, que é o Strivers. São todos homens importantes, ganhando cinqüenta a sessenta milhões. Gente que já é líder número um do seu mercado, na maior parte. Estão constantemente procurando meios de se distanciarem da concorrência. Esses têm um motivo diferente para estarem no grupo. Os outros estão procurando evitar a extinção."

Perguntei a David se não seria mais eficiente fazer estas reuniões on-line, pela Internet. Ele disse que os grupos, de fato, usavam e-mail e outras formas de comunicação eletrônica, com grande vantagem, para incrementar o que fazem em suas reuniões pessoais três vezes por ano. Mas ele acreditava que as reuniões eram indispensáveis. "Acho que o cuidado se desenvolve quando você está lidando com alguém frente a frente com mais freqüência do que pela Internet. Pela Internet você tende a ser muito preciso com perguntas-respostas, perguntas-respostas, e perde a emoção do que está acontecendo. Não acredito que as pessoas se abram pela Internet como fazem frente a frente. Você está conversando com alguém e vê por sua expressão facial que tocou num assunto muito melindroso. Pode ser um sinal para não se falar mais sobre isso ou, quem sabe, seguir em frente, dependendo da situação. E pode ser que você perceba o sentido do assunto, coloque um marcador nessa página e, depois no jantar, diz: 'Notei hoje de manhã, quando conversávamos sobre o que o seu cunhado está fazendo na empresa, que parece ter aí mais alguma coisinha.' Bem, jamais se vê isso pela Internet. Mas não significa que ela não tenha o seu valor também. De fato, o estágio seguinte com os grupos de desempenho é cada um ter o seu *chat room*; cada grupo terá um código e poderá entrar no *chat room* e receber perguntas e respostas entre as reuniões. Mas não creio que desistiríamos das reuniões, por nada neste mundo."

Os grupos de desempenho criados por David na indústria de móveis a varejo me parece um exemplo brilhante da utilização criteriosa do momento humano. Como David fez seus colegas e clientes, inicialmente céticos, perceberem, esses momentos podem ser úteis em aspectos que muitos gerentes não pensaram ser necessários ou até possíveis no mundo atual. Obviamente, não queremos parar o relógio e dispensar a tremenda eficiência proporcionada pelas nossas comunicações eletrônicas, mas temos de aprender a lidar com os problemas embutidos que elas geram.

A tecnologia criou um magnífico mundo novo, cheio de novas oportunidades; e abriu uma economia mundial baseada no conhecimento; e as pessoas não precisam mais ficar acorrentadas às suas mesas de trabalho. Somos todos seus devedores — e não vamos voltar atrás!

Mas uma das tarefas desse cruzeiro experimental que empreendemos é observar os troncos submersos e os fios retorcidos que esse novo barco da tecnologia pode encontrar pelo caminho. Um deles parece ser o desaparecimento do momento humano. Sem querer, estamos abandonando uma de nossas ferramentas mais poderosas: a conversa frente a frente. Ela está desaparecendo como o pigmento de um quadro exposto ao sol. Olhamos a pintura todos os dias e ela parece a mesma, pendurada ali onde sempre esteve. Mas, então, num dia nublado, percebemos que ela perdeu cor e vivacidade.

O momento humano dá cor e vivacidade ao nosso cotidiano. Ele é bastante fácil de preservar, desde que organizemos nossas vidas de maneira adequada. Basta ficarmos atentos e fazê-lo acontecer.

ONZE

Beleza

A CONEXÃO QUE FAZEMOS, ou poderíamos fazer, com a beleza passa facilmente despercebida. Com freqüência nós a aceitamos como ponto pacífico ou a ignoramos. Uma das formas mais simples de melhorar a nossa capacidade de conexão no dia-a-dia é começar percebendo a beleza. Não se passa um dia sem que possamos vê-la em algum lugar. Você certamente não precisa ir a um museu. A natureza nos oferece o seu museu diariamente. Se você acordar com o sol, veja-o levantar-se junto com você. Ou se você se deparar com um desses momentos espetaculares que a natureza é capaz de oferecer quando estiver dirigindo na estrada, pare e aprecie. Beleza, tanto quanto amizade, oração ou animal de estimação, dá conforto à alma.

Conheço uma mulher chamada Susan cuja vida é a conexão personificada, não só com a beleza, mas com amigos, lugares, natureza, passado, família, idéias e missão. Susan é artista desde cedo. Perguntei-lhe como a sua conexão com a arte tinha começado, e logo sua tapeçaria conectada tinha emergido, começando na infância.

— Acho que vem desde uma experiência de infância, andando de mãos dadas com meu pai por um caminho que subia a colina atrás da nossa casa em Burrville, identificando juntos as flores silvestres. Nós reconhecíamos estas flores pela cor, forma, número de pétalas, formato da folha. Essas primeiras experiências de olhar junto, eu acho que, para mim, serviram de base depois para a observação de quadros.

— Então você aprendeu a olhar atentamente, desde cedo, com seu pai? — eu disse, gostando da imagem de Susan e o pai caminhando entre as flores silvestres.

— Sim. Por exemplo, lembro-me de descobrir o que era hepática. Hepática é uma florzinha silvestre bonita que nasce na primavera. O banco de areia entre as cachoeiras perto da nossa casa ficava coberto de hepática. Desde aquela época, eu procuro por elas. São muito raras, difíceis de achar. Na verdade, transplantei algumas para um riacho perto da nossa casa aqui.

— Qual a cor das hepáticas? — eu quis saber.

— Rosa bem pálido, brancas ou azuis, e têm uma folha em forma de fígado, por isso são chamadas de hepáticas, que vem do grego, eu acho. São muito delicadas. Havia também nabos selvagens e fumárias. Havia todas estas belas e raras flores silvestres do norte do estado de Nova York, que aprendi a olhar e identificar com meu pai. Agora eu associo essa experiência com o meu lar e as minhas primeiras lembranças.

"Depois, quando cresci, comecei a pensar num rumo para a minha vida e, por acaso, fiz um curso sobre Picasso no primeiro ano da faculdade. Foi na McGill, na realidade. Cursos de verão da McGill. E fui apresentada a todas essas formas bizarras, cores e vocabulário totalmente estranhos para mim. Quando se observa um quadro, e não flores silvestres, existe inserido nele todo um conjunto de significados, de maneira que formas e cores são mais do que formas e cores. Um quadro expressa idéias e emoção, e está conectado com história e tradição, e algo ainda maior do que isso.

"Havia um professor na McGill — prosseguiu ela — que me influenciou de um modo muito especial. Eu estava numa turma um pouco acima da minha capacidade. Eu era a mais nova. Ele estendeu a mão, exatamente como meu pai tinha feito, e me ensinou a olhar. Foi uma experiência muito, muito comovedora. Assim que voltei a Nova York e ao Finch College, associei-me ao Museu de Arte Moderna, o MOMA. Ele passou a ser o meu lar longe de casa. E isso me abriu todo um mundo. Era o lugar onde eu me sentia em casa, e comecei a parecer e sentir que estava afiliada a uma instituição."

Os portões das artes visuais gradualmente se abriram para Susan.

— Sentiu-se intimidada pelo MOMA, no início? — perguntei.

— Não, não realmente — disse Susan com a confiança de alguém cuja conexão é verdadeira. — Senti que era o meu lugar.

— O que a fez sentir assim? — indaguei, querendo saber como ela havia estabelecido a conexão com tanta segurança.

— Acho que foi a minha entrada na arte moderna através daquele curso que me deu confiança. Também a conexão com um artista em particular, Picasso, que se tornou o *meu* artista. Além do mais, era cultural. Eu era jovem, capaz de me identificar com toda a rebeldia característica da arte moderna. Não só isto, eu estava em Nova York. Era a década de 1960, e tudo estava acontecendo ali. Havia a arte pop, o expressionismo abstrato, a arte conceitual. Tudo acontecia a minha volta. A cidade estava repleta de arte, artistas e galerias. Portanto, mais uma vez, eu fiz conexão com um lugar através da arte. Quando se tornou evidente para mim que a arte é capaz de conectar você a um lugar e a um tempo, o seu próprio tempo e o passado, encontrei a porta de entrada psicológica de que eu precisava para dedicar uma vida inteira ao estudo da arte.

"Foi uma época emocionante, ser jovem, estar em Nova York e ver tudo acontecendo ao meu redor."

Por uns tempos Susan se afastou da arte, mas reencontrou o seu caminho de volta quando passou alguns anos na escola de graduação em Harvard. Mais uma vez, foi o relacionamento com um professor que a reconectou com a arte.

— Achei o meu caminho de volta, depois de alguns anos de interlúdio, através da obra de um homem cujos livros eu tinha lido, Rudolf Arnheim. Sua área era a psicologia da percepção. Ele me ensinou como o significado se expressava através da forma visual, e como isso é diferente de escrever. Fiquei muito, mas muito interessada.

Agora vemos um momento de decisão na vida de Susan. Nós a vemos arriscando-se a fazer o que provou ser uma conexão de importância vital, com um grande professor, que poderia parecer inabordável. Mas Susan o abordou. Quantas vezes na vida de meus pacientes ouço falar deste momento, quando eles poderiam investir e fazer um avanço significativo, ou se retrair, pensando não serem bons o suficiente.

Susan investiu.

— Só de ler suas obras me senti com coragem bastante para lhe escrever. Ele estava em Harvard na época. Eu não estava qualificada para estudar naquele nível. Mas escrevi para ele assim mesmo, e ele respondeu. Tive uma entrevista com ele, e fui aceita como aluna especial.

Minha ambição era ensinar arte na escola fundamental. E ele estava disposto a acomodar uma pessoa jovem sem portfólio e sem credenciais para chegar e ser um aluno especial, para freqüentar seus cursos e seminários. Agora eu tinha uma missão de verdade. Aprender a ver e abrir a experiência visual aos outros. Foi isso que me fez voltar à pós-graduação, e foi o que definiu a minha carreira daí para a frente.

Gosto do modo como Susan explica isso. Ela tinha um amor, um mentor e uma missão. Três tipos de conexão. Uma ótima receita de sucesso.

E sucesso Susan teve, muito mais do que as expectativas iniciais. Conquistou um Ph.D em história da arte, publicou um livro sobre Picasso e conseguiu um emprego de curador de um dos museus mais apreciados de Nova York, o Frick Collection.

Sua missão, que não era apenas uma ambição pessoal, continua até hoje. Sua missão é abrir as portas da arte para outras pessoas. Ela criou um programa no Frick que traz as crianças para o museu "para aprenderem a olhar", como ela diz. Está introduzindo estas crianças, muitas das quais não teriam outra maneira de estarem expostas a alguma forma de arte, ao mundo da beleza visual. E a garotada adora! O que já é prova de como ela faz isso bem.

— Sempre gostei da experiência de estar em sala de aula — ela disse —, de trabalhar com jovens para ajudá-los a abrir os olhos.

A atitude de Susan reflete a de seu pai, que era médico, exercendo uma profissão de assistência aos outros. Assim, também Susan fez dessa assistência a sua missão; no seu caso, para compreender formas visuais. Infelizmente, a conexão com a arte é uma dessas que muita gente jamais chega a fazer. Essas pessoas precisam de um guia, como Susan.

— A arte pode deixar as pessoas muito intimidadas. Elas não sabem como olhar e, além disso, acham que não é para elas. Abrir um museu para crianças de todos os cantos da cidade, fazê-las entrar e querer ficar, não é fácil — disse Susan.

— Como você vence esse temor que elas sentem? — perguntei.

— Primeiro, um dos funcionários vai à escola fazer a nossa apresentação ao corpo docente e, depois, aos alunos, para prepará-los no seu próprio espaço. Em seguida, organizamos uma excursão para eles virem, e nós mesmos os acompanhamos pelas salas do museu, porque muitas vezes os professores não se sentem qualificados para isso. Damos muita atenção individual. Caminhamos com eles em pequenos grupos. Paramos diante de um Rembrandt e dizemos: "O que vocês acham?" "Quais são as suas impressões?" "Me falem mais sobre isso." "O que vocês acham que está contribuindo para a impressão que vocês têm?" Por exemplo, se um aluno diz que o quadro é bonito, podemos continuar perguntando: "Pode mostrar no quadro o que lhe dá essa impressão? É o colorido? São as formas?" E depois os colocamos olhando e falando uns com os outros, e a conexão aumenta. Não estão apenas conectados com o mundo da arte, estão conectados uns com os outros e com a experiência de ver.

— Você vê isso acontecendo diante dos seus olhos? — indaguei, impressionado com a simplicidade do seu método.

— Ah, sim! É emocionante, porque as impressões deles são tão vívidas, honestas e incultas, no sentido de que não foram treinadas. Estamos apenas tentando dar a eles um pequeno vocabulário de como ver a arte, como começar a compreendê-la em termos visuais.

"Claro, fazer uma excursão a um museu não é uma idéia popular para a maioria das crianças — continuou Susan. — Estive nessas excursões com minha filha, e sei como a turma reage. Não querem ir. Mas tenho visto no museu quando as coisas dão certo; é mágico. Você vê crianças que não queriam estar ali começando a se entusiasmar, reagindo ao que vêem. Tudo que dizem é relevante, tudo que dizem é correto. Não existe o errado. É o que elas vêem e o que elas sentem. É uma experiência totalmente comprovada. Elas vêem mais à medida que olham e discutem, e se conectam mutuamente como um grupo. Elas me ensinaram um bocado de coisas com o seu modo de se expressar.

Susan, então, me deu um exemplo memorável de como aprendia com as crianças.

— Tínhamos observado um retrato de Ingres, uma obra de arte cheia de detalhes perfeitos. Logo ao lado estava um Monet.

Perguntei a uma menina: "Qual a diferença entre os dois?" A garotinha respondeu, apontando para Monet: "Ele não pintou as sombras." Ora, o impressionismo é exatamente isso. Ninguém jamais disse melhor do que aquela menina. Foi um modo criativo de ver.

Os métodos de Susan poderiam ser usados em qualquer lugar para desenvolver em pessoas de todas as idades uma conexão, como ela diz, "com o prazer de olhar". Esse é o nosso principal objetivo. Mesmo que levem mais vinte anos para voltar, queremos que tenham essas experiências precoces, para que se lembrem do que viram quando eram muito jovens. E aí elas usarão isso como base para suas experiências posteriores.

Ela resumiu a nossa conversa com uma história sobre Matisse e Picasso:

— Lembro de uma observação que tem a ver com o fato de que toda arte se desenvolve a partir de uma arte anterior. Isso é particularmente verdadeiro com Picasso. Ele e Matisse foram os dois grandes artistas do século XX e os mais imersos no passado, concentrados em mantê-lo vivo através de suas próprias obras. Uma das coisas que preocupava a ambos era quem continuaria a trazer o passado para o presente. Eles se viam como o fim de uma tradição. Picasso perguntou a Matisse no fim da sua vida: "Quem nos carregará em seus corações, como nós carregamos os artistas do passado?"

DOZE

O passado

Você deve saber que não há nada superior, mais forte, saudável e útil para a vida na velhice do que algumas boas lembranças, especialmente aquelas da infância. Falam muito com você sobre a sua educação, mas uma boa e sagrada memória, preservada desde a infância, é talvez a melhor educação. Se um homem carregar consigo muitas dessas lembranças durante a sua vida, estará salvo até o fim de seus dias, e se restar apenas uma boa recordação em nossos corações, até essa às vezes poderá ser o meio de nos salvarmos.

Alyosha, falando no epílogo de
Os irmãos Karamazov, *de Fyodor Dostoievsky*

EU TINHA ONZE ANOS QUANDO minha mãe me perguntou se eu queria ir para o colégio interno. Respondi que sim, porque era óbvio que meu padrasto e eu não íamos fazer as pazes tão cedo. Além disso, eu imaginava que, afastando-me dali, não só escaparia do tio Noble e das suas implicâncias de bêbado, como também me livraria de fazer os deveres de casa. Achava que, no colégio interno, como não se ia para casa, não davam deveres de casa! Mandaram-me, portanto, para um colégio que minha mãe escolheu, chamado Fesseden, um internato para meninos em West Neston, Massachusetts. Entrei na quinta série e me formei quatro anos depois. Quando descobri a falácia do dever de casa, já era tarde.

Há poucos anos, fui fazer o discurso de formatura em Fesseden. Foi em 1995, trinta e um anos depois de formado. O tema era que a vida pode ser boa. Quando me mandaram para Fesseden, foi porque a vida era ruim. Mas, trinta e cinco anos depois do meu primeiro dia e da minha primeira noite como aluno em Fesseden, eu voltava com a mensagem de que a vida é boa.

Muitos de nós lembramos com tristeza da própria infância. Muitos de nós somos perseguidos por essas recordações até depois de adultos, enquanto outros fazem o possível para esquecê-las. Penso que o melhor seja guardá-las, se for possível, e mudar o sentimento que elas despertam. Más lembranças têm algo a nos ensinar.

Se você puder reviver suas lembranças, se conseguir preservar a conexão com seu passado, em vez de romper com ele, talvez descubra que restou nelas alguma coisa de bom ou de útil, mesmo que seja apenas para lhe dar uma noção de continuidade.

Uma de minhas pacientes, vamos chamá-la de Sarah, relatou-me um sonho que ilustra esse ponto na forma surrealista dos sonhos. Nele, Sarah estava num quarto de hospital, deitada sobre uma mesa de exame, nua, coberta apenas com um lençol. Havia uma única janela na extremidade da sala sobre a sua cabeça, mas estava pintada de preto, deixando passar, portanto, pouca luz natural. No teto, fortes luzes fluorescentes enchiam a sala de um brilho nítido e faziam um zumbido. Mais adiante, na direção dos seus pés, ficava uma porta. Por ela entraram quatro homens, um após outro. O primeiro começou a ter relações sexuais com Sarah, em seguida saiu. O segundo chegou e retomou o processo das relações no ponto exato onde o outro homem tinha saído. O terceiro fez a mesma coisa, e aí o quarto e último homem entrou. No momento da penetração, sua tarefa tinha terminado, e ele morreu. O corpo desapareceu, deixando Sarah sozinha na sala.

Acordando, ela começou a chorar, apavorada com o sonho. "Foi horrível como me senti desconectada", ela falou. "Sem passado, sem futuro, sem amigos, família, nada além do momento presente naquela sala fria. Era só o que restava da minha vida, só eu naquele momento. O que me deixou horrorizada não foi tanto o que os homens faziam, era como eu me sentia isolada de tudo mais que eu sentia. Quando acordei, agradeci muito ter sido só um sonho. Pela primeira vez, senti-me grata por ter um passado. Minha infância foi horrível, fui violentada e espancada, e muitas vezes abandonada, mas o fato de *ter um passado* de repente me deu um alívio enorme. No sonho eu tinha experimentado o que era não ter consciência do passado, e percebi que isso era pior do que ter um passado doloroso. De certa maneira, ter uma história me dava uma razão para viver, uma motivação para seguir em frente. Naquele momento, fiquei grata por ter consciência de quem eu era, e onde tinha estado, por mais dolorosa que fosse. Sinto essa gratidão até agora."

Em geral, não pensamos no passado como uma motivação para continuar vivendo, como Sarah disse que era o seu caso. Costumamos associar a motivação com o desejo de conquistar metas futuras. Mas Sarah chama a atenção para uma função básica, uma que não levamos muito em conta, isto é, a de nos incentivar. O passado é como uma onda que pegamos. Sem ele, não há nada. Penso que, em parte, é isso que Sarah quis dizer com o passado dando motivação. Ele dá um contexto, um fundamento, uma onda.

Um passado doloroso, como o de Sarah, pode estimular uma pessoa a fazer as coisas melhor no presente. Sei que uma das minhas principais motivações no sustento dos meus filhos é o desejo que tenho de lhes dar a infância feliz que eu gostaria de ter tido. Aos lhes dar isso, de certa forma crio para mim mesmo, assim como para eles, o que eu não tive. Sei que, agora, Sarah sente tanta satisfação em proporcionar uma vida boa para ela mesma em parte porque não teve isso anos atrás.

Ao preservar a nossa conexão com o passado, mesmo que ele seja ruim, acrescentamos alguma coisa importante ao presente. O passado dá profundidade ao presente, ele dá às experiências atuais os seus contrastes, as suas ironias e sentimentos de triunfo.

O passado, como o próprio tempo, transcende o que é bom ou ruim. Ele simplesmente é. Lembranças são como pedras de um muro; se você retirar as que não lhe agradam, em breve o muro inteiro ruirá.

Se você voltar para buscar a pedra de que realmente gostava, uma boa recordação de alguém que você perdeu, quem sabe a mágica que você será capaz de fazer? Uma mulher de sessenta e cinco anos me contou o que lhe aconteceu nesse sentido: "Meu primeiro namorado, no ginásio, era um órfão do Holocausto. Ele abriu seu coração para mim, e disso resultou uma união fortíssima entre nós, tão forte quanto um relacionamento de sangue. Enquanto eu estava na faculdade, perdemos contato, mas nunca deixei de me importar, de me preocupar, de imaginar o que teria sido feito dele. Ainda estou casada e feliz com meu marido, com quem casei em 1954 e criei cinco filhos, mas rezo sempre pelos pais desse garoto, e comprei em nome deles um trecho da Torá, para não serem esquecidos. No verão de 1997, depois de quarenta e sete anos, resolvi que tinha de encontrá-lo, saber se estava vivo ou morto, bem, feliz, seja lá o que fosse. Decidi comprar aquele livro sobre como encontrar as pessoas, fui ao mercado e, na volta, tinha um recado do gabinete dos ex-alunos da minha faculdade: *ele* queria *me* encontrar, e tinha deixado o número do seu telefone. Eu liguei, e foi fantástico para nós dois. Para mim, parecia que eu tinha encontrado um gêmeo há muito desaparecido. Ele estava em profundo desespero, tinha perdido a mulher com câncer depois de uma vida repleta de tragédias. Nós nos encontramos, a minha família inteira inclusive. Ele diz que isso mudou a sua vida e a sua sorte. Depois disso, ele encontrou uma viúva que faz um par perfeito com ele. Casaram-se. Estamos em contato, e prometemos que nunca mais vamos nos perder de novo. Ele diz que nunca foi tão feliz, e a sua felicidade me faz mais feliz."

Nunca é tarde demais para encontrar alguém que significou muito para você. A maioria de nós pensa nessa pessoa. Encontrá-la pode ser decepcionante, mas é quase certo que será exatamente o contrário.

Suponho que a última palavra nesse tipo de busca seja a de uma pessoa adotada que quer encontrar um pai biológico. Uma mulher de trinta anos me descreveu a sua pesquisa num bilhete:

Há uns dois anos, procurei e descobri minha mãe biológica. Era algo que eu sabia que ia fazer em algum momento da minha vida. Como eu estava me preparando para casar, pareceu-me que tinha chegado a hora — hora de encerrar um capítulo da minha vida como mulher solteira e abrir o da mulher casada e com esperança de também ser mãe. O meu motivo era apenas este, assim como razões médicas (cresci sem nenhuma informação). O meu motivo *não* era substituir ninguém. Eu tinha, e ainda tenho, uma família muito querida e especial que eu nunca soube ser tão importante para mim até aquele momento.

Quando liguei pela primeira vez para minha mãe biológica eu pensava (e me preocupava): O que ela vai dizer? Como vai reagir? Quando ela atendeu e eu escutei a sua voz, a primeira coisa que pensei foi: Já ouvi essa voz antes. Fui adotada aos quatro meses de idade, portanto, obviamente, essa conexão tinha sido feita havia vinte e oito anos. Quando encontrei minha mãe biológica, ela se mostrou de início hesitante, mas gentil, receptiva e amorosa. O importante é que, ao saber que ela estava ali e viva, isso queria dizer que havia alguém que estava conectada comigo.

Por mais positiva que esta experiência tenha se revelado, senti-me ameaçada de alguma forma. A minha família que eu conheci, amei e na qual confiei durante todos esses anos sentiu-se ameaçada. Essa base se sentiu abalada, só porque eu havia me reunido à minha mãe original. Minha família (a família adotada) fez um círculo ao meu redor para me ajudar nos meus temores — temores de uma criança de três anos no corpo de uma pessoa de vinte e oito. Eu não conseguia me imaginar fazendo isso mais jovem, porque sendo uma pessoa com alto desempenho e relativamente estável, eu realmente precisava me agarrar a todos os *insights* cognitivos e confortos familiares para equilibrar esses temores de "garotinha".

Olhar para o passado, como essa mulher mostra, pode ser arriscado. Você nunca sabe o que vai encontrar ou como vai se sentir. Mas como ela continuou dizendo, "Isso para mim foi, e é, uma profunda demonstração da intensidade e da importância da conexão, mas também mostra a sua natureza tênue, como ela precisa de uma sustentação bastante consistente para manter-se segura. Em diferentes fases da vida, certas conexões podem ser chacoalhadas, sacudidas, reavaliadas e reforçadas". Com freqüência, é uma pessoa que vem do passado, ou uma lembrança, que estimula essas reavaliações.

Se você tiver a sorte de ter tido uma infância feliz, então, como diz Alyosha em *Os irmãos Karamazov*, estará salvo até o fim dos seus dias. Preserve essas lembranças e as mantenha vivas. Conte para os outros e converse sobre elas. Não são velhos cartões-postais empoeirados, mas alimento para a alma.

Desenvolver uma conexão com o passado — o seu passado — é muito importante. Grande parte dos ensinamentos espirituais escritos hoje em dia enfatiza a importância de se viver o momento. "Aqui e agora" é a ordem de comando, insistindo para que as pessoas parem de viver no passado ou no futuro, para que o presente não as deixe para trás.

Mas não acredito que esses autores queiram dizer que é bom jogar fora o passado. É bom conectar-se com o passado, vividamente e em detalhes, como descreveu Alyosha. Isto não quer dizer que você vai viver do passado, mas que você vai *trazer o passado para o presente*. Você o mantém vivo. E, ao fazer isso, ele o ajuda a manter-se consciente de quem você é, ao lhe recordar quem você foi e onde esteve.

Nossa conectabilidade histórica pode se ver, de repente, ampliada e sacudida por coincidências ou experiências de mudanças. Por exemplo, numa das palestras que dei recentemente, uma mulher mais ou menos da minha idade aproximou-se de mim e perguntou: "Seu pai jogava hóquei em Harvard?" Eu disse que sim, jogava. "E ele se formou quando?", ela quis saber. Eu lhe disse que em 1936. Nisto, uma lágrima veio aos seus olhos. Acontece que o pai do seu marido se chamava Dunny Holmes. Holmes, junto com um homem chamado Hovenanian e meu pai formaram uma das linhas mais famosas da história do hóquei em Harvard, a "linha H", de Holmes, Hovenanian e Hallowell. Conversamos alguns minutos, levados instantaneamente de volta aos álbuns com recortes dos jornais de Boston que ambos tínhamos visto detalhando as conquistas daquela linha. Eu lhe dei um abraço. O passado ressuscitou numa explosão de memória compartilhada; nossa conectabilidade histórica se aprofundou.

Na semana seguinte, recebi um bilhete dela:

O pai do meu marido, Dunbar (Dunny), morreu dois dias antes do Natal. Era um homem maravilhoso. Meu pai morreu há uns nove anos e a sua saúde não era das melhores nos últimos anos de vida, portanto Dunny preencheu o papel de pai e sogro para mim. Dunny era um homem muito ativo, advogado e funcionário público, e ajudou a fundar a Big Brother Association, na década de 1950, e servindo em muitas diretorias. Ele amava e sustentava suas escolas, Belmont Hill e Harvard, e continuou jogando com entusiasmo tênis e hóquei, participando de torneios de tênis até seis meses antes de morrer.

Portanto, quando fui falar com você na conferência, para perguntar se, por acaso, seu pai tinha jogado hóquei em Harvard, na década de 1930 — e, então, descobrimos que seu pai e meu sogro, Dunbar Holmes, foram parceiros na famosa linha H — mal pude conter-me. Obrigada pelo abraço espontâneo. Eu precisava dele e gostei muito. Gostaria tanto de poder ligar para Dunny e lhe contar sobre quem eu acabei de conhecer. Foi difícil conter as lágrimas — como o é agora enquanto escrevo isto. Seu pai ainda vive? Espero que sim.

Claro, tive de lhe dar a notícia de que papai tinha morrido havia vinte anos. Fiquei triste por papai não ter acompanhado Dunny — embora talvez Dunny fosse o homem de quem me lembro no seu enterro.

Esta conexão casual com o passado foi como um presente através dos tempos. Se eu não podia trazer papai de volta, podia conhecer os filhos de um dos seus melhores amigos, um amigo que compartilhou a vida com papai nos seus dias de glória. O esforço para desenvolver a conexão histórica pode render dividendos inesperados. Uma mulher me contou: "Estou fazendo a minha árvore genealógica. Apesar de estar ainda no início, até agora já tive contatos mais íntimos e significativos do que nunca, com vários parentes (pai, mãe, tio, tia), e descobri que a minha pesquisa está gerando um sentimento maior de conexão em geral. À medida que vou dividindo as informações que obtenho, outros parentes se aproximam com suas próprias informações e pesquisas. Abriram-se canais de comunicação onde antes eram quase inexistentes."

É claro que você não vai fazer da busca do passado a razão da sua vida. A consciência do passado não deve substituir o afeto humano do presente. Conhecemos alguns descendentes do Mayflower capazes de lhe contar até o último detalhe da sua linhagem, mas incapazes de sorrir ou dar um tapinha nas costas de alguém.

Não obstante, a conexão com o passado enriquece a vida. Muitas crianças estão sendo criadas quase sem noção da história da sua família, sem falar daquela do seu país ou região. Se pesquisar uma árvore genealógica parece ambicioso demais, tente apenas colecionar histórias da sua família quando elas vierem à tona. Pessoas idosas são capazes de ensinar sobre o passado só de contar algumas das muitas histórias que viveram. Uma conversa chata com um avô ou tia-avó adquire vida se você apenas fizer algumas perguntas.

As tradições familiares podem nos conectar com a geração anterior, mesmo depois que essas pessoas já morreram. "Após o enterro da minha avó", uma mulher me contou, "nos reunimos todos na casa de uma prima. Nós — eu e quatro primas, todas irmãs, hoje quarentonas — nos sentamos ao redor da mesa, conversando sobre vovó e lembrando da nossa infância, crescendo junto a ela. Apesar de morarmos em outras partes do país — separadas por muitos estados —, tínhamos lembranças semelhantes da vovó e estávamos todas falando sobre a nossa conexão com ela e umas com as outras. Percebemos que compartilhávamos de muitos hábitos e tradições da vovó como adultas em nossas próprias casas. Uma prima trouxe um bolo e o colocou sobre a mesa, dizendo: 'Vovó sempre dizia para colocar o bolo na mesa mesmo que ninguém queira — alguém vai acabar comendo.' E todas nós, depois de um certo tempo, estávamos mastigando o bolo. Sentimos uma conexão tão forte com vovó naquela época, e com cada uma de nós, por causa da sua presença e influência em nossas vidas."

Mesmo que, como no meu caso, seus pais morram antes de seus filhos nascerem, você pode ressuscitá-los para os netos falando sobre eles, sobre seus hábitos e costumes, sua aparência, como comemoravam o Dia de Ação de Graças, qualquer detalhe que lhe vier à mente. Em vez de refrear as lembranças ou enxugar uma lágrima, coloque isso em palavras.

"Minha mãe morreu quanto eu tinha trinta e três anos", uma mulher me escreveu,

> antes de meus filhos nascerem. Poucos anos depois, meu filho, e depois minha filha, nasceram. Estas crianças tão esperadas foram, e são, uma alegria enorme. Minha única tristeza foi minha mãe não estar viva para conhecer os netos, participar de suas vidas e se divertir com eles. São crianças maravilhosas.
>
> Era importante para mim que meus filhos se sentissem conectados com minha mãe. No dia-a-dia, nas comemorações em família, e nas festas, conto histórias dela para meus filhos e acrescento um comentário sobre o que ela teria dito. Por exemplo, eu digo para minha filha, "Amy, sua avó diria que

você é um verdadeiro soldado da cavalaria". Ou "Vamos assar uns biscoitinhos da vovó. Ainda tenho a receita que ela anotou para mim". Ou então, "Daniel, estou lhe dando este livro hoje porque o recebi de minha mãe quando *eu* fiz catorze anos". Ao entrelaçar essas pequenas observações no tecido do cotidiano, meus filhos ficam com uma idéia de quem foi a avó deles, da sua personalidade, dos seus interesses, seus trejeitos, seu humor. Juntos, construímos um relacionamento entre meus filhos e a avó deles. Pessoalmente, o que eu ganho é que posso lembrar de situações e qualidades específicas sobre minha mãe que me ajudam a permanecer conectada com ela. Converso com ela para me ajudar a resolver um problema, para compartilhar uma felicidade, para lhe dizer algo que a divertiria. Digo também aos meus filhos para fazerem e usarem isso como uma estratégia para enfrentar a vida. Já disse a eles que podem lhes contar suas histórias também. Conseqüentemente, todos nós sentimos uma conexão com uma mulher maravilhosa com quem continuamos a aprender e por quem ainda nos sentimos amados.

Há inúmeras outras maneiras de desenvolver em seus filhos a noção do lugar de onde vieram. Por exemplo, uma coisa simples como o nome do seu filho pode contar uma história enorme. Minha filha, Lucy, por exemplo, na verdade se chama Lucrétia Mott Hallowell. Lucy é o apelido. No princípio ela achava Lucrétia um nome idiota, e desejava que não tivéssemos tido a idéia de chamála assim. Mas, hoje, ela se orgulha dele.

Ela ficou sabendo que a Lucrétia Mott original foi uma corajosa *quaker*, na época da Guerra Civil, que lutou pela libertação dos escravos e depois pelos direitos das mulheres. Ela causou uma profunda impressão em Elizabeth Cady Stanton e é lembrada como uma das planejadoras da convenção pelos direitos das mulheres de Seneca Falls.

Ela é a minha ta-ta-ta-taravó, e de Lucy (com mais um "ta") também.

Quando Lucy for uma mulher madura, carregar o nome de Lucrétia Mott vai significar muito para ela, não apenas conectando-a com o passado, mas contribuindo para a sua noção de quem ela é.

De lembranças a árvores genealógicas e nomes — você vai

encontrar a sua história em muitos lugares. Ao ensinar isso aos seus filhos, você amplia a idéia que eles têm de quem são. Você chega mais perto de tocar, pelo menos metaforicamente, os fantasmas e espíritos que o trouxeram aqui.

TREE

Natureza e lugares especiais

LUGARES TÊM ESPÍRITO. Os antigos chamavam de *genius loci*, ou o gênio de um lugar.

Você entra na sua antiga escola, digamos. Um detalhe chama a sua atenção — o perfume da substância usada para limpar o piso, por exemplo, e imediatamente esse perfume leva você de volta ao passado. Você foi capturado pelo espírito do lugar e está sob o seu encanto.

Os lugares falam conosco. O antigo playground. A árvore onde costumávamos subir. O consultório do dentista de que lembramos tão bem.

A natureza, em geral, é um "lugar" com o qual todos nos conectamos, de milhares de formas diferentes. Para alguns, a conexão com a natureza é quase uma religião, proporcionando a paz e o sentido que outros procuram em Deus. Para algumas pessoas, natureza *é* Deus. E, para a maioria de nós, a natureza é uma espécie de mãe, daí "Mãe Natureza", que nos prende a vida inteira, às vezes nos aterrorizando, outras nos inspirando, ou magoando, mas sempre nos cercando com sua poderosa presença. É uma conexão que ninguém consegue evitar e a maioria celebra.

Como acontece na conexão com os animais, só uma das partes fala com palavras. Mas, como eles, a natureza responde do seu próprio jeito. "Erguerei meus olhos para as montanhas, de onde virá o meu auxílio", falou o Salmo.

A natureza, como a melhor das mães, está sempre presente, oferecendo sustento se o aceitarmos. Você pode sentir a presença da natureza onde estiver. Quanto mais você falar com as árvores, montanhas, bosques e o mar, mais eles lhe responderão. Quanto mais você conversar com seu jardim, mais viçoso ele ficará. Quanto mais você abraçar a natureza, mais ela o abraçará. Morei em Cape Cod quando menino, antes da época do tio Noble. Lembro de muitas vezes brincar de pegar com as ondas, na Outside Beach, depois da Plesant Bay, subindo depressa a forte inclinação da areia para fugir do mar quebrando atrás de mim. A uma certa distância, eu dava meia-volta e deixava a espuma bater nos meus tornozelos. Ficava chapinhando ali por um instante, depois começava a arrastar as pernas carregando atrás de mim areia e moluscos de volta para o oceano. Firmando o equilíbrio no recuo das ondas, eu adorava a sensação da areia, das conchas e da água pinicando nos meus dedos dos pés.

Hoje, um homem de cinqüenta anos, vejo aquele garotinho brincando de pegar com as ondas, confiante e sem outra preocupação além da próxima onda, o próximo cachorro-quente, o próximo passeio a Outside Beach. Sinto o recuo da maré enquanto estou escrevendo isto, como se estivesse lá hoje; só que agora eu sei que uma dessas ondas, qualquer dia desses, vai me levar junto.

As pessoas em geral têm um lugar na natureza que chamam de sagrado, um lugar com um significado especial, que abre seus corações e mentes como nenhum outro.

Para mim é a praia, em especial as de Cape Cod. Eu estava em Wellfleet a negócios num dia de muito frio, e ao sair da cidade parei num estacionamento vazio perto da praia. Lotadas de gente no verão, essas praias ficam vazias no inverno. Gaivotas e andorinhas-do-mar são as únicas a lhe fazer companhia.

Caminhei pela faixa de areia, o casaco puxado até as orelhas, e senti o ar salgado batendo no meu rosto. As cores distintas da praia no inverno me emocionaram. Era em geral assim quando eu vinha sozinho. Uma espécie de honestidade e solidão até os ossos tomavam conta de mim. Não conseguia nunca ficar muito tempo sozinho, ou acabava me sentindo muito triste.

O oceano cinza-ardósia, encarneirado; a areia cor de branco sujo, salpicada de pedacinhos azul-esverdeados de algas do mar secas; os talos amarelo-esverdeados da vegetação de beira de praia; o céu (nesse dia cinza, como acontecia com freqüência, mas um cinza de muitas tonalidades) tudo faiscava as suas próprias associações. Ao contrário do cinza pesado dos outros dias, neste havia uma sugestão, ou pelo menos uma esperança, de sol. Eu podia intuir um brilho dourado.

Nenhum outro lugar além da praia desperta em mim os mesmos sentimentos. A praia em Cape — as cores, o cheiro, o vento, o toque da areia sob os pés — me conduz imediatamente a uma sensação que conheço mas que não sinto em nenhum outro lugar. Chego perto, mas não sinto.

É uma melancolia, misto de medo, perda e tristeza. É estranho eu gostar disso, mas gosto. Acho que é porque me leva de volta para onde comecei. Foi azar meu aqueles anos terem sido difíceis. Mas não esqueço, por mais que doa.

Volto à praia para entender a vida. É justo que haja dor no lugar onde tento achar um sentido para a vida. É um processo este trabalho de procurar um sentido. A praia é onde sinto a força do passado com mais precisão, e portanto é um lugar que me atrai, da mesma forma que me assusta.

Outros lugares podem ter uma influência especial sobre nós. O lugar especial de certas pessoas pode ser uma livraria, uma estrada por onde passam todos os dias, ou a lojinha da esquina onde todas as manhãs tomam café, compram o jornal e aproveitam para bater um papo...

Você pode se pegar querendo ir a um lugar, em vez de procurar um amigo quando está triste. Talvez encontre nesse lugar um tipo de conforto que outra pessoa não poderá dar. Tenho uma paciente que cresceu em Vermon e agora está morando perto de Boston. Ela diz que, em determinados momentos, simplesmente *tem* de sair para caminhar no bosque. Ela adora sua família e seus amigos, mas sente que às vezes precisar entrar no bosque para se sentir de bem com a vida. Ainda bem que Boston está cercada de bosques, e a minha paciente pode escolher à vontade. A mata a recebe como um amigo hospitaleiro.

Tenho outra paciente que diz que *precisa* ir a Nova York de vez em quando ou "murcha". Ela toma uma dose de energia em Nova York que não consegue em lugar algum. Nova York afeta muita gente dessa maneira. Basta entrar de carro na cidade para sentir um surto de intensa energia.

Igrejas e outros lugares de adoração, é claro, tornam-se lugares especiais para muitas pessoas, tanto pelos significados a eles associados como pela beleza que em geral possuem.

Mas os lugares mais simples podem se tornar especiais, até sagrados. A sua casa na árvore quando criança provavelmente não era muito sofisticada, mas tenho certeza de que era especial. O salão de bilhar que você freqüentava quando adolescente pode ter deixado recordações ímpares, ou o bar onde ia na época da faculdade. Espeluncas de todos os tipos, embora pouco atraentes e extremamente perigosas, podem se transformar em recordações muito queridas.

Quanto mais você associar sentimentos fortes a um lugar, mais santificado ele lhe parecerá. É por isso que locais mundanos, como cinemas, estádios e paradas de ônibus, podem tocar tão fundo em nossos corações.

Assim como muitos lugares nos dizem alguma coisa, dependendo do que nos aconteceu ali, a natureza também fala de diferentes maneiras. Descrevi os fortes sentimentos que a praia me desperta. Para algumas pessoas é a pradaria, ou um cânion, ou as montanhas que tocam a sua alma. Às vezes esse sentimento é positivo, porém com mais freqüência existe misturado nele um certo medo, ou pelo menos respeito.

Lembro de um amigo na faculdade que tinha vindo de Montana. Era ateu, mas me contou que acreditava nas montanhas. Perguntei o que ele queria dizer com isso; afinal de contas, montanhas não são um sistema de crença. Ele disse que as montanhas lhe davam o que os sistemas de crença organizados, como as religiões, davam às outras pessoas.

Tenho um paciente, um confirmado cético que só acredita no nada, que deu para "ficar espiritual", como ele ironicamente afirma. Ele sente o puxão de "alguma coisa" quando sai para passear com o cachorro. "Talvez seja apenas a idade", ele me falou. "Agora que estou com cinqüenta anos, talvez esteja procurando magia. Mas tenho lido uns textos indígenas americanos sobre o espírito das planícies, e sabe, estou começando a aceitar isso. Me diz se eu estou ficando maluco, tá?"

"Se está maluco, está em boa companhia", acrescentei.

A natureza é capaz de inspirar quase todo o mundo, mas se você desenvolver e nutrir a sua conexão com ela, essa atitude poderá levar você a estados mais profundos do que o simples assombro.

As estações mudam o nosso humor. O outono parece ser especialmente terapêutico. As suas cores tendem a melhorar o humor, os estudos comprovam. Bernard Vittone, diretor do Centro Nacional para o Tratamento de Fobias, Ansiedade e Depressão, em Washington D.C., acredita que caminhar nos bosques no outono é bom para o bem-estar emocional. "Incentivamos nossos pacientes a aproveitar o colorido do outono. Um passeio de carro pelo campo faz as pessoas se sentirem melhor e afasta das suas mentes as preocupações."

Existem tantas maneiras diferentes de se conectar com a natureza que você pode escolher a que preferir. Uma das mais comuns é a observação de pássaros. Não sou um observador de pássaros, mas conheço alguns. Eles são dedicados. Acordam às três horas da manhã para dirigir 160 quilômetros e ter a chance de ver um determinado pássaro ao nascer do sol. E acham a experiência fascinante. Ouça o drama segundo a descrição de um indivíduo:

Quando eu estava no Arizona, em maio, tive um encontro imediato com um Great Roadrunner. No início da viagem, eu queria ver bem um *roadrunner**. Para mim, "ver bem" significa o pássaro ficar parado por alguns minutos e eu conseguir estudá-lo. Já tínhamos visto um par de *roadrunners* cruzando a estrada bem na nossa frente, e achei que seria só isso. Então, caminhando pelo Catalina State Park ao anoitecer, notei que as algaroberias estavam florindo e havia nelas mariposas e pássaros menores do que o habitual. Parei para tentar identificar as aves, e o resto do grupo seguiu. Eu não conseguia identificá-las nem estando bem ao lado delas! Ia desistir quando escutei um farfalhar de folhas. Um *roadrunner* veio correndo, parou a menos de seis metros de onde eu estava, ergueu-se ereto, como se estivesse sintonizando-se com o mundo. Procurei ficar quieto (foi difícil). O *roadrunner* ficou totalmente imóvel (pelo que parece, sem nenhuma dificuldade), e permanecemos assim por alguns instantes. Pude ver as cores azul e vermelho ao redor dos seus olhos, e me senti completamente feliz. Então me mexi, e o *roadrunner* foi embora. Mais tarde,

---

* *Roadrunner:* chamado popularmente de papa-léguas, comum nas regiões desérticas dos Estados Unidos. (N. da T.)

pensei: às vezes o que desejamos nos é concedido, quase sempre quando menos esperamos. E, muitas vezes, quando estamos tentando fazer outra coisa.

Como neste caso, a conexão com a natureza com freqüência nos faz refletir sobre a vida. Quantas vezes não ficamos pensando longamente, de pé, olhando o mar, um pôr-do-sol ou um Great Roadrunner?

A natureza está sempre ali para nós, esperando a nossa companhia.

CATORZE

Bichinhos de estimação e outros animais

ANOS ATRÁS, QUANDO EU DIRIGIA uma ala para pacientes psiquiátricos internados num hospital estadual para doentes mentais, resolvi arrumar um gato para ser o animal de estimação da unidade. Jamais esquecerei o estardalhaço que os burocratas armaram. Parecia que eu estava defendendo a cocaína como uma forma de terapia.

— Você não pode fazer isso! — o sujeito encarregado rosnou para mim. — E os pacientes alérgicos? E doenças, como febre da arranhadura de gato? E se um paciente se apegar demais ao gato e depois quiser levá-lo com ele quando receber alta? E se a família de um paciente nos processar por alguma coisa que o gato fizer?

— O quê, por exemplo? — perguntei, tentando imaginar o que se passava na cabeça daquele homem.

— Não sei. Algo imprevisível. As pessoas processam por tudo. Por que arriscar?

— Porque o gato vai proporcionar a esses pacientes um relacionamento importante — respondi. — Muitos deles não têm isso.

— Mas eles não serão donos do gato. Não vão poder ficar com o gato — o homem protestou.

— É uma coisa importante para eles aprenderem também — retruquei. — Afinal de contas, estamos sempre conversando com eles sobre limites para todos os relacionamentos. Ora, por que não deixá-los praticar com o gato?

O burocrata encarregado concordou comigo, acho, só para se livrar de mim. O hospital não deu nenhum apoio, mas permitiu que o gato morasse na ala. Certa vez, o bichinho pulou da janela, que fica no terceiro andar. Quebrou o quadril. O veterinário nos disse que poderíamos colocá-lo para dormir ou fazer uma cirurgia de quadril, que ia custar 300 dólares. Optamos pela cirurgia, patrocinada por mim, é claro, quando o hospital adotou a atitude do "eu lhe disse".

Mas valeu cada centavo. Aquele gato fez um bem enorme ao longo dos anos. Os pacientes falavam com o animal quando não queriam falar com mais ninguém. Brincavam com o gato, alimentavam o gato, limpavam a sujeira do gato; e, se os pacientes não o fizessem, os residentes (psiquiatras em treinamento), enfermeiros e outros funcionários colaboravam.

Fizemos um concurso para dar um nome ao gato. O de que eu mais gostei foi sugerido pelo residente chefe: Oedipus, ou Eddypuss (Gatinho Eddy). Mas os pacientes não gostaram. Votaram a favor de "Mr. Fenwood", inspirado no nome da rua do hospital, Fenwood Road.

Mr. Fenwood ficou mais tempo naquela unidade do que eu. Saí três anos depois para fazer outra coisa. Lembro-me de que no último ano em que estive lá, o hospital deu uma grande festa para comemorar os seus setenta e cinco anos. O *Boston Globe* apareceu para fazer uma matéria sobre o aniversário. Ao percorrer o hospital, o repórter ouviu falar de Mr. Fenwood e quis uma foto. Nunca esquecerei do burocrata-chefe me dizendo: "O que eles quiseram fotografar? O seu maldito gato!"

Bichinhos de estimação podem inspirar lealdade e carinho, como Mr. Fenwood. Os pacientes que não conseguiam fazer contato com seres humanos amavam Mr. Fenwood.

Os bichinhos são bons para você. Quem puder, deve ter um. Eles despertam bons sentimentos. Os estudos mostram que as pessoas que têm animaizinhos vivem mais.

Quem tem dificuldade em relacionar-se com outras pessoas pode encontrar algo especial num bichinho. Por exemplo, um homem de cinqüenta e dois anos me disse: "Não sinto uma conexão forte com ninguém, mesmo com minha mulher, ou com uma instituição qualquer, nem com o meu emprego. Mas sou muito apegado à nossa cadela. É uma *shar-pei* de sete anos que me ama incondicionalmente, e eu retribuo esse amor. Falo com ela como se me compreendesse, e ela faz aqueles barulhinhos de *shar-pei* para mostrar que participa da conversa."

Às vezes, descartamos como futilidade os relacionamentos que as pessoas têm com os animais, mas isso é um erro enorme, como milhões de proprietários de gatos, cachorros, cavalos e outros animais podem atestar. Por exemplo, uma mulher de vinte e sete anos me contou sobre o seu íntimo relacionamento com seu cavalo. "Embora me sinta conectada com minha família e amigos", ela escreveu,

sinto uma conexão especialmente profunda com meu cavalo, Webster. Tenho Webster há doze anos. Meu pai o comprou para mim no último ano do ginásio. Web e eu íamos sempre aos shows eqüinos no Sul. Como viajávamos sozinhos, desenvolvemos uma amizade especial.

Quando me formei no ginásio, tomei providências para freqüentar a faculdade sem Web. No Natal, encontrei uma cocheira para Web morar perto da cidade onde eu ia estudar. O meu primeiro semestre foi um pouco triste, porque não tinha Web comigo. Sentia não poder vê-lo diariamente e estar com ele. Meus pais o trouxeram depois das festas de fim de ano. Passamos alguns meses juntos. Em março, voltei para casa na folga entre o primeiro e o segundo trimestres, mas deixei Web na escola.

Não demorou muito e a cocheira onde Web morava ligou para dizer que ele estava com cólicas. Voltei para a escola mais cedo para ficar com ele. Esses episódios de "cólicas" continuaram a ocorrer sempre que eu o deixava por mais do que um ou dois dias. Comecei a perceber que Web sentia tantas saudades de mim e das nossas visitas diárias que acabava ficando com dor de barriga. Então comecei a levá-lo comigo para casa nos feriados mais longos para ele não adoecer.

Os proprietários de cavalos vão pensar que sou maluca, mas tenho certeza de que Web ficava doente porque sentia a minha falta. No último ano da faculdade, durante as provas do primeiro trimestre, não me sobrava tempo para ir ver Web todos os dias. Não teve dúvida, ligaram da cocheira para me avisar que Web estava doente. E, em geral, quando eu chegava lá ele melhorava. Mas, dessa vez, foi diferente. Web tinha arranjado uma doença de verdade, que acabou exigindo uma cirurgia naquela mesma noite. Eu fiquei transtornada, porque sentia que tinha abandonado o meu amigo. Ele sempre esteve do meu lado, mas eu estava ocupada demais para lhe dar atenção. Passei várias noites com Web no hospital. O médico me disse que ele ficaria bem depois de um longo período de convalescença. Web teve uma recuperação milagrosa!

Ele se formou comigo no ano seguinte, e nos mudamos para nossa fazenda no Tennessee, onde ele mora no quintal, a uma distância visível da janela do meu quarto. Web e eu vivemos em casa durante alguns meses, até eu conseguir o meu primeiro emprego, na Carolina do Sul. Web seguiu comigo, e ficamos morando dois anos e meio na Carolina do Sul. Infelizmente, era longe demais para Web ir comigo quando eu voltava para visitar a minha família, e ficou doente algumas vezes.

Hoje, Web e eu estamos de novo no Tennessee, na fazenda. Vou vê-lo diariamente e me demoro escovando, montando ou simplesmente amando Web. Ele é um animal maravilhoso, com quem me sinto muito conectada e que me ama.

A conexão com um animal é uma das mais fáceis. Doentes de resguardo, pessoas que vivem em asilos, pacientes de hospitais para doenças mentais deveriam ter acesso a animais sempre que possível. O seu poder de cura é extraordinário, e eles não estão em falta!

QUINZE

Idéias e informação

TENHO UMA PACIENTE CUJO PAI costumava levá-la para pescar. Nessas ocasiões, eles desfrutavam momentos especiais de contato pessoal, cada um se divertindo com a companhia do outro. Não é de espantar que minha paciente tenha desenvolvido uma paixão pela vida ao ar livre. "Eu queria aprender mais", me disse. Ela escreveu um ensaio sobre ecologia, no ginásio, que foi premiado; formou-se em estudos ambientais na faculdade, e hoje dirige uma empresa de consultoria ambiental. "Tudo começou com aquelas pescarias com papai", ela falou. "Naturalmente, eu só queria saber mais."

"Naturalmente", todos nós queremos saber mais. Antes que o aprendizado formal transformasse o aprendizado natural num trabalho enfadonho, como acontece com muita gente, aprender era uma experiência feliz e criativa para todos nós, mesmo quando nos arrumava problemas! Tentativa e erro — a infância, e o aprendizado — é isso. O desejo de *compreender* nos define como seres humanos. A presença do pai pode ter sido o impulso sentimental que levou a minha paciente a se interessar pela vida ao ar livre, mas depois a sua curiosidade natural foi maior. E, aí, ninguém mais a segurou!

Todos nós nascemos curiosos. Todos nós nascemos ávidos por novas idéias. Todos nós nascemos prontos para nos conectar com idéias e informações.

Se você nutrir a sua conexão com o mundo das idéias e das informações, esse mundo o nutrirá quando você estiver mais velho. Será uma fonte de prazer, ano após ano, quando pensar em ler uma determinada revista, ou mal conseguir esperar a publicação do próximo livro de um autor, ou aguardar ansioso os resultados da última pesquisa numa determinada área. Você vai começar a acompanhar oceanografia, política, mecânica de automóveis ou seja lá que assunto tenha despertado a sua imaginação anos atrás. Fazer esta conexão positiva cedo é o principal objetivo de uma boa educação. Muitos pais e educadores erram acreditando que a meta principal de uma boa educação é a demonstração de conhecimentos, e dão muita importância às notas dos testes como medida. No entanto, muitas crianças que tiram boas notas estão loucas para parar de estudar, e muitas com notas ruins acabam dando ótimas contribuições. Por exemplo, o escritor John Irving levou cinco anos para terminar os seus quatro anos de ginásio, e precisou de ajuda emergencial em — entre todas as matérias — inglês! Depois de quase levar bomba no ginásio, ele acabou se tornando um dos mais aclamados romancistas do mundo!

O que ele desenvolveu foi uma conexão positiva com o mundo das histórias e das palavras. Ainda que a escola tenha feito o possível para desencorajá-lo e convencê-lo de que era um idiota, ele encontrou um treinador de luta romana que despertou o que havia de melhor nele e não o deixou desanimar. Esse treinador o ajudou a preservar uma conexão positiva consigo mesmo e com a vida, o que por sua vez permitiu-lhe continuar tentando.

Com demasiada freqüência as pessoas desprezam a conexão com informações e idéias como sendo coisa para intelectuais, mas isso não é verdade, não é mesmo. Um mecânico de automóveis pode desenvolver uma profunda conexão com o mundo das informações e das idéias sobre carros. Quem gosta de velejar pode se tornar um especialista em toda a complexa ciência que envolve barcos a vela, desde a navegação até o projeto de barcos e previsão meteorológica. Um jardineiro pode não ser um Ph.D em botânica, na verdade talvez nem tenha tido uma educação formal, mas pode se tornar um especialista em cultivar plantas. A conexão com informações e idéias se amplia constantemente ao longo da vida, proporcionando prazer todos os dias.

Sentimos um prazer inato em dominar um novo conjunto de conhecimentos ou compreender o significado de uma idéia complexa. Lembra de quando você aprendeu algumas leis simples de probabilidade, que ao atirar uma moeda para cima as chances de cair de cara é meio a meio, mesmo que tenha jogado dez caras uma atrás da outra? Se continuou, e ficando sabendo mais sobre estatística e probabilidade, provavelmente sentiu o prazer de compreender melhor a realidade, se teve um bom professor.

Ou, mais jovem, lembra de quando começou a estudar álgebra? Eu me recordo de perguntar exasperado ao meu professor: "Ora, x é igual a *quê*, afinal de contas?" Depois, aos poucos fui entendendo o que era uma variável, como um navio que surge do nevoeiro. É um conceito batido para mim hoje, mas já foi bastante impenetrável.

A conexão com as idéias proporciona um dos prazeres mais duradouros da vida. Além disso, hoje mais do que nunca, conseguir um bom emprego vai depender do quanto você está à vontade com informações e idéias, e seguro em meio a incertezas e mudanças. Essa segurança está diretamente relacionada com a boa conexão que você sente ter com o mundo das informações e das idéias. Não com a quantidade de idéias e informações que você memorizou. Ela está associada ao seu conforto em jogar com o que sabe e descobrir o que precisa saber. Não importa tanto o *quanto* você sabe, como a facilidade com que você consegue identificar, e depois encontrar, o que você precisa saber — em outras palavras, a facilidade com que você é capaz de se conectar com informações e idéias.

Existe uma razão principal para as pessoas não desenvolverem uma conexão plena e segura com informações e idéias. Não é que lhes falte inteligência. Não é que lhes falte motivação. Não é que não tenham freqüentado a escola certa ou não tenham suficientes computadores em casa ou em suas salas de aula. Não é que não vejam bastante televisão, ou não comam direito, ou qualquer das milhares de explicações que ouvimos com freqüência sobre o motivo para as pessoas não terem sucesso nos mundos da ciência, da matemática e da linguagem.

O que impede as pessoas de todas as idades de desenvolver uma conexão confiante com idéias e informações, mais do que tudo, é só isto: medo.

O medo é a deficiência de aprendizado mais perniciosa. É também, de longe, a mais comum. Afeta quase todo o mundo uma vez ou outra.

Algumas pessoas jamais aprendem a usar um computador, não porque lhes falte inteligência para isso, mas porque têm medo.

Algumas pessoas jamais aprendem a montar num cavalo, não porque não tenham habilidades atléticas, mas porque têm medo. Algumas pessoas jamais conseguem tirar uma boa nota em matemática, não por incapacidade, mas porque têm medo. Passei anos especializando-me no tratamento de deficiências de aprendizado em crianças e adultos. Doenças como dislexia, distúrbio de falta de atenção, inabilidade para línguas estrangeiras e deficiência de aprendizado não-verbal são a minha especialidade. No entanto, nada disso tolhe tanto o desenvolvimento de uma pessoa quanto o medo. Tenho visto pessoas brilhantes que jamais fazem uso do seu talento por não suportarem o medo que sentem.

Às vezes, elas têm medo dos outros, ou de sair de casa para trabalhar, ou da responsabilidade, ou simplesmente temem não serem perfeitas. Essas são preocupações de que tratei no meu livro *Worry: Controlling It and Using It Wisely*. [Preocupação: controlando-a e usando-a inteligentemente.]

Mas existe um medo que é ainda mais comum do que os estados de preocupação que discuti no meu livro anterior.

É o medo simples e puro de aprender algo novo.

Ele pode atrasar uma criança na escola, porém é mais comum que impeça o crescimento de um adulto. Isso porque, na escola, existem professores para direcionar as crianças para as novas áreas que elas possam temer. Existem professores para ajudá-las a vencer o medo de aprender alguma coisa nova. Mas os adultos, em geral, não têm professores ou, se tiverem, muitas vezes receiam perguntar, temem parecer idiotas.

Todos nós precisamos desenvolver uma conexão confortável com o mundo das informações e das idéias. Você pode fazer isso de muitas maneiras. Vou contar como eu fiz.

Quando eu estava na primeira série, no sistema de escola pública em Chatham, em Cape Cod, tive uma professora chamada Mrs. Eldredge. (Naquela época, em Chatham, a maioria estudava com Eldredge ou Nickerson. Eu fiquei com Eldredge.) Ela era uma mulher robusta, com seus cinqüenta anos, imagino, e muita prática com alunos da primeira série. Isto foi em 1955 e, no que dizia respeito a aprendizado, os diagnósticos para a maioria das pessoas eram de "inteligente" ou "burro". Tudo que Mrs. Eldredge tinha para ajudá-la era a sua experiência. Mas ela também sabia que nem todas as crianças que demoravam a ler eram burras.

Eu lia muito mal. Mrs. Eldredge disse aos meus pais que eu não era burro, mas que tinha dislexia. Meu pai contou-me que isto queria dizer que eu lia espelhado. Achei que isso significava que eu tinha um espelho no cérebro. Lembro de procurá-lo espiando dentro do meu ouvido esquerdo no espelho do banheiro.

Numa retrospectiva, fico impressionado por Mrs. Eldredge ter descoberto a minha dislexia. Ela poderia ter me diagnosticado simplesmente como lento ou burro, e as coisas ficariam por isso mesmo. Mas fico ainda mais impressionado com a forma como ela tratou a minha dislexia.

O que ela fez? Qual foi o meu plano de tratamento, o meu PEI, ou plano educacional individualizado, como é chamado no sistema burocrático atual? Mrs. Eldredge jamais tinha ouvido falar de PEI, mas tinha uma idéia de como tratar crianças que não conseguiam ler.

O que ela fez foi tornar a sala de aula um lugar seguro para mim. Seguro para eu poder fracassar. Ela era uma mulher grande, constituída como uma espécie de lavadora e secadora empilhadas verticalmente, e onde quer que se sentasse levava consigo o peso da autoridade. Durante o período de leitura, ela se sentava ao meu lado. Na década de 1950, em Chatham, aprendíamos a ler lendo em voz alta. Cada criança lia um parágrafo. "Veja Spot correndo. Correndo, correndo, correndo", e assim por diante.

Quando chegava a minha vez de ler, eu não conseguia. Trocava as letras. Gaguejava. Algumas palavras eu fixava, outras eu errava. Na maioria das salas de aula eu me teria sentido constrangido, mas não na de Mrs. Eldredge. Quando eu lia, ela passava um dos seus grandes braços sobre meus ombros e me apertava o suficiente para eu me sentir seguro. Ela usava vestidos brancos, eu me lembro, estampados com maçãs vermelhas. Até hoje ainda vejo as maçãs com o canto do olho. Quando eu lia, nenhuma criança ria de mim, porque eu tinha a máfia do meu lado. Eu gaguejava e hesitava, e Mrs. Eldredge apertava, e a aula de leitura seguia sem interrupções. Sem vergonha, sem constrangimento, sem medo.

Apaixonei-me pelas palavras, graças a Mrs. Eldredge e graças a minha tia-avó Nell, que lia em voz alta para mim todos os dias. Mesmo sendo um leitor lento — e *ainda* leio devagar —, formei-me em inglês em Harvard e me graduei com louvor. Esse diploma é de Mrs. Eldredge e de tia Nell tanto quanto meu.

Mrs. Eldredge não pôde curar a minha dislexia. Mas o que ela pôde fazer foi transformar a sala de aula num lugar seguro para mim. Ela conseguiu me dar segurança para ser um leitor lento. Como eu não sentia vergonha, não fugi assustado dos livros. Por causa de Mrs. Eldredge, da tia Nell e de uma série de outros professores, desenvolvi uma conexão confortável com o mundo das idéias e da informação. O contexto era para que se desse exatamente o contrário —. que eu acabasse odiando a escola e a leitura. Mas não foi isso que aconteceu.

O braço de Mrs. Eldredge tem estado sobre meus ombros desde a primeira série. Está me abraçando agora, dando-me coragem para aprender coisas novas, escrever livros, explorar novas idéias. Fui um aluno com especialização em inglês que foi estudar medicina. O medo não me impediu de crescer academicamente, porque sempre tive aquele braço nos meus ombros.

Qualquer um pode encontrar esse braço, mas, quanto mais cedo isso acontecer, melhor. As crianças devem ser desafiadas na escola, mas devem também ser reconfortadas. Ao conduzi-las para novas áreas, a professora deve aquietar os temores das crianças, sempre fazendo-as saber que podem ter êxito. Esta combinação de desafio e reconforto cria uma forte conexão com o mundo das informações e das idéias.

Neste sentido, existe um grupo inovador em Boston chamado Boston Partners in Education (Parceiros na Educação, de Boston), que organizou um programa nas escolas públicas chamado Almoço com o Poder. Uma vez por semana, executivos de empresas, advogados e outros profissionais vão a uma escola pública de Boston e passam quarenta e cinco minutos com um determinado aluno. Eles almoçam juntos, em seguida o adulto lê em voz alta para a criança. O adulto pode ficar com a mesma criança até três anos; o programa vai até o final da terceira série.

Este é um modelo perfeito de conexão! Perguntei a Olivia Matthews, da equipe do Boston Partners in Education, se as crianças gostavam. "A esmagadora maioria adora", ela me disse. "Essa foi a grande dúvida quando o programa começou. As crianças aceitariam renunciar a sua hora de almoço e recreio para ficarem sentadas com um adulto, lendo? Mas elas querem. Ficam entusiasmadas. O que eu mais gosto é de ver a expressão no rosto delas quando os voluntários chegam. Elas me procuram quando estou aqui e dizem: 'Meu parceiro vem hoje? Meu parceiro vem hoje?' E, como você pode imaginar, os executivos adoram também."

As empresas participantes também são patrocinadoras do programa. É um ótimo exemplo da comunidade empresarial apoiando as escolas e as crianças num estilo popular. São mais de trezentos executivos e profissionais, de mais de vinte e cinco organizações diferentes, participando. Só o grande escritório de advocacia Ropes and Gray manda trinta e quatro adultos. Gosto da imagem de trinta e quatro advogados da Ropes and Gray saindo na hora do almoço, uma vez por semana, para ler para uma criança das escolas públicas de Boston!

Em termos de ganhar poder, a conexão com informações e idéias é uma das mais importantes. Em termos de auto-estima na idade adulta, também é chave.

Mas, principalmente, uma conexão confortável com o mundo das informações e das idéias é crucial porque permite o pleno desenvolvimento da sua mente. Facilita uma espécie de maestria, como acertar no gol ou fazer uma cesta, que é um dos prazeres mais difíceis de se conquistar na vida.

DEZESSEIS

Instituições e organizações:

UM HOMEM CONECTADO
NUM LUGAR CONECTADO

NUMA TARDE CINZENTA, num subúrbio de Boston, Bob Tobin, quarenta e um anos, enfiou-se na cama e começou a chorar. Sentia-se exaurido, envergonhado e sem sorte. Não estava ganhando dinheiro e dependia totalmente do pequeno salário que a mulher, Maurine, recebia como professora para sustentar os seus cinco filhos. Pastor da igreja episcopal, ele estava fazendo uma pós-graduação em Harvard, mas sentia-se inútil porque não contribuía para o sustento financeiro da sua família. Para piorar as coisas, estava sempre mal-humorado e irritado, reclamando com a mulher e as crianças todos os dias. Este homem que tinha jogado futebol na faculdade, no Texas, e montado potros chucros por esporte estava agora sucumbindo.

Mas naquela tarde, quando se deitou na cama chorando, algo maravilhoso aconteceu. Os filhos e a mulher apareceram e se enfiaram na cama junto com ele. Devem ter feito um belo quadro, cinco crianças, de seis a dezesseis anos, a mãe e o pai chorando sobre a cama que vergava sob o peso deles.

Mas o ânimo deles não vergou. Quando Bob disse "Estou tão envergonhado, não posso nem pagar o cinema de vocês", a garotada se animou. Imediatamente se ofereceram: "Pai, nós vamos arrumar emprego." No dia seguinte, dois já estavam trabalhando como lanterninhas do Cleveland Circle Cinema. Todo mundo aderiu. A vida começou a melhorar.

Não muito tempo depois daquela tarde sombria, Bob encontrou trabalho. Mas nunca esqueceu daquele dia. Ele saiu do fundo do poço com ajuda da família e do seu Deus, mas ainda fala francamente sobre a experiência, com característica humildade. Continua lembrando, e dividindo com os outros, sabendo que qualquer um de nós está sujeito a esse tipo de crise. São momentos em que mais precisamos de nossas conexões.

Hoje, com sessenta e três anos, Bob Tubin construiu sua vida baseada em conexões de muitas espécies. A Christ Church, em Cambridge, onde ele é prior há onze anos, é um lugar tão conectado quanto Bob. Eu sei porque minha família freqüenta essa igreja há dez anos.

Bob cresceu pobre. O pai tinha um trabalho razoável na indústria gráfica, mas bebia, portanto dava quase todo o seu salário para o homem do bar. Devido ao alcoolismo do pai, Bob e a irmã, Bess, muitas vezes tiveram de se virar sozinhos, confiando na ajuda de vizinhos ou estranhos.

Ele começou a freqüentar a igreja, que se tornou uma espécie de refúgio. Um dos seus primeiros momentos vívidos de conexão externa foi quando uma mulher na igreja o parou para perguntar: "Bobby, como *vai* você?" Ela devia saber que ele estava sofrendo. Bobby, o garoto, disse que estava ótimo, mas Bob, o homem, ainda extrai energia da bondade daquele gesto.

Procurando apoio fora de casa, ele despertou atenção jogando futebol no ginásio. O futebol escolar no Texas é o futebol escolar na sua forma mais intensa. Se você for bom, é alguém. Bob era bom. Ele continuou no nível seguinte, jogando futebol universitário, mas sua vida ia dar uma grande virada na faculdade.

Na Universidade do Texas, ele encontrou uma vocação. Merrill Hutchins, que trabalhava no programa para formação de capelães, puxou-o de lado e disse, simplesmente: *"Eu conheço você."* Bob imediatamente entendeu o que Merrill queria dizer. Nunca tinham se visto, mas Merrill percebeu alguma coisa em Bob, este jogador de futebol rude que falava de profundidade espiritual. Bob sempre soube da existência disso, mas não tinha procurado desenvolver até Merrill Hutchins fazer a conexão.

Depois da faculdade veio o seminário. Socialmente, os tempos estavam mudando, mas não muito rápido. Portanto Bob começou a jogar um tipo de futebol texano diferente, de certa forma mais suave, a luta pela justiça social.

Antes de se ordenar, Bob precisava ser entrevistado por um psiquiatra em Austin. Naquele dia, Bob fazia piquete contra a segregação numa lanchonete. Teve de sair para comparecer à entrevista. Ao entrar no consultório do psiquiatra, viu o médico de pé na janela, olhando o protesto do qual Bob acabara de participar. O psiquiatra amaldiçoava os "negros e todo o pessoal que os apóia", Bob lembra. Bob passou no seu teste de sanidade mental sem dizer nada que pudesse levar o médico a desqualificá-lo. Depois da entrevista, ele voltou para o piquete, tendo tido a sua primeira aula sobre os aspectos práticos do idealismo.

Até hoje Bob se dedica a acabar com a discriminação racial, assim como com outros tipos de preconceito. Um dos seus primeiros trabalhos como pastor foi em Broger, no Texas, na época uma cidade da John Birch Society. No dia em que o presidente Kennedy foi assassinado, um dos banqueiros da região foi para o rádio dizer que a morte de Kennedy era a melhor coisa que podia acontecer ao país.

Bob discutia com gente desse tipo. Quando desafiou o Rotary Club local, apontando que era contra os estatutos da organização ter um palestrante com uma tendência política sem ter, ao mesmo tempo, outro da oposição, um dos membros do clube, um tal J. C. Phillips, atirou uma pilha de livros em cima de Bob, junto com um punhado de cartões laminados com a frase impressa numa face "Sou americano de carteirinha", e no verso o voto de adesão.

Bob pulou em cima de J. C. como o ex-*half-back* que era. Acertou J. C. na cara, coisa a que o outro não estava acostumado. Bob, que ainda recentemente montava potros chucros, pegou esse rotariano gordo, de meia-idade, pelas lapelas e alertou-o a *nunca* mais repetir o que tinha feito. "Macho pra caramba, hein?", hoje Bob diz achando graça, quando conta a história. "Mas era a língua que aquele pessoal entendia."

Bob continuou falando a língua da conexão em seus diversos trabalhos.

A Christ Church, o lugar que o empregou nos últimos onze anos, também vem falando a língua da conexão — desde o século XVIII. A Christ Church fica a mais ou menos uns trinta metros da Garden Street, bem na orla do que agora é o rebuliço da Harvard Square. É um prédio simples de madeira, pintado de cinza, construído antes da Guerra da Independência, em 1759. George Washington orava ali, e Martin Luther King fez ali um discurso importante anunciando a sua oposição à Guerra do Vietnã.

Bob Tobin é reitor agora, posto que pouca gente ocupou. Uma comprovação da força desta igreja é Bob Tobin ser o quinto reitor desde 1900.

É difícil dizer quantas pessoas se consideram membros regulares da Christ Church, visto que muito mais gente a freqüenta de forma esporádica do que se vê nos registros oficiais. Como é provável acontecer em muitas outras partes do país, a fé religiosa em Cambridge, Massachusetts, é ocasional. As pessoas pegam e largam, flertam com ela e a rejeitam, adotam e desistem com regularidade, portanto a freqüência a um determinado serviço religioso varia de semana para semana. Não existe promessa de condenação se você não aparecer, e não há nenhuma prova absoluta de salvação em troca do seu comparecimento, portanto a freqüência é flutuante.

Não obstante, existe um grupo básico que sempre está lá, e que preserva um forte sentido de conexão dentro da igreja. Cerca de trezentas pessoas comparecem todos os domingos, umas 250 ao culto das dez horas da manhã e outras cinqüenta ou sessenta ao das oito da noite. A congregação é formada por pessoas da Harvard Square e professores da Universidade de Harvard, os trabalhadores de Cambridge e a classe dos desocupados de Cambridge, idosos que são membros da igreja há cinqüenta anos e membros recentes que estão ali farejando o ambiente.

Sue e eu entramos em 1988, assim que nos casamos. Jamais esquecerei da primeira vez que fui à Christ Church. Ficamos surpresos com a simplicidade. Nada dos vitrais de que me lembrava, na igreja de Saint Michel, em Charleston. Apenas vidros transparentes, uma cruz simples, bancos de madeira de lei e almofadas vermelhas, e uma congregação que parecia tão diversa quanto a Harvard Square, muito mais diversa do que a média da sua congregação episcopal. Algumas pessoas vestiam ternos ou vestidos elegantes, enquanto outras usavam calças jeans ou shorts recortados. A maioria estava bem-arrumada, enquanto um ou dois precisavam urgentemente de um banho. A maioria era branca, mas não eram poucas as pessoas de cor. O culto era o Ritual II do Livro de Orações Comuns. Eu não recitava essas palavras desde que saíra de Charleston, e quando comecei a orar novamente percebi que haviam mudado um pouco, não muito. O verso da Confissão Geral "e não há saúde em nós" tinha desaparecido. Fiquei feliz por ver que o verso não existia mais. Muitas palavras, porém, continuavam as mesmas, o suficiente para manter a conexão fluindo.

Sue e eu, um pouco tímidos, não nos demoramos depois do primeiro culto; preenchemos um cartão que estava no banco pedindo mais informações e fomos para casa.

No dia seguinte, recebemos um telefonema de Louise Conant, a reitora associada. "Alô", ela disse. "Encontramos o seu cartão. Gostariam que eu fosse até a casa de vocês para explicar o que é a Christ Church?" Eu estava acostumado com pessoas ligando para perguntar se poderiam vir me vender apólices de seguro de vida ou um revestimento de vinil. Mas não, esse telefonema estava nos oferecendo Deus.

Não vou me esquecer nunca da visita de Louise ao nosso prédio na Linnaean Street, em Cambridge, sentada conosco na nossa pequena sala de estar, e gentilmente estendendo os braços da igreja. Ela me pareceu, na época, e ainda parece, uma das mulheres mais delicadas e fortes que já conheci.

Sue e eu estávamos afastados da igreja havia anos. Procurávamos um jeito de voltar, mas não para um sermão ou conjunto de regras. Louise nos deu as garantias de que precisávamos, tomou o seu café, comeu um biscoito, respondeu às nossas perguntas, e saiu, imagino eu, para a casa ou cabeceira de outra pessoa. Não tentou nos convencer de nada, não nos falou sobre os benefícios de acreditar em Deus ou freqüentar a Christ Church, sorriu apenas o seu sorriso gentil e respondeu às nossas perguntas. Desde então somos membros da Christ Church, e nossos três filhos foram batizados lá.

A Christ Church é um prédio velho muito convidativo, situado perto de um cemitério. A congregação episcopal se sente conectada — com Deus, uns com os outros, com *alguma coisa* que não encontram no dia-a-dia.

Não conheço todo o mundo na igreja; longe disso. Mas todos os anos fico conhecendo mais um pouco. Sempre que vou lá, sinto-me melhor ao sair do que quando entrei.

É interessante como o prédio e o homem — a Christ Church e Bob Tobin — personificam ambos o poder da conexão. De fato, Bob chegou à Christ Church pela primeira vez não como reitor, mas como paroquiano. Ele veio numa fase difícil da sua vida, quando se enfiou na cama e chorou deprimido. Naquele inverno, ele e Maurine estavam procurando uma igreja.

"Eu estava totalmente desconectado e me sentindo muito perdido", ele lembra. Na época, Bob era vice-presidente da parte administrativa de uma instituição educacional e estava confuso com a política do lugar. "Era a epítome da desconexão", ele falou. "Era o tempo todo uma manipulação e uma desonestidade terríveis. Eu me sentia totalmente fragmentado. Um dia, pedi demissão. Saí com amargura e rancor.

"Então comecei a ir à Christ Church. Foi o meu primeiro encontro com este tipo de lugar. Pastor desde 1960, eu já havia participado ativamente de paróquias e feito bons amigos, mas quando chegamos aqui encontramos alguma coisa especial no clima, algo que Maurine e eu nunca sentimos em lugar algum antes.

"Lembro que viemos pela primeira vez na véspera do Natal. Saímos naquela tarde sem nem saber se iríamos a uma igreja ou não. Tínhamos andado de trenó com as crianças e ainda não havíamos trocado de roupa quando vimos no jornal que haveria um culto às cinco horas da tarde na Christ Church, então decidimos correr até aqui. Chegamos um pouco atrasados, e entramos. Murray Kenney, meu antecessor, estava contando histórias e usando um chapéu [grinch]. Nada a ver com a sua igreja episcopal estereotipada, rígida. As pessoas pareciam muito animadas. Obviamente apreciavam estar neste ambiente. Decidimos na mesma hora que realmente desejávamos voltar aqui. E voltamos. Passamos a freqüentar até voltarmos para o Texas, em 1981. Depois, chamaram-me de volta para ser reitor, em 1987."

Bob falou-me sobre o contraste entre o carinho da Christ Church e o ambiente de medo em que tinha vivido quando estava na administração educacional. "O lugar era movido a medo e intimidação. Eu devia ter percebido isso antes. Ninguém ousava nem mesmo rir nas reuniões administrativas se o chefe não estivesse achando graça. Lembro de contar uma piada na minha terceira reunião com a comissão executiva, pensando que isso ia descontrair um pouco o ambiente. Eu disse alguma coisa como 'Bem, estou há pouco tempo aqui, mas estou vendo por que é tão difícil conseguir realizar as nossas tarefas'. E o chefe olhou-me e perguntou: 'Ah, é o quê?' E eu respondi: 'Bem, é difícil trabalhar quando se tem de andar de um lado para outro com ambas as mãos cobrindo a bunda.' Podia-se ouvir um alfinete caindo no chão. *Ninguém riu*. Foi a minha primeira pista sobre o ambiente onde havia entrado. É por isso que a Christ Church foi tão importante para nós. É totalmente o oposto."

Muitas instituições, infelizmente, são movidas a medo. O medo gera desconexão, que gera facções, calúnias, conivências, oportunismos e a maior parte dos descontentamentos das organizações infelizes.

Não há motivo para ser assim. Embora todas as organizações exijam autoridade e ordem, o medo como uma ferramenta administrativa é o refúgio de valentões. Quase todo o mundo já teve um chefe desumano ou um professor cruel. Desde a América corporativa até o esporte profissional e as salas de aula, essa espécie de líder pode produzir bons resultados a curto prazo, mas com o tempo ele acaba afundando a organização e afastando as pessoas melhores. Bob foi afastado, mas voltou para uma parte diferente da grande Boston, desta vez para um centro conectado.

Quando foi escolhido reitor, Bob ficou exultante porque estava tendo a chance de retornar para onde se sentira tão bem recebido. "Jamais pensei que isso seria possível. Foi um presente para mim. Foi a oportunidade que eu tive de retribuir de alguma maneira à Christ Church e ao seu povo."

A experiência de Bob ao vir para a Christ Church me parece representativa da experiência de muita gente que vem para cá. Elas saem de um lugar de sofrimento para outro de conexão. Bob explica isto bem: "Acho que esse lugar é tão importante para mim porque aqui existe um modelo de pessoas que cuidam umas das outras, que estão simplesmente aqui sem muitas exibições públicas. Um amigo meu encontrou uma definição para comunidade que sempre me agradou. Ele disse: 'Comunidade é um lugar onde, num momento de crise ou dificuldade, as pessoas envolvidas sabem o que fazer sem que ninguém lhes peça.' Freqüentemente vejo isso acontecer aqui. Existe por toda parte uma percepção do outro. Ainda descubro coisas que estão acontecendo e que eu não sabia. Pessoas se encontram espontaneamente, ou tomam conta de alguém da congregação, sem que ninguém saiba. Isso simplesmente parece fazer parte do contexto aqui."

O fato de Bob ser apenas o quinto reitor da Christ Church deste século é extremamente incomum nas igrejas episcopais em todo o país. Como ele me disse:

— Trabalhei como consultor de outras congregações onde as

pessoas atacam a liderança, querendo derrubá-la. Culpa-se muito os outros. Isso não acontece aqui.

— Sabe por quê? — eu perguntei.

— Acho que é o tom que se estabeleceu ao longo das décadas. *Simplesmente essa maneira de fazer as coisas não é aceita aqui.* Funcionamos na crença de que somos uma comunidade, e a nossa divisão não é uma atitude aceitável. Não faz parte do nosso estilo de agir.

Em vez disso, as pessoas se ajudam, muitas vezes, como diz o ditado, de formas misteriosas. "Poucos anos atrás", Bob me contou, "uma jovem veio ajudar a fazer as grinaldas para as festas do Advento. A moça deixou a sua mochila do lado de fora da porta, mas ao sair ela não estava mais lá. Sua tese estava dentro da mochila, e ela não tinha feito cópias.

"Antes de lhe dizer o que aconteceu, preciso lhe dar alguns antecedentes. Na minha primeira semana aqui, eu quis tirar umas pedras do jardim da reitoria. Vi aquele sujeito ali sem fazer nada e lhe disse que estava disposto a lhe pagar para fazer alguns serviços no jardim para mim. Ele respondeu: 'Eu faço.' Naquela tarde ele voltou, mas estava bêbado feito um gambá. Bateu com a picareta aqui e ali, depois disse: 'Aqui tem pedra, é muito difícil', e não demorou muito estava sentado na varanda, parado. Eu falei: 'Paul, tudo bem, aqui está uma parte do dinheiro, vejo você mais tarde.' 'Mas eu não terminei', ele disse. 'Tudo bem, não se preocupe com isso', eu acrescentei. Na manhã seguinte, Maurine e eu estávamos tomando o café da manhã e vimos uma cabeça indo e vindo pela janela da cozinha, e era Paul. Ele terminou o trabalho magnificamente, não disse uma palavra, e foi embora.

"Depois disso, ele fez outras coisas para mim. Uma vez ele disse: 'Eu nunca lhe pediria dinheiro, sempre trabalhei para isso, mas agora vou lhe pedir alguma coisa', e eu perguntei, 'Por quê?' Ele falou: 'Estou encarregado de lavar a roupa de todas as pessoas em Tent City, e preciso de quinze dólares em moedas de vinte e cinco centavos', e eu lhe dei. Assim era o nosso relacionamento. Nós nos vemos na rua. Às vezes ele está sóbrio, outras não.

"Bem, quando essa estudante perdeu a mochila com a tese dentro, fui até a praça e vi Paul com um amigo dele, e falei: 'Paul, estou com um problema. Roubaram uma mochila na igreja. Uma jovem tinha guardado dentro dela a sua tese, e é muito importante para ela recuperá-la, você pode perguntar por aí e me ajudar nisso? Não nos interessa a mochila, mas sim os papéis que estão dentro.' Ele disse: 'Não sei nada disso.' O amigo dele estava me olhando de um jeito meio engraçado, e eu continuei: 'Só estou pedindo para você me ajudar.' Ele estava no Au Bom Pain, no meio da praça. Eu tinha entrado e topado com ele por acaso. Pedi a outro sujeito que eu conhecia para me ajudar a procurar. Ele deu uma volta pela vizinhança e encontrou *duas* mochilas, mas nenhuma era a certa. Bem, depois de umas três horas a mochila da estudante foi devolvida, e ela teve de volta a sua tese. Não vi Paul durante umas duas semanas. Quando ele me encontrou na rua, disse: 'Resolvemos aquele problema, não é mesmo?'"

Muitos tipos como Paul povoam a Christ Church, gente cuja utilidade para a comunidade pode não ser visível até alguém perder uma mochila.

A população de rua encontra um lugar na rede da Christ Church, ao lado de profissionais abastados, "e isso me faz muito feliz", Bob afirma, "mas deixa muita gente assustadíssima. Acontece umas duas ou três vezes por dia. Eles entram e tomam café, e há sempre uma jarra de café para eles. E tem o que chamamos de ministério da latrina. Especialmente nesta época do ano, muitas crianças que ficam sem fazer nada na praça vêm usar o banheiro e em geral se lavam ali um pouco. Não é exatamente o que pretendemos, mas é o que acontece. Eu entro e vejo que usaram todas as toalhas de papel". O ministério da latrina começou na década de 1960, quando os manifestantes não tinham banheiros porque a Harvard Square fechou.

"Temos um outro sujeito que vem à igreja todos os domingos e assiste sempre aos estudos bíblicos, e não diz uma palavra, não conversa com ninguém, mas está sempre aqui. E tem o John Lee, que é esquizofrênico. John anda de um lado para outro, e diz ao meu filho que eu não compreendo, que tem gente atrás de mim, mas ele está aqui para me proteger. Agora mesmo o seu refúgio é ali, diante da cerca. Às vezes ele entra e se senta. Às vezes está bem-vestido, outras vezes está decadente, mas considera que é seu papel nos proteger. Quando reformamos o prédio, ele ficou furioso comigo porque tivemos de fechar. Isto significava que ele não ia poder entrar por um certo tempo. Eu o via na rua e ele dizia: 'Seu filho-da-mãe, seu filho-da-mãe.' Ficou mais ou menos um ano sem aparecer, mas depois voltou, quando resolveu que estava tudo certo novamente."

Quase tudo está certo na Christ Church, visto que ela tenta tornar a vida melhor num mundo onde tantas coisas não estão boas. A igreja podia ter um pouco mais de dinheiro — ela funciona com um orçamento de aproximadamente 400 mil dólares. Como consegue fazer tanto com tão pouco me intriga. Se um desses bilionários doasse o que recebe de dividendos em um dia apenas, ou mesmo em uma hora, a Christ Church obteria com esse dinheiro mais juros do que qualquer instituição que posso imaginar. Mas até isso acontecer, a igreja faz milagres com as migalhas que coleta dos paroquianos.

A Christ Church tem muitos programas — desde alimentar os sem-teto nas noites de quinta-feira, até participar de uma ofensiva chamada Greater Boston Interfaith Organization (GBIO), que visa a disciplinar a força de todas as denominações de fé na área de Boston no sentido do bem social, apoio aos estudos bíblicos, almoço em grupo às quintas-feiras para idosos e outros mais.

Esses esforços dão algum resultado. As pessoas se alimentam. As que estão desesperadas fazem contato. As crianças aprendem o que é ter fé. A Harvard Square tem um porto seguro. Os doentes recebem visitas e orações. Políticos ouvem os paroquianos a respeito de moradias a um custo conveniente. As almas aterrissam por aqui. A bondade tem um plugue. E, todos os dias, as portas ficam abertas para todos.

Mencionei a GBIO. Esta é uma organização que Bob Tobin particularmente apóia. Baseia-se nas práticas e princípios da Industrial Areas Foundation (IAF), que, segundo as palavras de Derek Bok, ex-presidente de Harvard, oferece "de longe, a nossa maior esperança de alcançar a justiça social neste país". A IAF e a GBIO operam juntando primeiro as pessoas, *depois* decidindo em que programas interceder. A chave para tudo isso chama-se "uma a uma". As pessoas se encontram individualmente, só para conversar. Descobrem por elas mesmas quais são as suas principais preocupações. Em seguida, aos poucos, constroem uma rede de pessoas interessadas, todas vindas dos encontros individuais. Esta é uma organização realmente de baixo para cima, e não de cima para baixo.

Em San Antonio, a IAF levou à construção de uma infra-estrutura — pavimentação de estradas, instalação de controle de enchentes — onde não havia, ao custo de mais de um bilhão de dólares. Isto só aconteceu depois que as pessoas se reuniram uma a uma por um longo período. A IAF primeiro constrói conexões. O método depende do poder de conexões populares. Por isso não é de espantar que Bob Tobin seja tão ativo na GBIO baseada na IAF. Ele encontrou céticos na sua congregação, entretanto. Em Harvard, afinal de contas, as pessoas muitas vezes preferem discutir política a conhecer outras pessoas. Muitos preferem a estrutura de um debate intelectual à emotividade irrestrita de confronto um a um. Mas a GBIO está adquirindo mais força, e a Christ Church votou a favor de doar um por cento do seu orçamento para apoiar a GBIO.

No dia 22 de novembro de 1998, participei de um comício de abertura em Boston para a GBIO. Depois de dois anos de encontros um a um, a organização estava pronta, pelo menos oficialmente, para se declarar viva na grande Boston. O líder da Igreja Católica, cardeal Law, estava lá, como estavam o bispo Shaw, o bispo episcopal, líderes judeus, líderes muçulmanos e de muitas outras igrejas locais, paróquias e organizações baseadas em doutrinas religiosas da cidade. Havia gente de todas as raças. Havia crianças de colo, colegiais e jovens adultos. Uma banda de música, cantores de gospel e muita energia. Quatro mil pessoas lotaram o auditório da Boston College High School, enquanto uma multidão excedente assistia ao lado através de um circuito fechado de TV.

Os líderes discursaram. Quem estava na platéia, como eu, cantava, ouvia e conversava individualmente com o vizinho do lado.

O que aconteceu no B. C. High naquela noite foi muito bem sintetizado pelo bispo Shaw, que disse: "Tenho tido muitas visões do Inferno na minha vida. Ao entrar aqui hoje, e ver todos estes grupos diferentes juntos, tive um vislumbre do reino de Deus."

O trabalho de Bob Tobin na Christ Church e a Christ Church dentro da sua comunidade por intermédio da GBIO e de muitos outros programas por ela apoiados personificam o poder da conexão, não apenas pela fé — na verdade, muita gente que freqüenta a Christ Church traz mais dúvidas para a igreja do que fé — mas pela boavontade e um desejo básico de dar e receber amor.

A maioria das pessoas armazena uma grande reserva inexplorada de boa-vontade. Mas esta energia positiva pode se perder se elas não encontrarem um modo prático de canalizá-la. Essas pessoas — na verdade, todos nós — precisam de um lugar, como a Christ Church, e de um líder, como Bob Tobin, para nos ajudar a fazer a ligação.

DEZESSETE

❧

Criando uma escola conectada:

SHADY HILL

D<small>IANE</small> T. <small>SENTOU-SE CHORANDO</small> no meu consultório. "As crianças são assim, naturalmente más?", ela perguntou em meio às lágrimas. "Por que elas fariam uma coisa dessas?" Ela tinha me procurado porque o filho estava sendo impiedosamente alvo de implicâncias na quinta série. No último incidente, um grupo de garotos tinha tirado as calças e as cuecas do menino e içando-as no mastro da bandeira da escola, deixando-o todo encolhido e chorando num canto do vestiário, enquanto os outros lá fora caíam na gargalhada.

Já escutei muitas histórias iguais a essa. As crianças podem, mesmo, ser terrivelmente cruéis. Em geral, sem nenhum motivo. A única razão para estarem implicando com esse garotinho era o fato de ele ser diferente. Ele não tinha feito nada errado, como delatar alguém ou provocar um dos líderes da turma. Seu único pecado era existir.

Há escolas e pais que reagem a este tipo de comportamento com um descaso do tipo "é a lei da selva". "O que se pode fazer?", eles protestam. "As crianças são cruéis."

Mas outros pais e outras escolas adotam uma atitude mais firme. Eles dizem: "Não. Não vamos tolerar esse tipo de comportamento. É nossa tarefa, como adultos, criar uma cultura que se oponha constantemente à crueldade."

Mas aí, esses pais e essas escolas se perguntam *como*. Como instilar os valores da cooperação, o respeito por todos, a empatia mútua e o interesse pela comunidade se os seus filhos estão crescendo numa sociedade tão competitiva e agressiva? Às vezes eles ficam em dúvida se devem ou não instilar tais valores, temendo que o filho acabe fraco demais. Pais e escolas freqüentemente se vêem divididos entre o desejo de dar aos filhos uma vantagem competitiva e a vontade de garantir que eles sejam adultos decentes. Este é um falso dilema. Pais e escolas devem se unir contra qualquer forma de crueldade. Um dos grandes mitos que deveriam ser apagados dos anais da paternidade é o de que você precisa ser mau para ter sucesso. O estudo que fiz em Exeter mostrou que bons sujeitos vencem, como mostraram muitos outros estudos. Olhe só em volta as pessoas de sucesso, em todos os patamares da vida. Não são muitos os que se evidenciam como sendo cruéis.

De fato, uma das melhores maneiras de garantir felicidade e sucesso na vida é ensinando o seu filho a respeitar os direitos dos outros e enfatizando as práticas e os valores da conexão — como empatia, compartilhamento e tolerância.

A questão prática, então, passa a ser *como fazer isso*. Como criar uma infância conectada para nossos filhos, como promover os valores da conexão num mundo desconectado? Uma das melhores maneiras de se fazer isto (se você puder escolher) é escolher a escola com sabedoria. Depois das famílias, as escolas oferecem os campos de treinamento mais poderosos que temos para nossas crianças.

Longe de criar pessoas indecisas e de caráter fraco, os valores e práticas da conexão criam cidadãos fortes que defenderão o que é certo, em vez de apenas o que funciona melhor para elas. Esses valores formam crianças que dizem não: não vamos humilhar aquele garoto içando suas calças e cuecas no mastro da bandeira.

Algumas escolas sabem criar esse tipo de cultura, outras não. Vou descrever uma que é excelente nesse sentido. É uma escola que conheço bem, a Shady Hill School, em Cambridge, Massachusetts, que meus filhos freqüentam.

Shady Hill criou uma comunidade conectada. Como especialista em aprendizado, visito muitas escolas em todo o país, portanto tenho uma ampla base para comparação. Mesmo antes de meus filhos começarem a freqüentar a Shady Hill, eu já admirava a escola. Hoje que meus filhos estão lá, eu adoro a escola. Lucy está na quarta série e Jack num misto de primeira e segunda série (o que em Shady Hill se chama *grupo misto*). Lucy entrou no pré-jardim-de-infância (que em Shady Hill se chama *iniciantes*). O que aprendi de perto sobre a escola, nos seis anos que meus filhos estão lá, só confirmou o melhor que eu havia imaginado encontrar.

Vou tentar descrever o que a escola faz.

Em Shady Hill existe uma fé explícita no poder da conexão. Desde o diretor da escola — como ele é chamado — até o homem que entrega o leite e o lanche nas primeiras séries, todos os funcionários se desviam de suas funções para fazer alguma coisa que seja importante. Eles sorriem e cumprimentam. Encontram tempo para todos. Respondem logo às perguntas. São educados e gentis. Praticam o que pregam.

E o que eles pregam pode se resumir em uma palavra. Esta palavra era a única regra na turma de Lucy no jardim-de-infância, e foi escrita em letras vermelhas bem grandes num cartaz na sala de aula. Esta palavra é RESPEITO. Tudo em Shady Hill lembra respeito. "É assim que se trata com respeito um colega?", uma professora pergunta, ou "É assim que se respeita o meio ambiente?" Sempre que se comete um ato de desrespeito, ele é notado e discutido. As crianças entendem logo o que se espera delas.

Na hora da rodinha no jardim-de-infância, as crianças discutem o que significa ser respeitoso. Por exemplo, elas conversam sobre modos respeitosos de solucionar problemas, a maneira certa e a errada de resolver diferenças.

Lucy estava no jardim-de-infância quando certa manhã aprendi em primeira mão o que é respeito. Eu estava com pressa para ir ao aeroporto quando Sue me pediu se, antes de sair de casa, eu podia ajudar Lucy a se vestir. Lucy era, e ainda sabe ser, uma grande preguiçosa quando se trata de vestir-se de manhã.

— Lucy — disse eu enfaticamente —, vista-se, por favor.

— Não quero me vestir — falou ela.

— Lucy, preciso que você se vista agora mesmo. Não tenho tempo para brincadeiras — insisti com firmeza.

— Não quero me vestir — repetiu ela.

— Lucy, vista-se logo — continuei.

— Não quero me vestir — reiterou ela.

— Lucy — falei desesperado —, se você se vestir agora mesmo eu lhe trago um presente bem grande quando voltar da viagem.

— Papai — falou ela, olhando-me bem nos meus olhos —, essa não é a maneira correta de solucionar este problema!

Respeito. A maneira certa de solucionar um problema. Era isto que ela estava aprendendo na hora da rodinha. E estava começando a ensinar a mim!

Por falar nisso, ela acabou se vestindo. Começamos os dois a rir tanto quando ela me disse que o meu método era impróprio que o riso parece que amoleceu a sua teimosia. Ela se vestiu, e eu peguei o meu avião.

A escola leva a sério esta ética de respeito e a aplica em todos os aspectos da vida escolar.

Por exemplo, Lucy tem uma diferença de aprendizado. Ela herdou de mim tanto a minha dislexia quanto o meu distúrbio de falta de atenção. Quando ficou evidente que ela não estava aprendendo a ler com a mesma rapidez que as outras crianças, a escola tratou da questão de uma forma muito bonita, conversando a respeito disso com Sue e comigo, aplacando nossos temores e colocando-a com um professor particular sem que ela se sentisse muito constrangida. Hoje a sua leitura está no nível da turma e indo muito bem. Para muitas crianças em outros ambientes, esse problema é tratado de maneira bem diferente, fazendo a criança se sentir idiota, detestando a escola.

Embora seja um colégio particular, tem um extenso programa de bolsas de estudo. A fila para pegar as crianças na saída todas as tardes tem a sua cota de Land Rovers, Volvos e Mercedes, mas também de carros mais baratos. A diversidade racial e econômica continua crescendo em Shady Hill, à medida que a escola define como prioridade a criação de um corpo *dicendi* de muitas classes sociais diferentes.

Essa não é uma atitude do tipo "sou melhor do que você", politicamente correta. A diversidade em Shady Hill está fundamentada numa convicção honesta de que quanto mais variados forem os colegas, melhor as crianças se desenvolvem. Isso funciona. A garotada em Shady Hill está crescendo sem os preconceitos que muitos de seus pais ainda alimentam hoje em dia.

Pedi a Bruce Shaw, atual diretor de Shady Hill, para conversar comigo sobre conexão, como ele vê esse tema no mundo atual e como a escola consegue criar um mundo tão interessado e conectado para as crianças. Bruce, um homem extremamente afável, de aparência jovem, é professor há trinta e dois anos. Dirige Shady Hill há cinco.

Bruce sorriu (eu sabia) enquanto se aquecia para a tarefa.

— Para mim, em Shady Hill a conectabilidade é realmente intencional. É algo a que todos os professores prestam uma enorme atenção e consideram de altíssima prioridade. Essa palavra não é usada com freqüência, conectabilidade, mas a idéia está por trás de tudo que fazemos.

— Que palavras vocês usam? — quis saber.

— Relacionamento, uma comunidade respeitosa, uma comunidade que valoriza as múltiplas perspectivas e a diversidade. Todos esses conceitos mais ou menos se confundem na cabeça com a conectabilidade. Isso está sempre em nossas mentes.

Um modo prático usado pela escola para isso é o sistema da chefe de turma, uma professora que compreende tanto o perfil acadêmico de cada criança como as suas questões sociais e interesses. Cada turma tem também uma professora assistente e/ou estagiária, e elas conhecem profundamente as crianças. Como sempre, o sentimento de conexão começa no momento humano, e estas professoras vivem quase o tempo todo momentos humanos com as crianças. Grupos pequenos aprendendo juntos.

Ter uma chefe de turma é como ter um pai ou uma mãe na escola. Ela faz muito mais do que ensinar. Ela vigia a sua ninhada, procurando indícios de problemas, assim como notando sinais de fortalecimento. A Shady Hill é uma escola onde a competência se desenvolve melhor por meio do incentivo do que pela correção.

Quando você se encontra com a chefe de turma, o que os pais fazem pelo menos duas vezes por ano em reuniões formais, e podem fazer com a freqüência que quiserem, você está falando com uma especialista no seu filho, mas também com alguém que gosta dele.

Quando surgem problemas, a chefe de turma prevê o que vai acontecer em seguida. Por exemplo, na quarta série havia o problema de certas meninas estarem excluindo outras determinadas meninas. Isso é contrário à ética adotada em Shady Hill de incluir todo mundo, de não excluir ninguém.

O chefe de turma começou alertando os pais que não viam o que estava acontecendo, e tranqüilizando os outros que estavam preocupados. Ele sugeriu que os pais e ele tentassem falar com as meninas individualmente, para ver se conseguiam incentivá-las a se colocarem no lugar das meninas que estavam se sentindo magoadas.

Isso ajudou um pouco, mas não inverteu totalmente a situação. O chefe de turma, então, fez algumas mudanças estruturais na composição das classes especiais, como arte e música, e a escola instituiu uma série de reuniões de grupo, chamadas "conversa de meninas". Cada grupo de quatro garotas era liderado pelo psicólogo da escola. O objetivo era conversar sobre questões sociais, o que é ser amigo de alguém, como se consegue ter vários amigos ao mesmo tempo, e outros tópicos relevantes para meninas da quarta série.

Ao poucos, a tendência à exclusão foi diminuindo. Embora Shady Hill não possa mudar a natureza humana, ela reconhece que os adultos têm muito mais controle do que imaginam se fizerem uso dele.

A implementação desta filosofia depende da existência de um chefe de turma que tenha uma relação íntima com as crianças da turma.

Além do sistema de chefe de turma, a escola está montada fisicamente para promover a idéia de conexão e pertencimento. Cada série tem o seu próprio prédio pequeno, ou metade de um prédio. Estas construções são simples, pintadas de cinza e parecem mais alojamentos do Exército. Não há nada de sofisticado na arquitetura ou na paisagem de Shady Hill. Mas há muita cordialidade.

Cada criança começa o dia dirigindo-se para o seu próprio prédio. Lá, ela guarda os seus livros, as suas roupas e assiste à maior parte das suas aulas. O recreio funciona a partir dali, e é dali que elas saem no final do dia.

O final do dia implica outra prática simples, porém importante em Shady Hill. Cada criança se despede do chefe da turma com um aperto de mão antes de ir para casa. Não só os pequeninos, mas até os da oitava série fazem isto. Bruce Shaw me disse: "Achamos que os da oitava série precisam disso tanto quanto os da terceira, de oito anos. Achamos que fazendo menos do que isso estaremos nos afastando do que a garotada, inclusive os jovens adolescentes, precisa sem sombra de dúvida para crescer firme, correta e verdadeira. Vemos também que as crianças aprendem melhor os três Rs quando estão em comunidades do que quando não estão."

As crianças aprendem mesmo os três Rs em Shady Hill. Não aprendem apenas compaixão e conexão. Aprendem a pensar. O programa de matemática em Shady Hill é um dos mais avançados e inovadores do país. O rigor acadêmico floresce nesta escola; o excepcional é que ele é induzido pelo prazer, não pelo sofrimento.

Matéria central é uma das inovações mais famosas de Shady Hill. Pedi a Bruce um comentário sobre isso. "A partir da terceira série", ele explicou, "a cada ano, nossos alunos estudam um assunto durante todo o período letivo. Por exemplo, a quarta série, onde sua filha vai estar no ano que vem, é toda sobre a Grécia antiga. Lucy estará no século V a.c. As crianças passam o ano inteiro concentradas na história, na mitologia, na arte e na poesia daquela era. Quando terminam, sabem tudo de trás para a frente. E isso vai estar relacionado com eles. Descobrimos que esse tema em particular funciona muito bem com crianças de nove e dez anos porque elas estão pensando na sua própria identidade. Elas estão pensando na sua vida social, ou em quem serão os seus heróis, e no que significa ser um adulto, e no que são os deuses.

Além disso, quando elas saem, são especialistas. Sabem realmente alguma coisa sobre a Grécia antiga. Lucy vai saber mais sobre a Grécia antiga do que você, e mais do que a maioria dos adultos. Quando estiver com trinta e cinco anos, por causa desse estudo profundo, ela ainda vai ter uma boa noção, ao contrário de mim, que não lembro quem foi a minha professora na quarta série ou o que eu estudei. Foi-se, obliterado da minha memória neste momento. Mas nunca vi um ex-aluno de Shady Hill que não lembrasse minuciosamente do que estudou na quarta série aqui.

— Então a mensagem é ir fundo? — perguntei.

— Fundo e *devagar* — enfatizou ele.

— Soa o oposto da vida moderna — disse eu.

— Acho que sim — retrucou Bruce. — A escola também acredita na simplicidade material. Essa é realmente difícil. Até esses prédios novos serão simples.

— Todos os prédios aqui são modestos — continuei.

— A simplicidade material é importante — acrescentou Bruce. — A escola não tem uniformes, o que é uma faca de dois gumes. Tem gente que acha que os uniformes são ótimos equalizadores, mas outras pessoas pensam que na verdade não é isso que acontece. Mas nós realmente não temos um código de vestuário além da limpeza e da arrumação. Não é como entrar numa escola nos subúrbios elegantes, onde se vê um pequeno desfile onde cada um quer parecer melhor do que o outro.

— Como você desencoraja esse tipo de coisa? — indaguei.

— Tem crianças aqui que vêm de famílias muito ricas, enquanto outras são muito pobres. E quando elas começam a contar vantagens sobre as férias ou coisas assim?

— Nós as desencorajamos de diversas formas ativas — respondeu Bruce. — Por exemplo, nossos professores não são treinados para chegar aqui no primeiro dia de aula em setembro, janeiro ou abril e perguntar: "Onde vocês foram?" Não desencorajamos esse tipo de conversa, mas não a estimulamos como parte do grupo. As mensalidades da escola são abrangentes, por isso o papel, os lápis, os livros, as borrachas e os lápis de cor que as crianças recebem já estão incluídos. Todas recebem o mesmo material. O interior dos prédios é mobiliado com sofás e tapetes que as pessoas não querem mais; e é ótimo, porque na realidade isso demonstra que o importante é o conforto, e não que a minha sala de aula é melhor do que a sua.

"No ano passado, fizemos umas duas sessões sobre diversidade econômica, dedicadas aos pais. A escola vai continuar fazendo o acompanhamento. Estamos tentando examinar ativamente o que isso significa, sabendo que temos aqui gente riquíssima e também alunos muito pobres. Sabemos que isso significa alguma coisa. É tolice fingir que a economia não tem um papel enorme naquilo que uma criança é. Mas, por outro lado, o que isso quer dizer? Como não rotular as pessoas assim?

— Você acha que os filhos de pais mais pobres se sentem de alguma forma estigmatizados?

— Alguns. Falei com pais que se sentem assim. As pessoas trazem coisas diferentes para a escola. Reclamaram da quantidade de reuniões à noite aqui na escola. Não tendo quem cuide das crianças, é realmente impossível para eles virem. Não podem sair à noite e vir a uma reunião aqui. São problemas reais, e acho que merecem a atenção da escola.

Eu estava me preparando para me despedir de Bruce, mas fiz mais uma pergunta:

— Se a minha tese está certa e se estamos vivendo num mundo mais desconectado, você acha que estão exigindo de uma escola muito conectada como esta que encha um poço sem fundo? Acha que os pais estão pretendendo da escola mais do que ela é capaz?

— Com certeza — respondeu Bruce. — O resultado é que o pai apressado que larga o filho apressado, agora, está largando a criança na escola apressada.

— Como você soluciona o problema? — indaguei.

— Acho que é realmente muito difícil. Muito difícil de combater. A matéria central é um modo acadêmico de lutar contra isso. O sistema de chefe da turma é uma forma socioemocional de evitar isso. A ética da simplicidade material é outra. Mas a pressa está tão disseminada na sociedade — estamos todos com pressa, estamos todos um pouco tensos e impacientes. É bastante complicado.

— Quando você olha Shady Hill anos à frente, sente-se otimista? — eu quis saber. — Sente que o tema da conexão é algo possível de se preservar?

— Acho que é preciso. Acho que o papel da escola é alimentar a alma da criança assim como a sua mente. E não tenho muita certeza de como assumir essa responsabilidade na escola. Particularmente numa escola leiga.

— Mas você assume só de levantar a questão — falei. — Dizendo que acha isso importante e que não está bem certo do que fazer, você já começa a solucionar o problema, não acha?

— Talvez. Espero que sim. Mas nunca se sabe.

Bruce e eu nos despedimos.

Aprendi muito com Shady Hill a colocar em prática os princípios da conexão nos quais tanto acredito. Apesar de poder provar o seu benefício a partir de estudos científicos, assim como da minha própria observação pessoal, às vezes me pergunto, junto com Diane T., a mãe cujo filho teve as roupas içadas no mastro da bandeira: *Existem pessoas que são simplesmente más? É possível ensiná-las a serem boas?*

Vi em Shady Hill — e em outras escolas — que crianças e adultos, igualmente, reagem à cultura em que vivem. Se você cria uma cultura escolar que insiste no respeito, as pessoas pouco a pouco passam a se respeitar umas às outras. Da mesma forma, se você cria uma cultura familiar que insiste no respeito, o mesmo acontecerá em casa.

As pessoas — tanto as crianças quanto os adultos — serão más, uma vez ou outra. Numa cultura conectada, porém, estamos muito menos inclinados a agir com crueldade.

Os métodos de Shady Hill funcionam. As crianças em geral praticam o que se prega na escola. Acho que os métodos e ideais de Shady Hill poderiam ser implementados em qualquer ambiente escolar, desde que as turmas sejam, em média, pequenas. Se as cidades e prefeituras se empenharem em reduzir o tamanho das turmas contratando mais professores e criando mais espaço, elas poderão dar às suas crianças uma educação conectada e todos os benefícios decorrentes. Desde que se tenham turmas pequenas, poderá ter conexão. Desde que se tenha conexão, aumentam as chances de se ter um crescimento moral e espiritual, assim como a melhor educação possível.

DEZOITO

❧

Missão no meio do entulho:

UMA INSTITUIÇÃO CONECTADA

O DR. KEN DUCKWORTH É UM HOMEM com uma missão, trabalhando num lugar com uma necessidade fundamental. Inflamado pelo seu senso de propósito, ele ajuda a manter uma rede invisível de conexão dentro de uma das instituições com maior escassez de funcionários e de fundos de qualquer estado: um hospital estadual para doentes mentais.

Com 1,95 metro de altura, parece um artista de cinema e poderia exercer qualquer função de consultoria com altos salários. Mas prefere seguir o que o seu coração manda e incentivar as conexões dentro do hospital onde foi treinado, o Massachusetts Mental Health Center.

Ken hoje está em campanha, não só para melhorar o tratamento que os pacientes recebem em instituições estaduais, mas também para ensinar médicos jovens a cuidar dos doentes mentais crônicos. Está trabalhando também em âmbito nacional para acabar com o estigma da doença mental que impede milhões de pessoas de terem o tratamento de que precisam.

Embora eu pudesse ter escolhido outras instituições para demonstrar o poder da conexão, decidi-me pelo Mass. Mental e Ken Duckworth, porque as desvantagens que ambos enfrentam têm sido muito grandes. O Mass. Mental, fundado em 1912, cresceu sem dinheiro, e Ken Duckworth, nascido em 1959, venceu um câncer de próstata.

Mas tanto o Mass. Mental quanto Ken Duckworth prosperaram com o poder da conexão. Ironicamente, um dos raros lugares onde se pode ver com mais intensidade o efeito positivo das conexões humanas é uma boa unidade psiquiátrica para pacientes internados. A maioria das pessoas está familiarizada com hospitais psiquiátricos apenas em termos de histórias sinistras de "covil de serpentes", relatos horripilantes das chamadas alas dos fundos redigidos em revelações jornalísticas, contos de Bedlam, o famoso asilo de loucos inglês, ou imagens de um desagradável enfermeiro no filme *Estranho no ninho*. Embora o horror ainda exista, e continue acontecendo hoje em alguns hospitais mal dirigidos, em outros é possível encontrar profissionais dedicadíssimos e tratamentos eficazes de acordo com a medicina moderna.

Não costumamos pensar no relacionamento humano como uma forma de tratamento médico. Este, em geral, se refere a medicações, cirurgias, mudanças na dieta, radiação ou algum outro tipo de manipulação física ou mecânica do corpo. Mesmo o tratamento da mente, tanto tempo dominada pelo pensamento psicanalítico e a "cura pela fala", hoje cedeu espaço a tipos de intervenções mais orientadas para o físico, especialmente medicamentos.

Entretanto, o relacionamento humano pode curar uma mente doente. Acontece todos os dias.

Passei muito tempo em centros de internação psiquiátricos, tratando tanto de adultos quanto de crianças, principalmente no setor público, para onde os pacientes mais loucos acabam indo mais cedo ou mais tarde. Corre o boato de que as piores violências são cometidas nos hospitais estaduais — mau tratamento por maus funcionários. No entanto, tenho visto sempre que estes hospitais do estado atraem profissionais dedicados, anjos disfarçados, que se entregam de todo coração ao tratamento de seus pacientes.

O Massachusetts Mental Health Center, em Boston — um hospital do estado que atende à população indigente em piores condições de saúde, há muito considerado um dos melhores hospitais-escolas em psiquiatria do país, afiliado ao estado de Massachusetts e à Escola de Medicina de Harvard — introduziu-me como profissional no mundo das doenças mentais. Costumavam chamá-lo de Boston Psychopathic Hospital, ou apenas Psycho, para resumir. Foi onde tratei de Mr. S., que descrevi no Capítulo 3.

Foi também onde conheci Ken Duckworth. Ele foi meu aluno no seu primeiro ano de residência. Ambos adorávamos beisebol profissional. Eu gostei dele logo quando me informou, em um de nossos primeiros encontros, que o Mass. Mental e Fenway Park, sede do Red Sox, foram ambos construídos no mesmo ano, 1912.

O Psycho, ou o que hoje se chama Mass. Mental, foi um laboratório de conexão tanto para Ken quanto para mim. "O paciente é o melhor manual", um dos grande professores do Mass. Mental, dr. Elvin Semrad, costumava dizer. Lembro até hoje de vários aforismos de Semrad: "A psicose é a última defesa da mente contra sofrimentos insuportáveis." "Confie em seu coração." "Não idealize ninguém; todos são parcialmente ruins." "A tarefa do terapeuta é ajudar o paciente a reconhecer, suportar e colocar em perspectiva sentimentos dolorosos." "Todo o mundo é louco, está triste ou tem medo." A essência da mensagem de Semrad era exatamente essa: o coração. "O amor os traz até nós", ele dizia, falando dos pacientes que vinham buscar ajuda, "e o amor os manda embora." Fique com os pacientes, ele ensinava, e acima de tudo fique com os sentimentos. Procure a emoção, porque é a emoção que nos faz o que somos.

Quando Ken entrou pelos corredores avariados do Mass. Mental e viu que a sua única ordem era "sente-se com o paciente", sentiu que tinha finalmente descoberto como sair de um labirinto. Ele e eu nos sentávamos para discutir seus diversos pacientes nas nossas sessões de aprendizado, chamadas de supervisão. Ken e eu nos conectamos instantaneamente devido a uma semelhança de estilo.

Lembro de alertar Ken: por mais que ele se apaixonasse por esse lugar sujo e pelo ótimo trabalho que estava sendo feito aqui, precisava saber que coisas ruins acontecem. Contei-lhe sobre Justin. "Era um paciente que eu via apenas quando estava de plantão à noite, porque ele ficava numa ala diferente da minha. Mas quando eu estava de plantão tinha de fazer a ronda de todo o hospital, o que me colocava em contato com Justin. Ele era um sujeito esperto, com uma mente brilhante. Insultava-me sempre que me via, mas sempre de um modo que me dava vontade de parar para conversar.

— Ei, Doctuh Hellwell — dizia ele no seu sotaque novaiorquino —, salvou alguma cabeça hoje? Dando a volta, ou vocês calouros ainda estão marcando quadrados?

— Bom te ver, Justin — respondia eu.

— Não, não é não. Você me acha um chato — rebatia ele. — Pode dizer que eu sou um chato. Vou gostar mais de você. Pelo menos saberei que é honesto. Sei que sou um chato. É o meu talento.

— Mas Justin — negava eu —, gosto de você, e não gosto de um chato.

— Oh, Doc — protestava ele —, você gosta de mim — não me diga isto. Agora você me botou em pânico homossexual.

— Desculpe, Justin — dizia eu.

— Tudo bem, Doc — retrucava ele. — Estamos aprendendo. Temos tempo.

"Ou eu aparecia tarde da noite e ele estava sentado no peitoril de uma janela, encostado na vidraça protegida por uma grade.

— Ei, Doc, está atrasado hoje. Tava fazendo o quê, vendo televisão? Não sabe que tem de cuidar dos malucos? Não valemos nada? — Uma pausa. — Você devia me mandar descer deste peitoril, não sabe?

— Você tirou as palavras da minha boca — dizia eu.

— Não, Doc — respondia ele na mesma hora —, não faça o que lhe digo para fazer. Você deve me fazer pensar que é *você* quem está no controle. Se eu pensar que sou *eu* que controlo *você*, vou ficar mais louco. Leia o meu prontuário. Está tudo lá.

"Justin e eu disputávamos um com o outro assim todas as vezes que eu dava plantão. Eu ficava esperando os meus turnos para poder brincar com ele. Eu sabia que ele era maluco a maior parte do tempo, mas sempre aprendia alguma coisa com ele quando o via. Ele era tão inteligente, e tinha apenas trinta e oito anos. Eu esperava que ele saísse do hospital e conseguisse um emprego, mas ele já tinha tentado isso antes e fracassado muitas vezes. Acabava sempre voltando. Ele procurava não errar, mas a vida era muito dura com ele. 'Quando chego lá fora, levo uma surra das vozes', ele me disse uma vez. As vozes eram as suas alucinações auditivas, é claro.

"Uma noite encontrei Justin no chão do seu quarto. Estava morto. Fizemos a ressuscitação cardiopulmonar e o mandamos para Brigham, onde tentaram mais vezes a ressuscitação e injetaram nele um monte de remédios, mas ele continuou morto. A autópsia foi inconclusiva; a melhor suposição foi a de que ele morreu de uma arritmia fatal.

— Eu me senti muito mal com essas história do Justin — disse eu a Ken. — Ainda me sinto. Ele era apenas um maluco pobre, por que eu deveria me importar? Quase todo o mundo certamente não se importa. Mas, é claro, eu tinha me afeiçoado a Justin, como todos que ficaram algum tempo com ele. Era apenas um doido com um talento para sabe-tudo, um homem que não contribuiu em nada para a sociedade, e que lhe custou algum dinheiro. Portanto, por que será que, vinte anos depois, eu me lembro tão bem dele e o respeito tanto?

"Ken sorriu, como se já soubesse. Mas eu expliquei mesmo assim.

— Porque, para mim, Justin era como um profeta do Antigo Testamento. Estava sempre me repreendendo, dizendo-me para tomar cuidado, para aprender o meu trabalho, para estudá-lo direito. Basicamente, ele se oferecia para mim — exposto, nu, uma confusão — e não pedia nada em troca, só que eu aprendesse com ele. Se não conseguia fazer isso no mundo lá fora, queria que eu aprendesse com ele enquanto estava lá dentro, para poder ajudar o próximo sujeito igual a ele que aparecesse."

Eu aprendi a "me sentar com" pacientes como Justin, como a primeira coordenada da terapia, e tentei passar essa técnica para Ken e outros, conforme seguia a tradição.

Era estranho que tantos de nós, como Ken e eu, encontrássemos uma conexão tão profunda numa espelunca tão grande. Depois de quatro anos de escola de medicina e um ano como estagiário, viemos para este velho hospital desmoronado sem nenhum suporte físico. O prédio estava em ruínas. Não havia nada em quantidade suficiente, desde comida a papel higiênico. As janelas estavam encardidas; a da sala de atendimento tinha um buraco de bala. Havia lâmpada sem quebra-luz e quebra-luz sem lâmpada. Não parecia um hospital: ninguém vestia jaleco branco ou carregava um estetoscópio, não cheirava a anti-sépticos, nem se viam pacientes transportados em macas. Era mais como um velho hotel pulguento de 1912, que nunca passou por uma manutenção ou reforma.

Mas, no entanto, no entanto... É difícil descrever como o lugar nos deixava inspirados, as pessoas que trabalhavam ali, os professores, os pacientes, a história. Nos seus dias de glória, o Psycho foi o mais importante hospital-escola psiquiátrico do país, uma das jóias da coroa dos hospitais-escolas de Harvard. Mas alguns anos antes de eu chegar, o hospital começou a passar por dificuldades, porque o governo havia retirado grande parte do seu apoio financeiro. Ainda assim, continuava um excelente lugar para se aprender psiquiatria.

Lembro que logo no primeiro dia a enfermeira-chefe, Linda Nannicelli, me pediu para ver um paciente na biblioteca. Perguntei onde ficava a biblioteca, ansioso por encontrar uma sala cheia de livros no meio de toda aquela sujeira. Ela apontou para o corredor. O que se revelou ser a biblioteca era uma salinha com uma prateleira de brochuras esfarrapadas, doadas por um ex-paciente que não quis levar os seus livros para casa quando recebeu alta.

— *Isto é a biblioteca?!* — exclamei para Linda, que tinha me acompanhado no corredor.

— Bem-vindo ao Mass. Mental — disse ela com uma risada.

Descobrir o que era realmente a biblioteca me deixou triste e constrangido, mas também me inspirou. Que maravilha, pensei comigo mesmo, não ter biblioteca — e, no entanto, ter. Uma espécie de biblioteca de faz de conta, minimalista, ilusória. Não existe uma biblioteca nesta ala do Mass. Mental, então um paciente deixa de herança umas velhas e usadas brochuras. Como se vê, uma salinha encardida e algumas brochuras velhas combinam-se para compor a versão da Mass. Mental para a Biblioteca do Congresso. Criativo. Fazer o melhor com o que se tem. Eu estava começando a aprender.

Essa inspiração só fez aumentar ao longo dos dias que passei em Mass. Mental e com a minha experiência como professor ali, até eu sair, no início dos anos 1990. O lugar todo é uma biblioteca sem livros, uma imitação, um monumento ao impossível, um tributo à esperança e à oração, onde os pacientes em sofrimento encontram funcionários dedicados e transformam uma sala vazia, com um ou outro livro, numa biblioteca.

O Mass. Mental está fundamentado na conexão. Ele tem todos os motivos para fracassar. Os pacientes são os mais graves, os médicos da linha de frente acabaram de se formar e não têm experiência, o lugar é absurdamente malfinanciado e mal-abastecido, e há pouco apoio público. O lugar *só* funciona por causa da conexão com o paciente, e com um ideal.

Quando conheci Ken, eu sabia que me restavam ali apenas mais alguns anos. Sabia que em breve eu iria embora. Havia outras coisas que eu tinha vontade de fazer. E tantos lugares mais bonitos para trabalhar! Estava ficando cansado do novo tipo de psiquiatria institucional, com sua ênfase na papelada, afugentando processos, diagnósticos rápidos e medicações. Trabalhar com Ken facilitou a minha saída à medida que ele pegava as idéias que eu tinha concebido, as desenvolvia e as colocava para funcionar. Ele as desenvolvia melhor do que eu. Hoje ele é o diretor clínico do hospital.

O Psycho — Mass. Mental — continua onde sempre esteve, no número 74 da Fenwood Road, em Boston, a poucos quarteirões do Brigham, do Women's Hospital e da Escola de Medicina de Harvard. No entanto, os tempos mudaram drasticamente na medicina, desde a minha época de residência. Enquanto eu podia levar um ano tratando de um paciente internado, ou alguém como Justin ou Mr. S. podia passar longas temporadas no Mass. Mental, hoje os pacientes são forçados a sair logo.

Mas ele ainda é um laboratório de conexão para quem quer aprender. Estou afastado do hospital há cinco anos, mas Ken me diz que ele continua movido à conexão.

"Há algo de muito bonito nessa missão", ele me disse, "a idéia de tudo isso, a coisa toda. Acho que é por isso que estou lá há onze anos. Quando cheguei ao Mass. Mental, percebi que isso bastava. É onde posso ser quem eu sou e crescer como médico. Mas estou sempre procurando emprego, porque preciso de um sistema de ensino para meus filhos e Boston não têm as melhores escolas. Mas, quando me chamam, recuso sempre. A razão é que eu amo o Mass. Mental, amo os pacientes, amo a idéia de trabalhar com pessoas realmente doentes num ambiente onde a curiosidade é bem-vinda. Ainda não encontrei outro lugar assim.

"O caso é que o pessoal que tratamos no Mass. Mental precisa de um certo tempo de observação", Ken continuou. "O atendimento gerenciado não avaliou que os paranóicos demoram para confiar nas pessoas. E a gente pode passar um ano falando do tempo. Um ano falando de beisebol. Um ano falando sobre a CIA. Ora, você só precisa dizer para si próprio: 'Vamos escutar o que esse cara diz sobre a CIA.' Esse pessoal não entra e diz 'Estou sofrendo, me ajude. Quero falar sobre a minha dor de me sentir sozinho e isolado. Ajude-me a encontrar pessoas em quem possa confiar. Ajude-me a aprender a conviver com os outros'. Não é assim que acontece. Em geral eles só começam a falar quando se sentem seguros. Falam sobre suas dificuldades de manter um relacionamento. Lamentam não terem filhos. Ou, se tiveram, a dor de tê-los perdido porque estão doentes.

"Tratamos de grupos de doentes muito graves. Quase nunca eles são capazes de ficar com os próprios filhos. A dor é tremenda. É interessante, entretanto; também assistimos a alguns casamentos de pacientes do Mass. Mental. Belos casamentos. Uma mulher que está sóbria e se tratando com clozapina conhece um homem que está tentando ficar sóbrio e se tratando com clozapina. As pessoas se conhecem, se amam e ficam juntas. Lembre-se, estas pessoas sofrem de graves doenças mentais, como a esquizofrenia. Tivemos uma mulher que morreu de câncer, não faz muito tempo, depois de se casar com outro paciente. O seu enterro foi absolutamente lindo. O número de vidas que ela tocou, todas nos últimos três ou quatro anos de vida. Ela não tomava clozapina. Ela melhorou só de conversar sobre os problemas com seu terapeuta. E descobriu como conviver com os outros. O dia em que ela morreu foi muito triste, mas o enterro foi lindo. A quantidade de pessoas que apareceu foi espantosa. Eu me peguei pensando: 'Esta é realmente uma doença de desconexão?' Provavelmente não, se você acertar com a medicação, com o terapeuta ou com um lugar onde ficar. Com alguém para amar, até os doentes mais graves melhoram. E vemos isso se repetindo várias vezes. Muito interessante."

Ken Duckworth ainda recebe ofertas para sair do Mass. Mental. Um dia, não há dúvida, ele vai partir. Mas o que ele deixar para trás não vai sair dali jamais.

No Mass. Mental aprende-se uma única lição importante: conecte-se apenas. Fique com o seu paciente. Seja seu amigo. Em qualquer estado que o seu paciente (ou amigo) estiver, vá até lá. Essa é a lição simples que ainda ensinam no Mass. Mental, o velho Psycho.

DEZENOVE

❦

Encontrando o seu Deus:

CONECTANDO-SE COM O QUE ESTÁ ALÉM

TODOS NÓS TEMOS AS NOSSAS próprias conexões com o que está além do conhecimento, seja isso um ser a que chamamos Deus, ou a natureza, o cosmo ou um Poder Superior. É uma conexão — ou desconexão — que sentimos de uma forma bastante peculiar a nós mesmos.

Vou falar agora de uma experiência minha como exemplo de um tipo de conexão com o que está além.

Não estou sugerindo que a minha maneira seja *a* maneira. A mentalidade do "meu modo é o único modo" tem arruinado a religião para muita gente. Os pecados que já se cometeram em nome de Deus ao longo da história humana fizeram com que muita gente desistisse totalmente da religião organizada e a considerasse uma instituição demoníaca.

O meu apelo é para que vocês mantenham abertos seus corações e mentes. Minha esperança é que vocês ainda se permitam desejar, buscar e encontrar uma conexão com o que está além. Não importa se vocês usam a palavra "Deus". Não importa a que sistema de crença vocês aderiram, ou mesmo se vocês têm um sistema de crença. O importante é tentar, com regularidade, alcançar o que está além.

Você pode fazer isso dando um passeio pelo bosque com o seu cachorro. Sentando-se no jardim para olhar as estrelas. Olhando uma fogueira.

Você pode fazer uma pequena oração: "Por favor, Deus, entre na minha vida". Ou orar por uma pessoa amada: "Por favor, Deus, ajude minha filha." Mesmo não sabendo por que está orando, você pode fazer uma oração.

Isso é bom para você. Orar, meditar, refletir — dê o nome que você quiser — ajuda o seu corpo e a sua mente. Estudos mostram que as pessoas que freqüentam serviços religiosos regularmente vivem mais. Eles mostram também que, em estado de meditação ou oração, a fisiologia humana se altera. Estas alterações, induzidas com regularidade, melhoram a saúde, aumentam o bem-estar e prolongam a vida.

Você não precisa aderir a uma religião para se conectar com o que está além. Você pode refletir sobre uma pergunta, como "O que acontece depois que morremos?" ou "Por que existe o mal?" como uma criança que olha um Rembradt pela primeira vez. O que você vê? Nada? Bem, é um ponto de partida. Você deve confiar nas suas próprias respostas e não inventar nenhuma. O importante é você continuar olhando e respondendo. É assim que se cria uma conexão. Ela acontece tão naturalmente como o amanhecer, desde que você continue olhando.

Cada um de nós desenvolve o seu relacionamento com o que está além ao seu próprio modo. É importante que seja o seu modo, honesto e sincero. Você pode usar um guia, como faz muita gente — um padre, ou a Bíblia, ou o Corão. Mas pode também fazer isso sozinho. Deus, ou o Poder Superior, jamais lhe pediria para ser intelectualmente desonesto. Só estou insistindo para que você não ignore esta conexão, a conexão com o que está além do conhecimento, só porque sente que não sabe como encontrá-la ou o que fazer com ela.

Se você se abrir para o que está além regularmente, uma conexão *se criará*. É como ir à academia de ginástica. Você precisa exercitar a sua vida espiritual para que haja o desenvolvimento. Ore todos os dias, ou medite, ou simplesmente pare um pouco para refletir. Isso é, no mínimo, tão importante quanto o exercício físico ou uma dieta adequada. Você precisa alimentar a sua alma.

Você deve encontrar o seu próprio modo de fazer isto. O meu é muito mais um relacionamento emocional com o que está além do que cerebral. Eu *sinto* — e desde criança, ouvindo minha mãe me dizer que Deus está em toda parte — que um Espírito nos cerca. Eu sinto que *deve* existir um Deus. "Jesus me ama, isto eu sei", diz a canção, e eu sinto esse amor, mas só quando me permito sentir. Eu preciso parar e refletir para que esse sentimento me encontre. Preso num engarrafamento, eu não sinto o amor de Deus a não ser que me lembre de Deus. A minha consciência do amor de Deus não bate dentro de mim tão automaticamente como o meu coração, nem é tão natural quanto a minha respiração. Eu preciso me abrir e deixar que ele entre. *Aí*, eu sinto. Mas se eu não orasse ou refletisse, passaria dias, anos, provavelmente o resto da minha vida, sem sentir o amor de Deus. Na minha experiência pessoal, os mensageiros de Deus não derrubam a minha porta. Eu mesmo preciso abri-la.

No entanto, se eu abrir, sinto a resposta. Podem chamar-me de louco, como fazem alguns amigos quando lhes falo sobre o que sinto a respeito de Deus, mas eu sinto que o Espírito, que chamo Deus, está sempre perto de nós, tentando fazer a conexão.

Percebo que Deus está ali do outro lado do que podemos ver. Deus está do outro lado do tempo, do outro lado do limite do infinito. Eu uso um modelo visual para explicar isto para mim mesmo. Imagino que o cosmo é uma grande bolha, e Deus vive do lado de fora, sinalizando para nós da melhor maneira que lhe é possível.

Penso que Deus *espera* que captemos a mensagem, que nos tem sido enviada de muitas formas diferentes. A mensagem que recebi é a que está na Bíblia.

É uma mensagem de amor. As pessoas a complicaram, mas, em essência, ela é simples: *"Amarás o Senhor Teu Deus com todo o teu coração, e com toda a tua alma, e com toda a tua mente. Este é o primeiro e grande mandamento. E o segundo é como este, Amarás o teu próximo como a ti mesmo. Sobre estes dois mandamentos baseiam-se toda a Lei e os Profetas."* Só isso. Amar a Deus e amar ao próximo. E ter sempre em mente que Deus ama você. Foi isto que li na Bíblia.

E há as promessas em que nós, cristãos, acreditamos, ou tentamos acreditar. Quando me sinto inseguro, preocupado ou triste, tento lembrar a promessa de Deus: *"Confie no Senhor com todo o teu coração; e não confie na sua própria compreensão. Em todos os teus caminhos, reconheça-O e Ele dirigirá teus passos."* Deus nos promete não só orientação, mas a vida eterna. Esta é a grande promessa. Todas as tristezas na vida, me parece, originam-se de conexões rompidas de um modo ou de outro. A promessa de que jamais nos tornaremos totalmente desconectados — jamais morreremos — é a melhor notícia possível. Se *isso* é verdade...

Se isso é verdade, então quer dizer que jamais perderei o contato com minha filha Lucy, ou com meus filhos, Jack e Tucker, ou com minha mulher, Sue. Tornarei a ver minha mãe e meu pai, e meus avós e tios, e um dia meus filhos estarão com eles também. Estarei sempre em contado com meus primos, Lyn, Tom e Jamie, e meus sobrinhos, Tim, Jake e Ned, e minhas sobrinhas, Anna e Molly, e meus irmãos, Ben e John, e meus cunhados, Bill e Pat, Terry e Louann, Christopher e meus amigos Jon e Susan, Peter e Phyllis, Jon e Michael, Ken e Mary, Alex, Jeff, Jennifer, Bart, Terry, Theresa, Paul, Susan, Sharon e todos os seus filhos. Cite-os todos.

Mesmo enquanto escrevo estas palavras, sinto aquela parte de mim que foi treinada para duvidar, recuando, como se tudo isso fosse apenas um desejo. "A idéia de Deus é idiota", lembro de um homem inteligente me dizer. "Não acredito quando vejo as pessoas entrando na igreja. É cômico, como um grande delírio em grupo. Elas não sabem que estão simplesmente inventando Deus porque se sentem desesperadas? É patético, se quer saber."

Mas aí eu sinto alguma coisa me dizendo que é verdade, é tudo verdade, e acredito que esta é a voz de Deus, do lado de fora da bolha, insistindo para que eu não vire as costas. *É verdade*, a voz diz, *é realmente verdade. Estou aqui ao seu lado o tempo todo.*

Delírio patético, ópio das massas — ou verdade?

Sinto que, quanto mais eu oro, e quanto mais eu ouço essa voz silenciosa, mais verdadeira ela se torna. Como saber se tudo não passa de um desejo meu ou da realização de algo que eu espero que aconteça? Como saber que não estou me iludindo? Não sei. Não há provas. Já tratei de muitos pacientes esquizofrênicos que me diziam que Deus falava com eles, e eu rotulava seus relatos como *alucinações auditivas*. Como saber se as minhas são diferentes? Não sei. Sinto apenas uma força que diz que elas não são. Para não acreditar, eu teria de resistir a essa força. Para acreditar, eu teria de resistir à dúvida. Sinto que o impulso maior é no sentido de acreditar.

Imagino que Deus está do lado de fora da bolha nos orientando, como orientaríamos o personagem de um filme que precisa tomar uma grande decisão, e sabemos qual é a melhor. Imagino Deus insistindo, como nós na platéia torcemos pelo personagem, *Não desista agora; está quase chegando lá.* Imagino Deus nos acenando com a esperança. *Vá em frente, eu estou aqui. Estenda a mão para mim, e eu responderei.*

Ou como Yogi Berra disse, "Quando a estrada se bifurcar, siga em frente".

As minhas evidências a favor de seguir a bifurcação para a fé são, como eu disse, evidências emocionais. *Sinto* que Deus deve estar aqui, de outra forma a vida não tem sentido. É uma brincadeira de mau gosto. George Wald, meu antigo professor de biologia em Harvard e premiado com um Nobel, dava uma aula inaugural famosa, todos os anos, no seu curso de introdução à biologia. O título era "O sentido da vida". O professor Wald nos dizia que, em se tratando da natureza, estamos aqui para passar adiante nosso gameta antes que o nosso *soma*, ou corpo, se destrua. Em outras palavras, o sentido da vida é a perpetuação da vida. O propósito da natureza ao nos colocar aqui é a nossa reprodução. Só isso. Nada mais.

Tenho escutado muitas pessoas, a quem respeito tanto quanto respeitava George Wald, me dizerem que a fé religiosa não passa de um bálsamo, uma droga para a alma. Os fatos frios e duros, elas me dizem, não sustentam nada além da escuridão depois da morte. A vida *é*, e a morte *é*, e *acabou*.

Mas a voz que ouço ao orar me diz outra coisa. Escuto Deus dizendo: *Você ainda não conhece toda a realidade. Não me dê as costas só porque não consegue argumentar o seu caminho de volta para mim.*

Dou ouvidos a essa voz porque ela soa verdadeira. Mais verdadeira do que a visão fria e dura. O amor vence. Quem sabe? Talvez eu seja apenas um desses que se ilude com finais felizes.

Já sofri um bocado na minha vida, e tenho certeza de que ainda passarei por muitos sofrimentos no futuro. Morte, doenças, derrotas. Preciso de Deus. Preciso acreditar que Deus existe, que nos ama, que espera por nós, para que toda esta tristeza e sofrimento faça sentido.

Mas não acho que a minha necessidade de Deus signifique que Deus não exista, como algumas pessoas sugerem. Eu preciso de alimento e oxigênio, também, e todos nós concordamos que eles existem. É claro, podemos vê-los e medi-los. Não podemos ver nem medir Deus.

E, no entanto, sinto as vibrações do outro lado da bolha. Elas parecem reais.

Mas aí você se depara com a questão do mal. Como você

pode se sentir conectado com Deus num mundo explodindo de dor? Por que Deus permite que tantas coisas ruins aconteçam? Minha resposta é: *Não sei.*

Desde menino, orando no altar improvisado que montei no meu quarto no terceiro andar, em Charleston, espero incessantemente que Deus esteja ali, escutando, assistindo, amando, protegendo. Desde criança, olho para Deus. Na escola secundária e na faculdade, passei por uma fase de agnosticismo, incentivado pela minha descoberta do debate racional e da ciência. Depois comecei a retornar para a fé, não por causa de algum argumento da razão, mas porque senti em meu coração que Deus, do lado de fora da bolha, estava me chamando.

Ouço esse chamado agora. Como sei que não é apenas a minha imaginação? Não sei. Mas *sinto* o calor de Deus, tão forte como sinto o sol mesmo quando estou de costas para ele.

Existe uma velha brincadeira sobre um homem cuja cidade foi inundada. O homem sobe no telhado da sua casa e espera que Deus o salve. Um barco a remo se aproxima e se oferece para levar o homem, mas ele recusa, está esperando por Deus. Um segundo barco aparece e o convida a entrar, mas novamente o homem diz não, está esperando que Deus o salve. Com a água pelo pescoço, o homem recusa mais uma oferta de socorro de um terceiro barco. Minutos depois, o homem se afoga. Ao chegar ao Céu, ele pergunta a Deus por que não o salvou. Deus responde: "O que mais eu poderia fazer? Mandei três barcos."

Vejo barcos a remo por toda parte. Todas as diferentes conexões que fazemos são como barcos de Deus. Só nos resta entrar dentro deles.

VINTE

Um bom lugar para você crescer:

SUA CONEXÃO COM VOCÊ MESMO

PARTE I

UMA BOA MANEIRA DE AVALIAR a conexão com você mesmo é perguntar a si próprio: *Estou me proporcionando um bom lugar para crescer?* Como um jardineiro, você cuida para que o solo seja fértil e ensolarado no lugar onde se plantou? Você se cobre com sacos de aniagem na época das geadas e encontra água na estiagem? Você poda na hora certa e tenta acabar com as pragas arrancando folhinhas?

Dois dos maiores escritores de todos os tempos, William Shakespeare e Joseph Conrad, deram conselhos sucintos quanto à melhor maneira de cuidar desta conexão. O de Shakespeare é o mais famoso: "Sê fiel a ti mesmo", Polônio disse em Hamlet. O conselho de Conrad, menos conhecido, é igualmente apropriado: "Sê o *bastante* a ti mesmo", ele escreveu.

Na América atual — e talvez em qualquer lugar, em qualquer época — é difícil não cair na tentação de barganhar com o demônio. É difícil não se trair, e é difícil não ser o bastante para si próprio. Todos nós sentimos a pressão de *ter* mais, em vez de aprender a *ser* bastante.

O verbo da conexão com você mesmo é o verbo "ser", não um verbo do tipo "ter". *Seja* você mesmo, *seja* o bastante para você mesmo. Este é o caminho para uma boa conexão com você mesmo. Entretanto, isso requer manutenção diária ou, como um jardim, cuidados diários. Você tem de cuidar de como você é para não se tornar alguém que não quer ser. Não é fácil, em momentos de desespero, trairmos nossos valores mais profundos, ou numa hora de ganância achar que temos de ter mais?

Um dos melhores proveitos que as pessoas tiram de mim como psicoterapeuta, eu acredito, acontece quando elas trazem dilemas de autodesconexão. É quando elas entram no meu consultório preocupadas com a perspectiva de uma decisão que *sentem* que poderá desviá-las, desviá-las de serem o que realmente querem ser.

Por exemplo, não esqueço nunca de um herdeiro de bens imobiliários que me disse: "Preciso da sua ajuda porque sei que, seja qual for o projeto em que me meter agora, isso me consumirá dez anos de vida. Sei que terei sucesso, mas quero ter certeza de que no final saberei no meu íntimo que este foi o projeto que deveria ter assumido." Ele queria que eu o ajudasse a refletir sobre a sua decisão com antecedência, que o seu trabalho estaria de acordo com o que ele acreditava, com sua imagem de quem ele deveria ser.

Eu o ajudei permitindo que ele parasse um pouco para rever em voz alta as suas idéias. Ele agira bem, só pelo fato de me procurar. Quando percebeu que talvez estivesse indo rápido demais, que corria o risco de tomar uma grande decisão precipitadamente, uma decisão com a qual teria de viver durante muito tempo, ele pisou no freio. O que eu fiz foi mantê-lo parado o tempo suficiente para decidir o que queria fazer. É fácil dizer para si mesmo: *Pare e pense!* Mas é mais fácil *fazer* isso com outra pessoa. Isso porque o outro pode ajudar a diluir o estado de impaciência e ansiedade gerado naturalmente pela expectativa em muitas pessoas acostumadas a agir, como este homem era, sem dúvida.

As piores decisões que tomamos não são as que nos conduzem ao fracasso, mas aquelas que nos deixam decepcionados com nós mesmos. Estas são as decisões que nos desconectam de nós mesmos.

Algumas pessoas são tão talentosas que têm sucesso em praticamente tudo que tentam fazer. O seu calcanhar-de-aquiles acaba sendo não a falta de talento ou de perseverança, mas de auto-conhecimento. Elas passam décadas trabalhando e se esforçando para "descobrir", no final, que nunca fizeram o que queriam fazer. A palavra "descobrir" está entre aspas porque, na verdade, elas sempre souberam disso. A descoberta foi mais um reconhecimento tardio. Conectando-se consigo mesmo honestamente, você reconhece o que sabe agora, não no final da sua vida.

— Ganhei mais dinheiro do que meu pai, do que qualquer um dos meus amigos, mais do que qualquer um na minha família jamais ganhou, mas não sou feliz — um dos meus amigos me disse.

— Por quê? — perguntei.

— Porque foi trabalho de peão. Nunca tive chance de fazer o que queria fazer.

— O que você queria fazer? — indaguei.

— Não sei. O pior é isso. Nunca parei para me perguntar o que realmente queria. Mas posso lhe dizer, não era investimento bancário, que foi o que fiz nos últimos, muito lucrativos e idiotas trinta e cinco anos.

A maioria de nós aceitaria de bom grado a parte lucrativa desses trinta e cinco anos, e fica difícil entender como isso pode ser ruim se deu tanto lucro. Afinal de contas, o dinheiro compensa um bocado de insatisfações.

Mas esse paciente, e muitos outros como ele que tratei todos esses anos, lhe diria, pela dura experiência, que quando o fim se aproxima a conexão que você sente com você mesmo torna-se cada vez mais importante. Este paciente era fiel a si próprio? Ele diria que, definitivamente, não. Era bastante para si próprio? Mais uma vez ele diria que não.

Não é só o dinheiro que pode vir a ser ouro-besouro, a meta que você busca em detrimento da sua própria identidade. Fama, glamour, poder, influência — estas são outras que atraem a preferência.

Todos nós temos de ganhar a vida. Mas quanto? Todos nós queremos ser notados. Mas quanto? Estas são perguntas que podem ajudar você a se manter fiel a si próprio e ser o bastante para si próprio.

Outro de meus pacientes, um aluno de Harvard que veio procurar-me porque estava deprimido, costumava repreender-me quando o questionava sobre isso.

— Não me importa como vou chegar lá — rosnava para mim. — Só quero ficar por cima!

— Por cima do quê? — perguntava eu.

— Por cima de tudo! Por cima de onde eu estiver! Obviamente! E não tente me convencer do contrário!

— Não estou tentando convencer você a fazer outra coisa — retrucava eu. — Só estou tentando ajudá-lo a decidir onde vai passar o seu tempo.

— Não me importa. Desde que seja eu o primeiro a chegar.

— Mas primeiro em quê? — insistia eu.

— Não importa! — gritava ele comigo.

— Mas isso é importante — eu replicava. — Se você chegar a ser o melhor em alguma coisa na qual não acredita, não vai se sentir feliz.

— Doutor Hallowell, o senhor é um ingênuo — respondia ele. — O senhor acha que o homem que inventou a Tupperware *acredita* na Tupperware? Acha que o presidente da Cambridge Savings acredita no que está fazendo? Acha que o sócio sênior da Hale and Dorr acredita no seu trabalho? Claro que não! Todos eles acreditam no dinheiro que estão ganhando e no poder que eles têm, só isso. Eles acreditam no número de pessoas que podem comandar! Quero dizer, detesto lhe dizer isto, porque o senhor está basicamente numa profissão de perdedores, mas o que *realmente* importa é estar sentado na primeira fila.

Jamais esquecerei do meu constrangimento quando ele me disse que eu estava numa profissão de perdedores. De repente, ele me desafiava. *Estaria certo?*, me perguntei num milionésimo de segundo. Os vencedores na medicina estavam todos fazendo cirurgias cardíacas e de cérebro, e os perdedores seguiam para áreas de salários mais baixos, menos glamourosas, como a psiquiatria? No mesmo instante precisei lembrar a mim mesmo que gostava do meu trabalho que, independentemente da opinião do mundo, estava fazendo alguma coisa na qual acreditava, e isso era a maior recompensa. Pensamentos rápidos. Mordi a língua. Não disse: *Então o que um vencedor como você está fazendo com um perdedor como eu?* Em vez disso, me mantive no papel de terapeuta e fui solidário com ele.

— Deve ser difícil querer tanto estar no topo e não ter nenhuma garantia disso.

— É, é difícil. Mas a solução não é tentar me vender os lugares mais baratos da vida, que é o que eu acho que você está querendo fazer. Eu quero a primeira fila.

— Sinceramente, Jason — eu respondi —, não estou tentando lhe vender os lugares mais baratos. É só que sei por experiência própria que existem muitas pessoas infelizes na primeira fila, e muitas felizes nos lugares mais baratos.

— Como você? — perguntou Jason. — Está feliz no lugar mais barato? Ora, eu prefiro ser infeliz na primeira fila a ser feliz nos lugares mais baratos. Eu sou assim.

— Mas você não precisa ser assim — continuei. — Afinal de

contas, você me procurou porque não se sente feliz fazendo as coisas como tem feito.

— *Touché* — ele retrucou, com um leve sorriso.

T. S. Eliot explicou bem o dilema ao escrever "A última tentação é a maior traição, fazer o que é certo pelo motivo errado". O sucesso exterior nunca é muito satisfatório, a não ser que esteja acompanhado também pela satisfação interior. Em outras palavras, a não ser que a conexão com você mesmo seja honrada e atendida, o sucesso não será sucesso.

Cuidar de si próprio é uma habilidade que se pode aprender, como a jardinagem. Infelizmente, o que muita gente aprende é o oposto. Em vez de um dedo-verde, elas desenvolvem o equivalente a um dedo venenoso quando se trata de cuidar de si próprias.

Muita gente boa e honesta se encaixa nesta categoria. Muitas pessoas gentis e generosas cuidam de todo o mundo, mas se esquecem totalmente delas próprias. O seu jardim de conexões é um surpreendente mostruário das plantas e das flores mais belas, todas carinhosamente cuidadas, exceto a parte dedicada às conexões delas com elas mesmas. Esta área é pobre, coberta de ervas daninhas, ressecada e com rachaduras.

É paradoxal que as pessoas que cuidam melhor dos outros sejam com freqüência as que menos se cuidam. Conheço muitos médicos excelentes, por exemplo, que não sabem lhe dizer quando foi que fizeram o seu último exame clínico, ou como está o nível do seu colesterol. Entretanto, recitam com facilidade estes dados a respeito de todos os seus pacientes!

Tratei de pessoas que conseguiam fazer os outros se sentirem felizes — gente que vinha pedir-lhe conselhos e consolo o tempo todo — mas que não sabiam acalmar a si próprias. Na verdade, faziam com elas mesmas exatamente o oposto. Elas se atormentavam com intermináveis dúvidas a seu respeito e críticas. Estas mesmas pessoas, que tão habilmente aconselhavam outras a serem boas para si mesmas, não conseguiam seguir o próprio conselho!

Mesmo conscientes do que estavam fazendo, tinham dificuldade em parar. Mesmo sabendo que estavam se magoando, era difícil calar aquela voz interior. E assim faziam o seu trabalho de destruição, como um gorgulho num campo de algodão, insinuando-se no casulo do amor-próprio.

Estou pensando numa psicoterapeuta de quem tratei certa vez, dra. P., uma mulher de enorme empatia, capaz de compreender a condição humana de uma forma tão ampla que realmente se comportava segundo o axioma "Compreender tudo é perdoar tudo". Perdoar tudo, isso é, exceto ela mesma. Aqui estava ela, tão sábia e compreensiva que de bom grado eu teria me colocado, ou a qualquer pessoa da minha família ou amigo, em suas mãos se estivéssemos em dificuldade; mas ela não conseguia parar de se repreender por todas as transgressões possíveis e imagináveis.

Muitas vezes fico pensando nestas pessoas. Fico admirado com a persistência delas, sempre se debatendo interiormente. Acho que nunca foram incentivadas a se tratarem bem.

A dra. P. encontrou ajuda ao fazer conexão comigo. Como de costume, não fiz nenhuma mágica. Fiz simplesmente o que a própria dra. P. teria feito. Escutei, respondi, mostrei interesse. Especulei junto com ela as razões da sua insegurança: era por causa da mãe repressora? do pai distante? do seu protestantismo rígido? dos altos padrões estabelecidos pela professora do curso secundário que ela tanto admirava? O problema era simplesmente os seus genes? Nós não respondemos às perguntas, mas pensar nelas juntos provocou uma mudança positiva.

O alívio veio com a nossa conexão, com o relacionamento que fizemos, com a nossa ação conjunta para examinar a sua vida. Ela passava o dia inteiro fazendo isso para outras pessoas, portanto não supreende que tenha achado útil encontrar um lugar onde alguém fizesse isso por ela. A mudança não foi radical, mas a cada consulta comigo recuperava uma certa paz de espírito.

Era verdade que seus pais não lhe tinham ensinado a dar atenção às suas emoções. Pais conscienciosos com freqüência ensinam tudo aos seus filhos, *exceto* como se cuidar emocionalmente. Eles ensinam os filhos a ter sucesso, a ser educados, a agradar aos outros. Ensinam a cuidar do físico — escovar os dentes, cortar as unhas, dormir bastante, fazer ginástica —, mas não ensinam a cuidar dos sentimentos. Agem como se isso fosse automático.

Infelizmente, não é.

Se você cresce sem nenhuma instrução, ou mesmo permissão, para se fazer sentir bem, não vai aprender de repente quando for preciso. Pelo contrário, você fará a segunda melhor coisa. Fará todo mundo se sentir bem. Isso, em si mesmo, é uma forma de prazer, que algumas pessoas aperfeiçoaram como uma arte.

Tenho visto gente assim em ação. Eu mesmo sou muito bom nisso, mas nada comparado com os especialistas. Estes entram numa sala com cinqüenta ou sessenta pessoas e, segundos depois, já sabem quem está infeliz. Farejando como cães de caça, na mesma hora detectam onde está a tristeza, e começam a fazer a sua mágica.

Esta é a segunda parte da arte. A primeira é a identificação, a segunda é o conserto. O milagre não é só eles conseguirem fazer isso — os verdadeiros artistas não deixam você perceber o que está acontecendo, para você não ter de se sentir agradecido. Na verdade, se você é a pessoa infeliz, não apenas se sentirá feliz depois de falar com um desses mágicos, como achará que foi você que os ajudou, e não o contrário. Portanto, não só você fica com o dom da felicidade, não só você não arca com o peso da gratidão, como se sente orgulhoso do que fez! Os artistas nessa área jamais permitiriam que você sentisse gratidão, a menos, é claro, que você quisesse!

Impossível, você diria. E, da forma como eu descrevo, parece mágica.

Mas, de fato, é muito simples. Digamos que você é o especialista em ajudar. Ao descobrir a pessoa infeliz você se aproxima e faz algumas perguntas a seu respeito. Nada profundo, apenas o bastante para deixá-lo à vontade. Você está farejando uma área de interesse para ele. Ao encontrar, você lhe conta um problema que está tendo (invente se for preciso) relacionado com essa área de interesse. Então você escuta, enquanto ele lhe diz como solucionar o seu problema. Você agradece muito, elogia a sua grande ajuda e vibra baixinho ao ver a infelicidade dele desaparecer. Depois você segue adiante, até encontrar a próxima pessoa infeliz em quem aplicará a sua mágica.

Esta é apenas uma abordagem. Existem muitas outras.

A questão é que algumas pessoas são capazes de passar a vida aprendendo a cuidar dos outros, mas não sabem nada a respeito de cuidar de si próprias.

Não só elas não aprendem, como são freqüentemente alertadas contra isso.

Uma das confusões comuns quando se ensina religião é a de que uma pessoa deve ser totalmente altruísta para ser virtuosa. As pessoas são criadas às vezes na crença de que qualquer preocupação que tenham consigo próprias é imoral. Elas então se esforçam para eliminar essas preocupações com o mesmo desespero com que lutam para extinguir qualquer outro pensamento "impuro". O interesse por si próprio recebe o mesmo matiz de vergonha dos sentimentos sexuais, de inveja, de ódio ou de qualquer outro que, sendo humanos, fatalmente teremos, mas contra os quais somos advertidos.

Ao fazer uma conexão saudável com você mesmo, aceite que você tem uma identidade, para início de conversa! Aceite que você é humano. Isto significa que tem desejos sexuais, sente raiva, ciúmes mesquinhos, todo aquele monte de sentimentos que nos fazem humanos. O objetivo não é erradicá-los, mas regularizar e direcionar o seu desenvolvimento.

Muita gente coloca um gorgulho de algodão no campo na esperança de que ele *matará* seus sentimentos "maus". Esse gorgulho vai danificando sua mente a vida inteira, mas não mata nada além do prazer.

Se nunca o ensinaram a cuidar de si próprio — se, na verdade, você aprendeu a ignorar as suas necessidades e sentimentos como egoístas e impuros —, ainda é possível aprender a fazer uma conexão saudável com você mesmo. Ainda é possível matar esse gorgulho.

A dra. P. não o matou, mas juntos certamente impedimos a sua propagação. Ríamos dele sempre que espichava a sua cabecinha para fora, zombávamos dele tanto quanto ele havia zombado da dra P., portanto quando eu lhe perguntava como estava e ela respondia imediatamente "Ótima, e você?", ambos começávamos a rir. Em seguida, ela se continha e dizia: "Não, isso não é verdade. Estou me sentindo horrível, e no momento não estou interessada em saber como vai você." "Bravo!", eu dizia, e ríamos, não porque fosse engraçado ela estar se sentindo mal ou não se importar comigo naquela hora, mas porque era agradável dizer a verdade e ser verdadeiro.

Você pode se ajudar a crescer. Mas algumas pessoas, como a dra. P., têm dificuldade para deixar isso acontecer. São muito duras consigo mesmas e não se permitem esse crescimento. Qualquer tentativa é vista, internamente, com zombaria e crítica. Estas pessoas precisam praticar. Mesmo tendo o dom de ajudar os outros, elas precisam exercitar-se na ajuda a si mesmas.

Descobri que funciona bem sugerir aos meus pacientes que se perguntem: *Isto está me ajudando a crescer?* Quando a dra. P. se recriminava por um fracasso imaginário ou outro, eu a incentivava a se perguntar: *Isto está me ajudando a crescer?* E na mesma hora ela reconhecia que não estava — na verdade, a crítica impedia que ela seguisse em frente. Essa abordagem deu-lhe um fundamento lógico para não fazer mais isso.

Nós *podemos* mudar a nossa maneira de nos tratarmos.

Uma das minhas maiores frustrações como psiquiatra é ver as pessoas presas à idéia de que jamais mudarão — como se essa idéia inflexível fosse um bote salva-vidas — em vez de abandoná-la e tentar realmente mudar. Mudar é o verdadeiro bote salva-vidas, e não permanecer do jeito que você está. Uma das pérolas mais desgastadas da sabedoria convencional é que as pessoas nunca mudam. *Mas elas mudam.*

Existe uma piadinha-relâmpago sobre psiquiatras. *Pergunta:* Quantos psiquiatras são necessários para trocar uma lâmpada? *Resposta:* Um, mas a lâmpada precisa querer ser trocada.

Se você quer mudar, você consegue. A melhor maneira é mudando as suas conexões, aprofundando-as, expandindo-as, talvez eliminando algumas, podando outras e fertilizando outras mais. Você pode criar novas amizades, ou intensificar a sua conexão com a beleza, ou desenvolver a sua conexão com Deus, ou fazer as pazes com alguém da sua família. Existem muitas formas diferentes de mudar, mudando as suas conexões.

À medida que essas conexões externas mudam, você descobre que a sua conexão com você mesmo começa a mudar também. Você começa a ser um lugar melhor para crescer.

Quem tem uma forte conexão interior não é vítima dos caprichos e incoerências dos outros. Não *tem* de agradar para se sentir bem. Pode escolher agradar — mas a opinião alheia não é a sua bússola.

Há épocas em que devemos procurar na nossa conexão interior, e não em outros lugares, uma orientação. Franco Bernabe, CEO designado em 1992 para a gigante da indústria italiana, a Eni, tirou a empresa de uma embrulhada estatal, politicamente controlada, cheia de dívidas e corrupta, colocando-a na sua posição atual de corporação de capital público. Uma pessoa externamente tão bem conectada como deve ser um CEO, Bernabe disse que a sua conexão mais importante para conseguir fazer o que fez foi com ele mesmo.

"Quem precisa tomar decisões importantes tem de tomá-las sozinho", ele disse numa entrevista publicada na *Harvard Business Review*, em 1998.

Não se pode confiar em ninguém. Em italiano, chamamos esta condição de *solitudine*. Quando se está numa situação difícil, como eu fiquei durante muito tempo, pode ser perigoso escutar demais o que os outros dizem, ou depender deles. É preciso vigiar cada fração do quadro. E, depois, de uma bússola interior para indicar o caminho. No meu caso, essa bússo-la foi a minha consciência... A coisa certa a fazer era arrancar a empresa do lodaçal político em que estava atolada. A minha bússola me disse para onde ir e o que eu precisava fazer para chegar lá.

Conectar-se, portanto, não significa fundir-se com os outros num emaranhado. O indivíduo conectado preserva a sua própria privacidade e santuário interior. Continua sendo um indivíduo, capaz de parar para consultar a sua bússola quando é necessário.

VINTE E UM

❧

Explorando o seu lado criativo:

SUA CONEXÃO COM VOCÊ MESMO
PARTE II

DE LONGE, O NOSSO RECURSO NATURAL menos explorado é a nossa criatividade. Há mais idéias por serem aproveitadas do que minas por escavar ou peixes por pescar. Na verdade, se colocássemos em uso a nossa criatividade coletiva, é bem provável que não precisássemos mais escavar minas ou pescar peixes!

Mas a maioria das pessoas pára de acreditar no seu lado criativo antes dos dez anos de idade. Todos nós nascemos criativos. Nunca vi uma criança de dois anos que não fosse criativa. A vida, porém, não deixa a maioria das pessoas acreditar na sua criatividade.

Não é que a gente vá perdendo naturalmente a criatividade, como acontece, digamos, com as carnes roliças de um bebê. A natureza não nos faz deixar de ser criativos. E não precisamos abandonar a criatividade devido a razões sociais, como acontece, digamos, com as fraldas. Nós a perdemos por vários motivos, mas nenhum deles é bom.

Com freqüência, os adultos desistem de desenvolver o seu lado criativo simplesmente porque temem parecer idiotas ou tolos. Mas ser criativo depende da sua disposição para parecer idiota, fracassar e fracassar de novo. O medo é o inimigo número um da criatividade.

Quem quer que tenha inventado a roda deve ter encontrado um colega que franziu o nariz: "Você *sempre* tem de fazer as coisas *do seu jeito*, não é mesmo? O quadrado está aí há séculos, mas para você não serve? Não! Quando é que você vai aprender?"

A pessoa criativa — e essa pode ser você, se você deixar —

precisa principalmente de ter coragem, ou pelo menos de estar tão entusiasmada com a sua idéia a ponto de esquecer todas as razões que fazem parecer idiotice correr atrás dela! As crianças esquecem naturalmente que podem ser punidas ou ridicularizadas por uma nova travessura; elas entram de cabeça, esquecem de si mesmas, e o seu lado criativo assume.

É claro, nem todas essas travessuras favorecem o progresso da humanidade. Quando minha filha, Lucy, colocou manteiga de amendoim no secador de cabelos da mãe, numa tentativa de fazer spray de manteiga de amendoim, isto não ajudou em nada o progresso da humanidade. A mãe lhe disse, com toda razão, para não tornar a fazer isso e subtraiu uma pequena parte da sua mesada para ajudar a pagar um secador novo. Mas, ao mesmo tempo, ela disse a Lucy que admirava a sua imaginação. Diz a lenda que o jovem Steven Spielberg tentou pintar a cozinha de amarelo quando criança, usando gemas de ovos. Essa tentativa também não auxiliou no progresso da humanidade, no entanto nos alegra saber que ele não foi punido com tanta severidade a ponto de nunca mais ousar nada de novo.

Talvez a razão de estarmos sempre reprimindo a nossa criatividade é que ela é potencialmente muito perigosa. Por mais útil que seja, também pode ser destrutiva. Para cada nova idéia de sucesso, para cada roda, para cada grampo de cabelo, transistor ou microchip, há milhares de manteigas de amendoim em secadores de cabelo e gemas de ovos tingindo as paredes. O caminho seguro é excluir a criatividade totalmente. É por isso que Platão expulsou os poetas da sua república utópica. Eles eram perigosos.

Mas são indispensáveis para o progresso. Nosso objetivo deveria ser alimentar a criatividade e a responsabilidade ao mesmo tempo.

Se você é pai, gerente ou amigo e quer que seu filho, funcionário ou amigo desenvolva a criatividade, comece tentando eliminar o medo. Não zombe jamais. Elogie as pessoas por cometerem um erro honesto; não ria delas. Um erro honesto é bom porque pode se aprender com ele. Jamais faça alguém se envergonhar de um esforço honesto, a não ser que você queira reprimi-lo.

Se você mesmo deseja ser criativo, pode começar arriscando-se. Pode começar declarando a sua independência das *leis da conformidade*, declare-se livre do *medo do que os outros pensam*, e comece a *brincar*. Na brincadeira é que a criação tem início. Veja as crianças, mestres natos da criatividade. Elas brincam. Da brincadeira surgem as bagunças, as lutas, os xingamentos, gritos, machucados, tempo jogado fora, tempo perdido, compromissos esquecidos e inúmeras outras confusões. Mas também brincando surge uma das conexões mais importantes que se pode fazer: uma conexão confiante com a sua própria imaginação. Com a brincadeira vem a arte. Com a brincadeira aparecem idéias novas. Brincando surgem quase todas as novidades na vida.

Se você puder alimentar no seu filho ou funcionário, ou em você mesmo, a capacidade de brincar, estará abrindo as portas para uma vida criativa. Quanto mais você fizer a brincadeira parecer tolice, maior a probabilidade de você estar fechando essas portas. O truque é não excluir a brincadeira da vida de uma criança, de um funcionário ou da sua, mas combiná-la com a noção de responsabilidade.

Todos os dias vejo no meu consultório adultos desesperados, querendo usar o seu lado criativo, mas, com o mesmo desespero, temendo a experiência. Tempos atrás, alguém lhes ensinou que ser criativo era ser muito bagunceiro, ou pouco eficiente, ou destruidor, ou era simplesmente um desperdício de tempo. Tempos atrás escutaram as ordens *"Leve a vida a sério!"* e *"Tenha juízo!"*, e atenderam.

Pararam de tentar fazer as coisas do seu jeito, e seguiram as orientações. Deixaram de tentar se apaixonar, e se casaram com alguém ajuizado. Não disseram mais o que pensavam nas reuniões e deixaram que outros o fizessem. Desistiram de sugerir novos restaurantes, e acompanharam a moda. Não fizeram mais observações engraçadas, e se comportaram "adequadamente". Não sonharam mais em abrir o seu próprio negócio, e foram jogar golfe. Abandonaram a música, e foram estudar advocacia. Abandonaram a poesia, e escreveram romances porque vendem mais. Em resumo, desistiram do que gostavam e fizeram o que era ajuizado fazer.

Como pais, professores ou gerentes, quantas vezes, sem saber, aconselhamos exatamente isso? Como gerentes de nós mesmos, quantas vezes nos aconselhamos a desistir do que gostamos, a abandonar o que parece não levar a lugar algum, para levar a vida a sério e ter juízo?

Sem querer, matamos a criatividade o tempo todo, todos os

dias, e em geral com a melhor das intenções — para o bem da outra pessoa, do negócio ou de nós mesmos.

A solução não é deixar que reine o caos. A solução não é regredirmos todos à idade de engatinhar e ficarmos estouvadamente "sendo criativos".

A solução é, pelo contrário, recapturar aquela parte sem inibições e sem temores de nós mesmos que ficou perdida em algum lugar da nossa infância. A pessoa criativa de sucesso combina a disciplina e a responsabilidade do adulto com a liberdade e a espontaneidade da criança.

Para se reconectar com a parte criativa de você mesmo, é preciso ser rápido, como um hábil pescador que apanha um peixe com as mãos, porque a parte criativa que existe em você foi treinada para escapar correndo quando vê você chegar!

Você precisa deixar de lado o "Sim, mas" e substituí-lo por "Sim, sim". Você precisa aprender a se entusiasmar com aquele detalhe minúsculo da enorme idéia ruim. Você precisa abraçar a criança rebelde, fedorenta, que não toma banho, e se sujar para encontrar os tesouros escondidos na sujeira debaixo das suas unhas. Você tem de estar disposto a dizer "Vamos tentar de novo" quando cada fibra do seu eu quer dizer "Basta". Isso porque a criatividade se alimenta do fracasso, não do sucesso. Ela se nutre do lixo, não da comida processada. Ela pega o lixo e o fracasso e os transforma em algo que é ótimo. Mas o processo é feio. Portanto, para ser criativo, você tem de estar disposto a ficar feio.

Os adultos, em geral, não estão dispostos a isso.

Vou descrever um homem que estava. É o meu caro amigo Jonathan Galassi, editor-chefe de Farrar, Straus & Giroux. Para o mundo, ele parece o modelo de controle — um homem de negócios bem-sucedido, um homem de família convencional, um homem sem maus hábitos, um cidadão confiável.

Mas eu o conheço. Jon cresceu querendo ser escritor, especificamente poeta. Na escola, foi um aluno excelente, e poderia ter se sustentado com suas habilidades acadêmicas de inúmeras maneiras, mas quis desenvolver a sua criatividade o mais plenamente possível. Ele quis se arriscar.

Eu o conheço desde a escola secundária, e tenho participado de sua vida como um grande amigo, portanto assisti de perto ao desenrolar da sua história.

Em Harvard, a sua iniciação na poesia foi com Robert Lowell e Elizabeth Bishop. Desde o início, ele fez a conexão com a vida de um autor freqüentando cursos com estes eminentes poetas, não só aprendendo o seu ofício como observando os seus hábitos. Lowell era brilhante, mas instável. Bishop também era brilhante, porém normal, aparentemente pelo menos. Ela influenciou particularmente Jon porque, como ele me disse, "Ela me mostrou que você não precisa ser um excêntrico para ser um bom escritor". Jon gostou do que James Merril disse a respeito dela: "A vida inteira ela foi a personificação da mulher comum."

Jon fez a mesma coisa. Ele é a personificação do homem comum. De certa forma, quem deseja permanecer ativamente criativo e ter um emprego normal deve fazer a mesma coisa. É assim que *"Levar a vida a sério"* e *"Tenha juízo"* pode assimilar, em vez de destruir, a força da imaginação. Uma força não precisa matar a outra. A responsabilidade não precisa matar a criatividade, e a criatividade não tem de ignorar a responsabilidade para ambas prosperarem. A pessoa criativa simplesmente tem de aprender a arrumar a sua criatividade para sair com ela em público, e tem de conseguir deixá-la passando fome, chorando de noite, de vez em quando.

O emprego normal de Jon é de editor. Depois de Harvard e uma bolsa de estudos na Universidade de Cambridge, na Inglaterra, ele manteve o seu compromisso com a criatividade assumido na escola secundária arriscando na escolha de uma carreira. Em vez de ficar com o que teria sido, para ele, um caminho seguro, freqüentando uma escola de direito ou formando-se professor de inglês, ele entrou no mundo do comércio literário. Raros são os mundos mais inseguros, especialmente hoje em dia, do que o mundo editorial de livros. Mas, como Jon me disse, "Não quis me submeter ao regime de uma pós-graduação. Achei que continuar estudando era ficar preso demais, por isso decidi tentar ser editor, e consegui um emprego na Houghton Mifflin, em Boston". Lá ele começou a trabalhar com autores como Louis Auchincloss e Pat Conroy, ajudando-os a melhorar as suas obras. Mas o tempo todo escrevendo a sua própria poesia também.

Ele prosperou como editor e, em breve, deu o grande passo da sua vida mudando-se para Nova York, o máximo no mercado editorial, e para a Random House. Ele procurava uma garantia, porque é preciso sobreviver, equilibrando o seu lado *"Tenha juízo!"*

com o artístico, ao desenvolver uma sólida carreira como editor. Tinha aprendido com Elizabeth Bishop, em particular, que não é preciso desistir de uma vida normal para ser um bom escritor, e ele queria os prazeres de uma vida normal. Ele teve êxito ao garanti-los, casando-se com a mulher que ama, tendo dois filhos que adora e mantendo os amigos e os *hobbies* de que gosta, como jardinagem, que o deixam totalmente ocupado.

A centelha criativa continua ardendo dentro dele, na verdade cada vez mais forte com o passar dos anos. Como fez todas as coisas "normais", ele não abafou a sua auto-expressão. Ele não *"levou a vida a sério"* no sentido de amputar o seu lado brincalhão. Ele simplesmente aprendeu a moderá-lo.

A vida não é um mar de rosas. Jon continuou fiel aos seus valores e padrões literários, o que causou a sua demissão da Random House. Mas teve o prazer de rir por último. No seu emprego seguinte, na Farrar, Straus & Giroux, o primeiro autor que contratou foi Scott Turow, com o livro *Presumed Innocent*. Foi um dos maiores *best-sellers* da década. Desde então, Jon tem demonstrado um talento para encontrar livros de qualidade que vendem bem — habilidade extraordinária que pouca gente possui.

Sempre no verão, passo bastante tempo com Jon. Todas as manhãs ele desaparece durante várias horas, num quarto em algum lugar, para escrever. Trabalha nas suas poesias, que publicou num livro pouco antes de fazer quarenta anos, e agora, beirando os cinqüenta, está com outro quase pronto, e traduz. Suas traduções das poesias do prêmio Nobel italiano Eugenio Montale foram publicadas com grande aplauso da crítica em 1998.

Enquanto isso, suas habilidades editoriais crescem aceleradas, com Scott Turow e Tom Wolfe como seus autores mais conhecidos, mas muitos outros vão progredindo sob a sua orientação. Ele foi editor de poesia da *Paris Review*. Assumiu a presidência da Academia dos Poetas Americanos e participou de várias comissões de prêmios. Ele chegou ao topo do mundo literário.

Mas não se tornou insensível, como tantos no processo de obter sucesso comercial. Não se tornou invulnerável. Não se tornou altivo.

Curiosamente, ele nem se sente assim com tanto sucesso. "Não sei", Jon disse, meio sem jeito. "Quero dizer, só agora estou começando a ser um escritor. Finalmente publiquei um livro meu de poesias, e estou com quase quarenta anos. Era a minha meta terminá-lo antes dos quarenta. Fiz as traduções do Montale como um jeito de começar, por um outro caminho, a ser um escritor. Como editor, como editor de revista, ser tradutor era aceitável, mas escritor foi algo que só recentemente me dei plena permissão para ser."

Se para Jonathan Galassi, com suas muitas qualificações, foi difícil se permitir dedicar um tempo à sua criatividade, não espanta que seja tão difícil para muita gente com menos credenciais. Perguntei-lhe por que foi tão difícil para ele, apesar de toda a sua experiência e treinamento, se permitir fazer o que gostava.

— Acho que era demais, ou o meu próprio senso de identidade não era grande o bastante para englobá-lo de alguma forma — respondeu ele.

De novo, quantas vezes os nossos próprios temores, ou sentimentos de sermos muito pequenos, muito inadequados, se interpõe no caminho de nossas maiores ambições!

— Algumas pessoas se intimidam mais com isso do que outras — disse eu a Jon. — Depende do talento que elas têm?

— Oh, não, acho que tem mais a ver com a sua própria formação, o modo como foram criadas, a liberdade que lhes deram. Acho que para ser um artista é preciso ter um ego sem grilhões. Como diz o meu amigo escultor, Christopher Hewat, quando se faz arte não se pode ser gentil, não se pode ser educado, e é preciso ceder às facetas mais primais, primitivas, mal-educadas da sua personalidade. Certas pessoas fazem isso melhor do que outras. Algumas pessoas têm mais acesso a essas partes. Outras são mais repressivas quanto a esses aspectos. Acho que eu não tenho sempre esse acesso. Acho que fui tendo mais com a idade. À medida que tive mais liberdade ou mais sucesso de outras maneiras, fui me permitindo mais. O desejo, entretanto, sempre esteve ali desde a adolescência.

Então este é Jonathan Galassi, um homem no topo da sua área, ainda lutando interiormente para crescer, para desenvolver a sua arte. Ele se esforça para se dar permissão para isso, para ser o que sonha ser. Ele quer fazer arte, não pelo dinheiro ou pela fama, mas pela arte, pela alegria da conexão. Ele continua a trabalhar nisso, a praticar, tentando fazer direito, tentando dar a si mesmo total permissão, tentando também aperfeiçoar o seu ofício. "Ser um escritor", Jon disse, "ser um artista, tudo é prática. Existe uma distância muito grande entre deixar fluir a consciência e escrever realmente alguma coisa que se queira mostrar ao mundo. Mas o principal na arte, na minha opinião, não é a venda. É a auto-expressão. Se for boa, então terá valor para os outros, mas já vale muito fazer isso por você mesmo".

Em outras palavras, tem muito valor você fazer a conexão com o seu eu criativo só por você, não para vender um produto ou ganhar dinheiro.

— Veja Emily Dickinson — Jon citou como exemplo. — Ela deve ter publicado quatro ou cinco poemas em toda a sua vida, e no entanto é um dos dois maiores nomes da poesia americana. Suas comunicações com o mundo foram todas comunicações atrasadas. Ela escrevia para ela mesma. Escrevia para compreender a sua experiência, para fazer alguma coisa com a sua vida. Enquanto isso, não teve nenhuma confirmação externa do seu valor por ninguém mais. Era só a sua comunicação com a sua própria alma. O seu próprio gênio. Essa é a lição elementar do ato de escrever. Você não escreve pelos prêmios ou pela reação dos outros. Em muitos casos, isso acontece, mas o nível máximo de recompensa é algo pessoal e profundo.

— O que é exatamente? Pode dizer isso com palavras? — perguntei.

— Bem, acho que a maior recompensa é fazer alguma coisa. Você sente que captou realmente uma idéia ou uma imagem. Você está ajustando o seu prumo. Está lutando corpo a corpo com a realidade.

— Você acha que uma pessoa pode chegar a isso de outra maneira sem ser pela arte ou a beleza?

— Acho que se pode chegar a isso pela jardinagem — Jon, ávido jardineiro, respondeu. — Pode fazer isso ensinando. Às vezes, sinto que chego perto no meu trabalho como editor de um autor. É uma questão de sentir que você foi até onde era capaz, seja no que for. Você pode ser um excelente pavimentador de estradas e terá chegado ao fundo de alguma coisa. Acredito nisso. Acho que não existe diferença, desde que seja uma verdadeira expressão da sua energia. Desde que você esteja plenamente envolvido nisso, de que esteja totalmente consumido nisso. Como a jardinagem. Cuidar do jardim é uma arte. Quando você vê um belo jardim, ele é a expressão de uma compreensão estética. É a expressão da personalidade de quem o fez. Então é muito poético, eu acho.

Jon cresceu como poeta enquanto fazia a sua carreira de editor.

Ele mantém viva a conexão criativa com ele mesmo, como a tem alimentado nos outros.

Isto é possível para todos nós.

III

ESPERANÇAS
e
TEMORES: CONEXÃO
e
DESCONEXÃO

VINTE E DOIS

Se a conexão é uma coisa tão boa, por que é tão escassa?

POR QUE A CONEXÃO É UMA coisa tão escassa? Porque é difícil. A curto prazo, é *muito* mais fácil não se conectar.

A maioria das pessoas se arrepia de medo ao entrar numa sala cheia de gente desconhecida. Aprendemos a dissimular isso muito bem, mas inicialmente temos medo dos outros. Quem não me conhece, com freqüência me diz: "Você parece tão calmo e seguro. Não consigo imaginar que você tenha momentos de insegurança." E, no entanto, meus amigos podem lhe dizer, nada está mais longe da verdade! Sou o exemplo perfeito do sujeito que se preocupa porque tem de ir a uma festa, por causa da sua própria insegurança, e quando chega lá se diverte demais. Na verdade, minha mulher muitas vezes precisa puxar-me porta afora, como uma mula sendo arrastada de dentro do estábulo, para fazer-me entrar no carro e ir a uma festa — onde, uma vez lá, eu quase sempre me divirto. Adoro festas, ir a elas é que eu detesto!

O medo é o maior obstáculo à conexão, mas existem muitos outros.

Um deles é o tempo. É difícil encontrar tempo. E, mesmo que você encontre, é difícil suportar os agravantes. É mais fácil se conter. Todas as vezes que você inicia um relacionamento qualquer, está se arriscando a ser magoado, rejeitado, incompreendido, ou simplesmente achar que não valeu a pena.

Mas, no entanto, ao nos contermos repetidas vezes, criamos abismos em nossas vidas.

O problema da desconexão hoje é tão grande e óbvio que passa quase despercebido. Talvez seja apenas óbvio demais. Mas deveríamos dar atenção ao que é óbvio antes de começarmos a procurar respostas mais sutis para os nossos problemas. Há uma velha piada que explica isso muito bem. Três psiquiatras foram juntos de carro para uma palestra. Quando ela terminou, eles voltaram para o carro. O dono não encontrava as chaves. Eles olharam pela janela, e lá estavam elas, na ignição.

— O que vamos fazer agora? — um deles perguntou.

— Vamos entrar por baixo do carro e ver se tem um jeito por ali — um dos psiquiatras sugeriu.

— É fácil para você dizer isso — falou o terceiro, o motorista —, mas eu conheço o carro. Por que não ligamos para o meu filho — sei que ele está em casa — e pedimos para ele trazer as chaves sobressalentes? E a gente vai beber alguma coisa enquanto espera.

— Bem, eu não sei o que vamos fazer — um deles acrescentou —, mas, seja lá o que for, é melhor resolver logo, porque estou vendo nuvens negras se formando e a capota do carro está arriada!

Conexão é como as chaves na ignição. Elas estão lá, e esperando que alguém as pegue. Basta estender a mão.

Mas nem sempre a estendemos, porque é difícil. Suportar a tensão de um diálogo zangado com um amigo, agüentar o seu próprio nervosismo e constrangimento num novo grupo social, negociar um toque de recolher com um adolescente cheio de argumentos, tolerar um parente mal-humorado, manter-se impassível ouvindo um cliente reclamar — todos esses momentos de potencialmente valiosa conexão podem ser exaustivos. É mais fácil evitá-los do que lidar com eles de forma construtiva.

Portanto, a conexão está desaparecendo da vida moderna porque nós em parte *queremos* assim. Queremos nos livrar do desconforto do momento humano. Queremos rapidez, eficiência e controle. Depois queremos descansar e relaxar. A melhor maneira de alcançar esses objetivos é lidar com as pessoas *o menos possível*. Elas atrapalham!

Uma parte de todos nós prefere ficar sozinha a suportar as frustrações implicadas na interação humana. As pessoas são tão difíceis! Pergunte a alguém que costuma trabalhar com o público em geral, como um comissário de bordo, um lojista ou até um Papai Noel de meio expediente, e todos o regalarão com histórias de como as pessoas podem ser *impossíveis*.

A razão de gostarmos de nos isolar uns dos outros é nos acharmos mutuamente, bem, uns chatos. É mais fácil assistir a um programa de televisão ou entrar na Internet do que conversar pessoalmente.

Mas ao evitarmos uns aos outros estamos arrumando encrenca mais adiante. Precisamos do momento humano — um tempo com alguém pessoalmente — para prosperar na vida. Quanto mais nos evitamos, mais probabilidade temos de adoecer ou morrer jovens, sem falar nas depressões e nos sentimentos de solidão.

No entanto, as pessoas perdem o contato com amigos íntimos o tempo todo, são envolvidas em rixas desagradáveis que separam famílias inteiras, recusam convites para festas e outros acontecimentos onde gostariam de estar na verdade, acham que não têm tempo para o que é importante, adiam visitas a parentes, desistem de se reconectar com a religião, relegam à lixeira do "boa idéia, mas não posso fazer isso" as muitas idéias de reunião e reconexão que surgem diariamente.

Uma das melhores lições para vencer esses obstáculos à conexão me foi dada por Priscilla Vail, autora e especialista em aprendizagem. Priscilla, na faixa dos sessenta anos, estava com três amigas quando uma delas perguntou: "Quantos anos de casamento nós quatro temos juntas?" Elas fizeram a soma. Chegaram a 172 anos. Como elas tinham conseguido isso? Não sabiam. Decidiram perguntar aos maridos para ver se eles tinham alguma idéia especial. O de Priscilla deu a explicação que é uma das melhores respostas que já ouvi a respeito de permanecer conectado. "Estamos casados há tanto tempo", ele disse, "pela firme determinação de que seja assim." Conheço Priscilla e Donald. Eles se amam profundamente. O que ele disse não significa que tenha sido uma luta diária. Nada disso. Ele simplesmente quis dizer que para qualquer relacionamento durar é preciso atenção freqüente. Como um jardim, deve ser cuidado ou cairá no abandono.

Para permanecer conectado — com um amigo, o cônjuge, uma instituição, um time, seja o que for —, você deve estar *determinado* a isso. Porque não importa qual seja a conexão, não importa o quanto você ame ou sinta profundamente, haverá momentos em que se sentirá tentado a sair correndo.

Eu gostaria de focalizar algumas das razões mais comuns que tornam tão difícil a conexão: falta de tempo, falta de dinheiro, medo de mais responsabilidades, medo de rejeição e o sentimento de que as pessoas não são confiáveis. São as que encontro com mais freqüência ao discutir com as pessoas o porquê de suas vidas não estarem mais bem conectadas.

TEMPO

Quem tem tempo hoje em dia — para qualquer coisa?

Uma mulher em Nova York me contou a seguinte história. Ela disse que durante anos, todos os dias, ela via um homem parado no mesmo ponto onde pegava o ônibus. Um dia ele a cumprimentou. Ela respondeu, e começaram a conversar. Ele morava duas casas mais à frente da dela. "Imagine só", ela disse, eles sorriram no ponto do ônibus durante mais um ano. Aí, um dia, o homem falou: "Precisamos nos encontrar qualquer hora dessas." A mulher concordou, entusiasmada. Mais seis meses se passaram, ambos sorrindo um para o outro no ponto do ônibus todas as manhãs. Então, um dia, o homem disse para a mulher: "Não vamos adiar mais isto. Por que vocês não aparecem lá em casa hoje à noite, depois do jantar, para uma sobremesa?" A mulher concordou. Naquela noite, ao chegar em casa do trabalho, ela falou para o marido: "Não acredito que fiz isto, mas disse ao pessoal que mora duas casas mais adiante que vamos lá comer a sobremesa, hoje, depois do jantar." Ela passou o jantar inteiro lamentando ter aceito o convite, desejando poder ir para a cama, ler ou assistir à televisão. Mas, quando bateram nove horas, ela e o marido desceram a rua se arrastando. Como é freqüente acontecer, acabaram divertindo-se muito, acordados até a meia-noite, contando histórias sobre a vizinhança, sobre o seu próprio passado, e tudo mais possível e imaginável. Naquela noite teve início uma boa amizade. Mas por pouco ela não aconteceu.

Trabalhamos tanto que às vezes esquecemos das nossas prioridades.

O mesmo é válido para os filhos. Um pai escreveu:

"Tenho pena dos meus filhos no mundo atual. Não acho que tenham total apoio da comunidade. Já moramos em vários lugares diferentes e é difícil encontrar 'vizinhos' verdadeiros. Quando era criança, fui apresentado a todos os meus vizinhos. Sentia-me à vontade conversando com eles. Sabia que meus pais tinham feito conexão com estas pessoas. Tinham, sem saber disso, formado um grupo de apoio. Atualmente, a gente se sente isolado do mundo. As pessoas vão para o trabalho, voltam para casa, trancam a porta e não saem mais a não ser que sejam forçadas a isso (por exemplo, para fazer compras no mercado ou se divertir). É raro encontrar uma vizinhança que também funcione como um grupo de apoio. Eu realmente sinto falta do que tive quando criança, para os meus filhos, mas sei, no íntimo, que é quase certo as coisas não voltarem mais a ser como antes. As pessoas hoje não são educadas para 'ajudar o seu próximo'. Elas têm de cuidar dos seus próprios interesses. E, com o que se escuta nos noticiários sobre a criminalidade, não é de estranhar que tranquem suas portas aos vizinhos. Não existe mais confiança."

Não penso que o país sofreu um ataque de misantropia; na verdade, o americano é naturalmente de temperamento sociável. Mas colocamo-nos numa espécie de carrossel, em alta velocidade, que permite um vislumbre fugaz ou um rápido alô quando passamos.

Não há tempo.

Tempo e dinheiro andam de mãos dadas, é claro.

DINHEIRO

Muitos de nós nos colocamos contra a parede. Estabelecemos um estilo de vida que requer uma certa renda, que só conseguimos manter se continuarmos a trabalhar excessivamente. Se a realidade justifica isso ou não, sentimos que temos de continuar trabalhando demais ou sofreremos um golpe econômico para o qual não estamos preparados.

Eu sei, no meu caso, que mandar os filhos para uma escola particular é prioridade máxima para Sue e para mim. Não imaginamos outro investimento que seja mais importante. E, no entanto, para ter uma renda extra necessária para mandar três filhos para uma escola particular em Cambridge, eu tenho de trabalhar muito mais do que se eles não freqüentassem uma escola desse tipo. Trabalhar demais significa ter tempo de menos para amigos, família e outras coisas.

Quem ganha menos do que eu poderia dizer: "Ora, deveria ser fácil para você arrumar tempo. Mande seus filhos para uma escola pública. Ou mude para uma casa menor. Troque o seu carro por outro mais barato. Ou reduza o seu seguro-invalidez. Você está escrevendo um livro sobre a importância disto. Por que não faz você mesmo essas mudanças?"

De fato, eu levo uma vida muito conectada, ao preço de um considerável sacrifício de tempo e dinheiro, mas ela poderia ser mais conectada. Vejo pessoas que ganham mais do que eu, e fico pensando: "Puxa, se eu tivesse todo esse dinheiro, realmente teria o tempo que quero para todos os diferentes tipos de conexão sobre as quais estou escrevendo neste livro. Se eu tivesse o dinheiro que elas têm, não me sentiria tão solicitado a interromper uma conversa na hora do almoço, ou negar quando a igreja me pede para fazer alguma coisa, ou deixar de visitar parentes que moram longe porque não posso pagar as passagens de avião.

Eu especulo — na verdade, observo — que essas pessoas que têm mais dinheiro do que eu invocam as mesmas razões que eu para não fazer as coisas que acabei de mencionar. Elas dizem que não têm tempo ou dinheiro suficiente.

O que digo é que, com uma renda acima do nível de subsistência, tempo e dinheiro tornam-se muito mais quantidades psicológicas do que a maioria de nós percebe. Por mais dinheiro que tenha, você acha que não tem o suficiente. Por mais tempo que tenha, você acha que o tempo é curto. Agora mais do que nunca.

O paradoxo é que a *sensação* de não ter dinheiro bastante, ou tempo suficiente, nasce da insegurança. E a insegurança é o estado que mais se beneficia com a conexão. Se passássemos mais tempo desenvolvendo a conectabilidade, não acharíamos necessário gastar tanto tempo ganhando tanto dinheiro. É uma peça psicológica que milhões de nós nos pregamos todos os dias.

Espera aí, você diz. Como a conectabilidade vai pagar a escola dos seus filhos? Existem realidades financeiras, e se você decidir que o estudo numa escola particular é prioridade, então você terá de ganhar o dinheiro necessário para que isto seja possível.

Não estou dizendo que não existam realidades financeiras. Sou lembrado disso todos os dias. O que estou dizendo, tanto para mim mesmo como para os outros, é que devemos estar atentos à armadilha psicológica que montamos para nós mesmos ao repetir sempre que não temos bastante dinheiro ou tempo.

Porque eu descobri — mais uma vez, na minha própria vida e na vida de outras pessoas — que você pode arrumar tempo e você pode encontrar dinheiro. Você pode arranjar tempo para o que é mais importante, e depois encontrar o dinheiro para aquilo de que você precisa. Se as minhas finanças entrarem em colapso, então meus filhos terão de sair da escola particular, ou pedir uma bolsa de estudos. Mas, como minha mulher me lembra quando me preocupo com isso, ainda teríamos um ao outro, mais os nossos filhos, os nossos amigos, a nossa igreja, o resto da família, as lembranças, a saúde, a capacidade de trabalho — em outras palavras, todas as coisas com as quais tentamos manter uma forte conexão. De alguma maneira, em geral vamos encontrar o dinheiro para as nossas necessidades.

Isso não vale para todo o mundo. As pessoas realmente pobres precisam de mais dinheiro — e ponto final. Não é psicológico, é a realidade.

Entretanto, para a maioria das pessoas, tempo e dinheiro as impede de desenvolver conexões por motivos irracionais.

Uma mulher me descreveu como viu a vida mudar nesse sentido: "Lembro de quando era criança, minha mãe freqüentava um clube de tricô que se reunia semanalmente, mais para comer, bater papo, contar piadas e beber vinho do que para tricotar. Lembro de quando era a vez da minha mãe ser a anfitriã, e eu ficava sentada na escada, ouvindo. Todas as minhas amigas contam histórias semelhantes de 'clubes' de suas mães. Agora que eu sou mãe, fico me perguntando o que terá acontecido com esses grupos de vizinhas que se reuniam regularmente, sem os filhos, para cultivar uma amizade. A pressão é muito grande para agendar programas de brincadeiras, eventos esportivos etc. para as crianças. E também, com as pessoas trabalhando tantas horas, a questão é: se eu arrumar tempo para grupos de amigas, quando vou lavar as roupas, arrumar a cozinha, limpar a casa etc.? É isso que os pais que trabalham fazem com o seu 'tempo livre' agora."

Se o tempo e seu cúmplice, o dinheiro, são tão curtos que as pessoas só fazem lavar roupas e pratos nas suas folgas, então não espanta que sobre pouco para desenvolver conexões importantes.

Mas ainda que sobrasse tempo e o dinheiro não fosse empecilho, o desejo de conectar-se continuaria encontrando obstáculos.

Dois desses importantes obstáculos são o medo da responsabilidade e o medo da rejeição.

MEDO DE MAIS RESPONSABILIDADE

Kate Wenner, mulher dinâmica que trabalhou muito para conseguir que os pais participassem na criação de um mundo conectado na escola de seus filhos, em Nova York, disse-me: "Se você está escrevendo sobre conexão, não deixe de enfatizar que ela começa com a responsabilidade." Você não pode se recostar na cadeira e esperar que façam isso por você, e você não pode queixar-se quando alguém assume e pede a sua participação. Você — nós — tem de contar com alguns sacrifícios pessoais e desistir de uma parte de nossa solidão, se quiser ter uma vida conectada.

Assim que você se oferece para participar de alguma coisa, está assumindo uma responsabilidade. Teoricamente, você faz o máximo para cuidar do bem-estar daquilo a que estiver se conectando — uma escola, um relacionamento, uma corporação, um time de beisebol. A pessoa verdadeiramente conectada fica acordada até tarde da noite pensando em como *melhorar* a escola, o time, a família ou a empresa. A pessoa conectada não fica se lamentando. Ela trabalha para melhorar a situação.

Sem responsabilidade, a conexão perde a força. Se você se mantém conectado só enquanto a conexão lhe for agradável, então esta não é uma verdadeira conexão. É meramente freqüência.

Neste sentido, a conexão é um peso. Você precisa estar presente nos maus momentos, assim como nos bons. Às vezes, você se sente constrangido.

Por exemplo: um dia eu estava tentando estacionar numa rua comercial em Cambridge quando outro carro se enfiou na minha frente e me roubou a vaga. Encontrei outra logo adiante, e no caminho para a loja vi a mulher que tinha ficado com a minha vaga. Eu não ia lhe dizer nada até notar o adesivo colado no vidro traseiro do seu carro: *Pratique Atos Aleatórios de Gentileza*. Ao ver isso, não agüentei. Apertei o passo para chegar perto dela e perguntei: "Roubar a minha vaga foi o seu ato aleatório de gentileza de hoje?" Ela parou, abriu a boca, mas não disse nada, deu meia-volta e saiu correndo.

Uma coisa é colar adesivos sobre gentileza para com os outros. Outra, bem diferente, é ser gentil. A maioria de nós que fala em conexão nem sempre cumpre o que diz na vida real.

Há muito mais coisas que eu poderia fazer se me esforçasse, mas não quero assumir mais responsabilidades. Em algum ponto, achei que era hora de colocar limites. Por mais que me desagrade pensar assim, tenho certeza de que o meu próprio conforto veio em primeiro lugar, repetidas vezes.

É por isso que muitas pessoas preferem não se envolver. Elas (nós) não querem assumir mais responsabilidades. É sensato não assumir mais do que se é capaz de suportar. É sensato não se colocar na posição de não poder cumprir com as suas responsabilidades. Mas, por outro lado, recusas excessivas podem deixar você num lugar isolado, desconectado.

MEDO DA REJEIÇÃO

Digamos que você esteja preparado para assumir uma nova responsabilidade. Um dos maiores obstáculos é, quase sempre, o simples medo da rejeição. E se eu decidir me envolver de verdade na escola, mas ninguém gostar das minhas idéias? E se eu resolver organizar os meus vizinhos para fazer alguma obra de caridade, mas só um mísero punhado deles concordar em participar? E se eu decidir concorrer a um cargo e perder? E se eu convidar os vizinhos e eles não gostarem de mim? Os adultos não gostam de reconhecer isso, mas podemos ficar tão nervosos como um adolescente quando se trata do nosso medo da rejeição. É mais fácil se retrair.

Compartilhando, ou não, do meu medo de ir a festas, conseguindo, ou não, falar em público, as pessoas na sua maioria temem a rejeição de uma forma ou de outra, pelo menos de vez em quando.

É fácil compreender os sentimentos que uma mulher me relatou: "A idéia de ir a uma atividade de grupo maior, como um casamento ou seminário de negócios, ou seja o que for, é extremamente estressante para mim. Minha família pertence a um clube de patinação que requer de nós a participação em um determinado número de jantares nas noites de sexta-feira. O serviço é de bufê, com corrida para sentar. O medo que isso me causa é como estar de volta à escola secundária — do lado de quem eu vou sentar? Conversaremos sobre o quê? A noite, em geral, termina sendo muito mais fácil de suportar do que eu imaginava, até agradável, mas meu marido e eu ainda brincamos com a idéia de mandar imprimir uma camiseta com a frase: *Fui a um jantar no clube de patinação e sobrevivi!*

A maioria de nós tem a sua própria versão das noites de sexta-feira no clube de patins. Requer esforço para ir, às vezes, só por causa do estresse de ter de lidar socialmente com as pessoas. Com quem eu vou sentar? Conversaremos sobre o quê?

Podemos invocar as outras desculpas que já mencionei — não tenho tempo, não tenho dinheiro, não quero mais responsabilidade — quando, na verdade, o que tememos é a rejeição. E se eu me esforçar e for recusado? E se me acharem um chato? Dizer que não tenho tempo ou não tenho dinheiro é tão mais simples, menos constrangedor. Afinal de contas, o medo da rejeição não é coisa só para os fracos?

Deve haver adultos em algum lugar do mundo que nunca sentiram esse arrepio de insegurança. Deve haver quem se sinta tão confiante que nem pensa no que os outros possam pensar dele. Eu sempre imaginei que o meu avô era assim. O caso é que sou capaz de *imaginar* uma pessoa assim, mas não *conheço* nenhuma. Ah, certamente conheci meu avô, mas era mais a minha versão imaginada dele. Eu não conheci como funcionava no fundo o seu coração. E é lá que costumamos carregar esses medos.

Um passo no sentido de se ajudar é saber que esse medo é universal, que não é covardia você se sentir assim, e que as pessoas que você imagina nunca se sentirem assim provavelmente se sentem. Todos nós sentimos o medo social uma vez ou outra — ao entrar numa festa, ao levantar para falar em público, ao enviar o nosso *curriculum vitae*.

Se dói sentir-se rejeitado, por que não se defender? A resposta, claro, é: quem não arrisca não petisca. O que você pode ganhar numa conexão às vezes vale o que você vai arriscar — seus sentimentos. Às vezes não. O truque é não deixar que as raras ocasiões em que se magoou o afastem totalmente dessa aventura.

A dança que nós, adultos, fazemos em torno do medo da rejeição é muito ardilosa. Às vezes ocultamos o que estamos fazendo até de nós mesmos. "Não quero ir a essa festa porque as pessoas são chatas"— eu já usei esta. "Não entro nessa comissão porque todas as comissões são uma perda de tempo"— usei esta também. "Não vou aceitar o convite porque eles estão só querendo me usar" — já escutei esta. "Não tenho tempo para arrumar outro amigo" — alguém me disse isso outro dia. Todas são desculpas válidas, mas o que está por trás delas, com freqüência, é o simples medo de que a rejeição esteja à espreita na festa, na reunião, seja lá onde for.

Quando eu estava na escola secundária, costumava me sentir mal porque não me achava pertencendo à patota dos que estavam por cima. Fazendo uma retrospectiva, sinto ter me preocupado com isso, porque o meu sentimento se baseava numa ilusão. Havia as panelinhas — os cérebros, os atletas e o pessoal das artes, por exemplo — e havia um ou outro menino dourado no topo de cada panelinha na turma; mas até esses meninos dourados, eu desconfio, tinham seus momentos de insegurança e solidão.

Desde a escola secundária — onde estar por cima é o objetivo máximo —, eu cheguei à conclusão de que não existe patota na vida adulta, existe apenas a percepção de um só. Algumas pessoas simplesmente são mais confiantes do que outras, e estas em geral são as que designamos como estando por cima. Mas a idéia é uma hipocrisia. Particularmente hoje, quando estruturas de classe, clubes, redes de ex-alunos e outras relíquias desmoronaram, a patota está onde houver confiança. Alguém acrescentaria que está onde houver dinheiro — mas a patota dos que estão por cima é diferente da patota dos ricos. Conheci indivíduos com uma riqueza fabulosa que se sentiam profundamente por baixo.

Existe uma lição que cada um de nós deveria aprender, mas poucos o fazem. Você pode fazer a sua própria patota superior, basta unir-se às pessoas, de modo que umas acreditem nas outras, e vice-versa. A conectabilidade cria o seu próprio poder. A conectabilidade traz para *dentro* todos a quem ela toca.

DESCONFIANÇA DOS OUTROS

Esta talvez seja a razão mais óbvia para as pessoas evitarem a conexão. Resume-se nas palavras de um dos meus pacientes: "Gente? São todos uns idiotas." Muitos alertam que as pessoas em geral não são confiáveis; certamente não se deve amá-las ou gostar delas. "Pensando bem...", o argumento começa. O que você encontra quando pensa bem, na opinião de muitos, é egoísmo e mesquinharia na essência humana.

Isso me lembra uma tirinha com um homem e uma mulher trocando olhares românticos, sentados num bar. Ao lado de cada um deles está um advogado. Um dos advogados diz para o outro: "Meu cliente gostaria de pagar um drinque para a sua cliente. Não obstante, a oferta do dito drinque não constitui um compromisso, nem a sua aceitação implica contrato de nenhuma espécie. Meu cliente também gostaria de deixar claro para a sua cliente que ele não assume nenhuma responsabilidade pelo conteúdo do drinque, nem por seus efeitos. Nenhuma obrigação..."

O mundo da conexão tornou-se um lugar paranóico.

A razão, entretanto, em geral não é filosófica e, sim, prática. "Já me machuquei antes", a pessoa diz, "não vou sofrer de novo."

Uma criança de três anos amorosa, confiante, de olhar atento, não permanece confiante por muito tempo. A vida intervém. As crianças fazem maldades umas com as outras. Cedo você aprende a lição. Você aprende a se preservar.

Não demora muito e você decide: *Não vou sofrer de novo.*

Uma médica descreveu a versão adulta deste processo ao me

contar sobre um relacionamento com a sua chefe durante o período em que fez residência em medicina. "Com as noites passadas em claro, a convivência forçada e a natural congruência de interesses, acabamos nos tornando grandes amigas. Conforme ia se aproximando o final do ano, e eu previa uma residência em psiquiatria no período seguinte, tive um triste pressentimento de que esta amizade ia terminar, porque eu ia mudar. Mudei à medida que fui entrando na psiquiatria — mais introspectiva, mais morosa, possivelmente depressiva.

"A última conversa que tivemos foi triste", continuou ela. "Acho que eu queria ver se o nosso relacionamento sobreviveria à minha transição, então falei de meus sentimentos num processo de despedida, eu indo para a psiquiatria e ela, para a sua carreira de tratamento intensivo. Depois dessa conversa, durante a qual ela quase não reagiu, ela foi dizer a amigos em comum que ficou 'muito magoada' comigo. Meus telefonemas não foram atendidos. Eu fui até a sua casa só para conversar. Ela evitou todas as minhas tentativas de falar sobre o que estava errado. Logo depois, ela se mudou, e indagações feitas por intermédio de amigos em comum deixaram claro que ela nunca mais ia querer nada comigo."

Tudo isto aconteceu há mais de dez anos. "Depois de refletir durante anos sobre o que tinha acontecido conosco", concluiu ela, "percebi que este rompimento era inevitável, e que a minha previsão tinha sido uma expectativa realista. Eu já experimentara o gradual afastamento de amigos — por exemplo, na escola secundária — ao longo dos anos, pouco a pouco imaginando o que diabos tínhamos tido em comum. Mas na escola de medicina e durante a residência, tínhamos de ser como camaleões e, quanto mais rápido mudássemos, melhor para nós. Este 'endurecimento' emocional que acompanha o processo de se tornar um médico tem um preço muito alto. Para mim, foi como a perda da inocência."

A maioria de nós experimenta essa perda de inocência em algum momento da vida. Com freqüência, ela se repete várias vezes. Seja na quarta série, na escola secundária, aos trinta anos de idade, quase todos nós nos magoamos e reagimos nos retraindo, nos fechando um pouco, nos revestindo de sofisticações e conversas adultas.

A dor do passado pode nos fazer recuar, às vezes para sempre. O que nem sempre é ruim. Como meu velho professor de psiquiatria costumava nos dizer: "O mundo está cheio de lobos. Vocês precisam ajudar seus pacientes a aprenderem a não ser ovelhas." Mas a minha experiência como psiquiatra tem sido exatamente o oposto. Desde que saí da tutela do dr. Havense e ingressei no meu próprio mundo profissional, descobri que meus pacientes precisam aprender, ou reaprender, a confiar mais do que a ter cautela. Eles se tornaram altamente especializados em desconfiança. No esforço para não serem ovelhas, começaram a se esconder.

Mesmo levando uma vida ativa, ganhando muito dinheiro, criando uma família, indo a eventos culturais, e sendo bons cidadãos, eles não se conectam. Eles não ousam. Eles se preservam. Eles esperam.

Acho que foi isso que Thoreau quis dizer com desespero silencioso. A maioria dos meus pacientes está silenciosamente desesperada para se conectar melhor com os outros. Mas a desconfiança as impede, são as "lições" do passado. Não querem se magoar novamente.

274 A minha resposta não é negar que as pessoas possam ser mesquinhas, até malvadas, ou que os melhores entre nós sejam capazes de trair os amigos. Afinal de contas, foi Pedro, a Rocha da Igreja cristã, quem negou Cristo três vezes. A possibilidade de traição está inserida na conexão.

Minha resposta é prática, não teórica. Estamos melhor juntos do que separados. Estamos melhor nos suportando do que sistematicamente nos livrando de cada um que nos decepciona. Os dados médicos são bastante claros: vive-se melhor acompanhado. Mesmo que *sejamos* todos um bando de idiotas, estamos melhor lidando uns com os outros, com todas as nossas chaturas, do que desconectados.

Você não precisa confiar nas pessoas totalmente para se conectar com elas. De fato, um pouco de ceticismo é provavelmente uma boa idéia. Mas descobri, no trato com meus pacientes que, de todos, o maior risco é o excesso de ceticismo. Se você sempre se retrai por medo ou desconfiança, quando abrir os olhos não terá com quem conversar — honesta e francamente —, exceto com você mesmo, e talvez com uma ou outra pessoa assustada e desconfiada.

Se acha que a vida já o magoou tanto que você simplesmente não consegue mais confiar em ninguém, por mais que tente, talvez seja uma boa idéia procurar um terapeuta ou alguma outra pessoa com quem possa falar sobre o que está sentindo. Observei muitas vezes que a confiança pode ser reconquistada. Mas isto não acontece na solidão. Na verdade, na solidão a desconfiança só aumenta e se reveste de uma crosta de cinismo e raiva.

É muito melhor procurar *alguém*, ou Deus, e conversar sobre a vida. Dê expressão à sua dor, à sua raiva, à sua mágoa. Isso pode ser feito. Você pode redescobrir a fé nas pessoas e na vida. E ela pode, literalmente, *salvar* a sua vida.

VINTE E TRÊS

A comunidade de gente boa

> *Acredito que as pessoas perderam o sentimento de estarem conectadas com a família, os vizinhos e a comunidade, e que o nosso ritmo de vida aumentou tanto a ponto de substituir o que é realmente importante na vida. Pessoalmente, venho lutando para aumentar a minha conectabilidade desde o nascimento da minha sobrinha, há três anos. É a primeira neta de meus pais, e é interessante como ela está fazendo a nossa família trabalhar no sentido de reforçar as nossas conexões. Fico surpresa também como meu marido e eu nos conectamos com o nosso cachorrinho retriever dourado — dois anos de idade e sempre uma fonte constante de alegria, amor, afeto e uma forte recordação do que é mais importante na vida: ser amável, descontraído e amoroso com a família e os amigos, e saudar a todos com a promessa de uma boa coçadinha na orelha!*
>
> Carta de uma mulher que assistiu a uma das minhas palestras

APRENDI ALGO MARAVILHOSO sobre as pessoas deste país viajando e dando palestras nos últimos cinco anos. Aprendi que, em grande parte, este país é feito de gente boa. Fiquei surpreso com a minha descoberta, com base no que se vê na mídia todos os dias; às vezes, fica-se com a impressão de que o país está cheio de gente ignorante, desonesta e violenta. Mas esta é a perspectiva que os noticiários adotam para chamar a nossa atenção. Como diz o pessoal da mídia: se sangra, dá ibope. Notícia boa não é notícia. Assim, a honestidade básica da maioria das pessoas na América passa despercebida. Mas, viajando, eu a vejo sempre.

Obviamente, não é uma observação confiável em termos estatísticos, mas tem me impressionado com tamanha constância que acredito nela. Onde quer que eu vá, encontro pessoas cheias de boas intenções e energia positiva. São corações afetuosos e mentes abertas. O problema é que quase sempre não sabem onde ou como plugar a sua energia positiva e a sua boa vontade. Estão procurando melhores maneiras de se conectar.

Gente ruim é uma ínfima minoria, mas recebe um bocado de publicidade. Assassinatos, espancamentos, crimes de colarinho branco — estas são as más ações que lotam os noticiários. Mas *não* são os acontecimentos que enchem a vida da maioria das pessoas.

Quase todo o mundo está tentando viver da melhor maneira possível, e isso não é fácil para qualquer um de nós. A maioria deseja que os extremistas se calem. A maioria não possui todas as respostas, está disposta a ouvir uma boa idéia, preocupa-se com pessoas em dificuldade, não se consome em raiva e ódio e quer fazer o que é certo. A maioria sabe que não é perfeita e não pode esperar que os outros sejam. A maioria pode ajudar você, desde que você jogue limpo com ela. A maioria já passou por isso, seja o que for, ou é capaz de imaginar como é.

O problema é que esta "comunidade de gente boa", como gosto de chamar, tem uma vida secreta. Ela não está nas ruas assistindo à parada do Quatro de Julho, como antes. Não está na prefeitura fiscalizando os orçamentos, como antes. Não está nas varandas observando os vizinhos, vigiando a garotada quando você não está por perto. Não está organizando vendas de bolos para famílias em dificuldades, ou piqueniques do bairro, ou pedindo votos para um candidato político. Em vez disso, a comunidade de gente boa está nos seus empregos, ocupada em fazer o dinheiro chegar até o final do mês, ou tentando manter um determinado estilo de vida.

A rede invisível de conexões que costuma unir as cidades americanas desapareceu. As pessoas que a compunham ainda estão lá, mas as conexões entre elas se esgarçaram. Sem dúvida, o comitê democrático local da minha região ainda se reúne na quarta quinta-feira de cada mês num restaurante local, em Kingston, Massachusetts. Mas pergunte a uma pessoa qualquer se lhe passa pela cabeça concorrer algum dia a um cargo político e ouvirá um sonoro *"De jeito nenhum!"* O tecido inteiro ainda não se desfez, só precisa de um pontinho aqui e um reforço ali para poder tornar a envolver a gente boa que deixou escapar.

É possível ver esta comunidade de gente boa surgindo magnífica em momentos de crise. Bob Tobin, reitor da Christ Church, define a verdadeira comunidade como um lugar onde, havendo uma crise ou dificuldade, as pessoas envolvidas sabem o que fazer sem que lhes peçam nada.

Por exemplo, uma mulher em Cambridge, Massachusetts, me disse o que lhe aconteceu quando precisou de ajuda: "Grávida do meu segundo filho", ela escreveu,

"... o médico me mandou ficar de repouso na cama, possivelmente por dois meses e meio (eu reduzi para um mês apenas). Minha filha tinha dois anos e não estava aceitando facilmente novas babás na sua vida. Decidimos, depois de algumas tentativas fracassadas de contratar alguém maravilhoso para ajudar em casa, que nos arranjaríamos sozinhos com a ajuda da família. Minha filha ia todos os dias para a creche por algumas horas, na parte da manhã, depois ficava comigo em casa até a hora do jantar, quando meu marido (que era novo no emprego) voltava.

Foi espantoso como a notícia de que eu estava de repouso na cama se espalhou *rapidamente* pela minha rede de amizades, parentes e vizinhos. Quase na mesma hora, as pessoas se organizaram para virem passar as tardes conosco, brincando com minha filha, Anna, recolhendo os brinquedos, e freqüentemente trazendo o jantar ou alimentando-a junto com seus próprios filhos na nossa cozinha. Minha mãe preparou o nosso quarto do bebê, tirando as roupinhas do porão, e os amigos organizaram um chá de bebê para mim, sabendo que eu ia precisar de roupas especiais, e outras coisinhas, para uma criança prematura de um quilo e oitocentos gramas. As pessoas até doaram sangue para o nosso bebê.

Eu tinha participado de uma mobilização para ajudar outros amigos e colegas que estavam precisando, mas nunca esse esforço fora direcionado para mim. O poder das amizades e das conexões, que ficou tão evidente naqueles dias, é algo de que jamais esquecerei."

Uma comunidade de gente boa está ao alcance de todos. Mas pode ser como um navio dentro de uma garrafa que ainda não se ergueu. Ao montar um navio dentro de uma garrafa, o artesão o constrói inteiramente no plano, fora da garrafa. Ele o equipa com um cordame de forma a poder ser colocado de pé puxando apenas um fio. Depois o coloca com cuidado dentro da garrafa, puxa o fio e, *presto*, ele se ergue, contido na garrafa.

A conexão numa comunidade pode ser como um navio dentro de uma garrafa, esperando que puxem o fio. O capítulo seguinte mostra como um desastre pode puxar esse fio.

VINTE E QUATRO

Um assassinato na porta ao lado

EM 1997, PEGUEI O CARRO e fui até Reading, Massachusetts, dar uma palestra sobre conexão. Quando terminei, vieram me dizer que, devido a uma tragédia recente, eles sabiam por experiência própria o que eu estava falando.

Em seguida eles me contaram sobre um assassinato cometido havia pouco tempo na cidade. À medida que eles iam falando, fui percebendo que esse incidente em Reading era uma demonstração exata da força de conexão que todas as cidades possuem.

Por um lado, a história demonstra o poder destruidor da conexão: um marido assassinou a sua mulher. Mas é uma história redentora também, comprovando o poder curativo da conexão por toda a cidade.

Ela começou quando uma mulher foi dada como desaparecida. Vou deixar que Sheila Mulroy, que vivenciou isso, conte o resto. Ela é casada com um programador de computador, de Harvard, e o casal tem três filhas, com doze, nove e seis anos de idade. Quando esta história aconteceu, uma família chamada Donahue morava do outro lado da rua: a mãe, o pai e quatro filhos.

— Começando do início — Sheila disse —, um dia Elaine Donahue, a mãe do outro lado da rua, foi dada como desaparecida. Sua filha era a melhor amiga da minha. Os vizinhos ficaram muito preocupados porque somos bastante unidos, apesar de cada um tomar uma direção diferente todos os dias.

Sheila não tinha falado com a mídia sobre a sua experiência

porque era muito dolorosa. Percebi quando ela começou que estávamos entrando em áreas de muita dor. Ela queria falar comigo porque sabia que eu estava escrevendo um livro sobre conexão, e esperava que a sua experiência pudesse ser útil às pessoas de outros lugares.

Sheila continuou:

— Ficamos preocupados quando Elaine desapareceu porque ela era uma pessoa muito responsável. Ficamos um pouco desconcertados porque o marido, Ed, parecia não estar se importando com isso, mas confiamos em que ele devia saber o que fazia.

— Quanto tempo ela ficou desaparecida? — perguntei.

— Semanas. Depois da primeira, todos ficaram muito mais preocupados. As enfermeiras que trabalhavam com Elaine, especialmente. Ela trabalhava no New England Memorial Hospital, em Stoneham, e as enfermeiras dali fizeram uma marcha por Elaine. Muita gente da cidade aderiu. As enfermeiras mandaram imprimir camisetas com seu nome e foto, com todas as informações vitais a seu respeito, e espalharam fitas amarelas pelas ruas. Conseguiram mobilizar todo mundo.

— Fizeram isso sem que ninguém pedisse ou organizasse? — quis eu saber.

— Sim — respondeu Sheila. — Queriam ter certeza de que as pessoas se lembrassem de Elaine e se esforçassem para encontrá-la. Acho que deveria haver umas trezentas pessoas na marcha que saiu do Centro de Reading até a Redstone Plaza, em Stoneham, onde seu carro foi encontrado. Colocaram faixas amarelas desde a Redstone Plaza até a minha rua, bem em frente da casa dela. As enfermeiras foram muito vigilantes. Começaram a sentir que o marido tinha alguma coisa a ver com isso. Nós, os vizinhos, achávamos isso impossível. Achávamos que não podia ser isso.

— Você conhecia o marido dela — disse eu —, e você achava que ele simplesmente...

Sheila interrompeu:

— Ele não era alguém com quem eu estivesse sempre de acordo, mas não conseguia acreditar que isso pudesse acontecer. Nem passava pela minha cabeça.

— Quem estava dizendo o contrário? — indaguei.

— As enfermeiras que trabalhavam com Elaine. Elas acreditavam piamente que Ed tinha alguma coisa a ver com o seu desaparecimento. No final, ele tinha, mas na época nenhum de nós, seus vizinhos, podia acreditar que ele tivesse alguma coisa a ver com isso.

"As enfermeiras também planejaram uma missa na igreja em sua intenção" — continuou Sheila. — "Eu continuo chamando de Missa de Sétimo Dia, mas na época não foi isto, foi uma reunião de orações por ela. A igreja de Santo Inácio, em Reading, que é razoavelmente grande, ficou lotada de gente acendendo velas, rezando para que ela voltasse sã e salva."

— Foram apenas as pessoas das redondezas que apareceram na igreja? — perguntei. — Gente que ela nem conhecia?

— Era gente da cidade inteira, todas as enfermeiras, e muitas não conheciam Elaine. Foi emocionante, porque era totalmente improvável uma coisa dessas acontecer numa cidadezinha tão pacata. Elaine tinha quatro filhos que freqüentavam a escola. Eram pessoas comuns. Ela era uma enfermeira sempre disposta a ajudar os outros. A igreja se encheu de gente que rezava pelo seu retorno em segurança. Com o passar do tempo, eu já conversava muito com as enfermeiras. Eu defendia bastante o marido. Era uma ironia. Eu o defendendo com firmeza e elas insistindo em que ele era a causa do desaparecimento dela.

"Começamos a ficar muito amigas. Eu conhecia bem duas enfermeiras, e quando elas organizaram a marcha por Elaine isso nos aproximou ainda mais. Era um sentimento agradável, apesar do horror da situação. Com o passar do tempo, a polícia começou obviamente a vigiar Ed. Ela o deixou nervoso. Então a polícia lhe disse que ia entrar na casa com uma ordem de busca. Ed entrou em pânico. Foi quando as coisas começaram a desmoronar para ele. Parece que ele levou o colchão encharcado com o sangue dela para o bosque. Um oficial da polícia estadual encontrou Ed no bosque às duas horas da manhã. Era uma sexta-feira, acho que 17 ou 18 de outubro."

— Você se lembra bem — disse eu.

— Com certeza — respondeu ela. — Um vizinho me ligou e disse que estava acontecendo alguma coisa na casa. Havia vários carros da polícia sem o distintivo estacionados na porta. Eu podia vê-los pela janela da cozinha. Eu os vejo mentalmente agora, enquanto lhe conto isso. Eu vi Ed conversando com o filho mais velho, e depois o vi falar com a filha, que vai para a escola com a minha e, enquanto eu olhava, mais carros da polícia apareceram, e aí tivemos a certeza de que alguma coisa estava acontecendo. Aparentemente, tinham entrado com uma ordem de busca e iam vasculhar a casa.

"Meus filhos saíram para a escola e, quando eu voltei para casa, às dez horas, a rua inteira estava cheia de carros. Tínhamos de mostrar uma licença para passar pela rua, provando que morávamos ali. Esse tipo de coisa, acho, nos uniu ainda mais, porque só a polícia estadual e a polícia de Reading tinham permissão para transitar pela rua. Os caminhões não podiam passar e ninguém de Reading que não residisse ali podia entrar na rua, mas todos os moradores da rua podiam ir e vir à vontade. Estávamos assistindo ao desenrolar da cena."

— O que vocês viram? O que vocês assistiram? — perguntei.

— Nós ficamos observando a polícia entrar e sair. Ed ficou parado em pé do lado de fora de casa. Nós ficamos nos nossos quintais. Umas duas pessoas foram até lá falar com Ed. Dissemos: "E os seus filhos?" Estávamos muitos preocupados com as crianças, não queríamos que elas voltassem e vissem a polícia entrando e saindo da casa.

— Isso tudo aconteceu numa tarde? — indaguei.

— Sim, foi tudo num dia só. Começou de manhã, quando os vimos recolherem as provas. Ficamos muito preocupados com os filhos dele, mas o que não sabíamos na ocasião era que o DSS (Departamento de Serviços Sociais) fora requisitado. Liguei para todos os diretores de escolas para alertá-los de que estava acontecendo alguma coisa. E aí, num determinado momento, a polícia procurou as escolas. As crianças foram retiradas de aula e levadas para a igreja. A igreja participou muito. Foram maravilhosos. Conversaram com um dos padres que estava com o DSS, e depois foram para a casa de um parente. Os vizinhos passaram o resto do dia andando de um lado para outro. Até hoje ainda não entendi direito o que aconteceu. Foi difícil acreditar. As horas passavam e, a noite inteira, nós ficamos assistindo. Os vizinhos se reuniam, usando lanternas, em pequenos grupos para conversar baixinho.

— Já tinham prendido Ed? — quis eu saber.

— Não, porque ainda não tinham encontrado o corpo dela.

— Deve ter sido horrível. A essa altura, o que vocês diziam uns para os outros? — continuei perguntando.

— Estou tentando lembrar. Acho que estávamos só tentando

reconstituir o que tinha acontecido — você sabe, isso podia ser possível? E as crianças? Não parávamos de falar nas crianças e no que elas iam fazer, e em quem ia tomar conta delas, e estávamos muito preocupados com nossos próprios filhos e com o que eles estariam pensando. Algumas pessoas optaram por contar aos filhos toda a situação, enquanto outras preferiram contar só um pouco.

"Nós ainda não sabíamos o que tinha acontecido até domingo de manhã, quando o corpo dela foi encontrado num depósito, em Lynnfield. A melhor amiga de Elaine me ligou às duas e quarenta e cinco da manhã para dizer que tinha acabado de receber um telefonema de um dos detetives da polícia de Reading. Conversamos um pouco ainda por telefone, e é claro que nenhuma das duas conseguiu pegar no sono novamente.

— Como eles a encontraram? — perguntei.

— Na busca que deram na casa, descobriram várias coisas. Tinham descoberto sangue na parede, que tinha sido lavada, para isso eles usaram uma substância especial com luzes ultravioletas. Encontraram um recibo. Alguém da HQ ou do Home Depot tinha reconhecido Ed porque ele comprou um contêiner Rubbermaid de cinqüenta galões. O corpo de Elaine tinha ficado na casa aquele tempo todo, escondido no porão, embrulhado. Ed, num determinado momento, o transferiu para o contêiner Rubbermaid e o levou para um depósito em Lynnfiel. Encontraram o recibo do depósito e foi assim que a localizaram. Minha filha esteve no porão umas duas vezes enquanto o corpo de Elaine ainda estava lá. Não consigo deixar de pensar no que teria acontecido se as duas meninas tivessem descoberto alguma coisa quando estavam lá embaixo.

— Você sabe que elas estiveram no porão com o corpo?

— Sim. Claro que nenhuma delas sabia disso na época.

— Como Ed ocultou o cheiro? — perguntei. — Espero que não se incomode com a minha pergunta.

— Eu mesma fiquei muito intrigada com isso — respondeu Sheila. — Uns dois dias depois que encontraram o corpo, fui até a delegacia porque queria dizer aos detetives que o trabalho deles tinha sido fantástico, mas eu tinha umas perguntas a fazer a respeito de ela ter ficado no porão quase um mês. Eles me disseram que, como ela foi muito bem embrulhada num plástico e, por cima, cobertores e lençóis, depois colocada num canto do porão sem ninguém mexer, a decomposição foi mais lenta e o cheiro não deve ter sido tão forte. Depois de transferido, então o cheiro ficou terrível. Perguntei à minha filha: "Você não sentiu nenhum cheiro dentro de casa?" Ela disse que não. Simplesmente não compreendo como pode ser isso.

"Na manhã seguinte, uma mulher me disse que Ed tinha sido preso. Fui até a igreja e lá a imprensa foi informada numa entrevista coletiva. Claro, todos ficaram chocados, porque a nossa igreja tinha se envolvido muito com as orações."

— Você viu prenderem o Ed? — perguntei.

— Não, ele estava num hotel, acho, e com ordem de não sair de lá. Isso foi feito às duas ou três horas da manhã. Não permitiram que ele voltasse para casa.

— E os filhos foram levados pelo DSS?

— Eles acabaram indo para a casa de parentes. Sempre foram muito unidos com essa gente. Portanto, se tinham de ir para algum lugar, lá era bom para eles.

— Depois que ele foi preso, vocês todos tiveram mais ou menos de entender tudo isso — disse eu.

— Correto. Acho que nenhum de nós entendeu até agora. É tão impossível de acreditar, e ainda não foi totalmente assimilado. Penso no modo como suportamos isso, estamos sempre nos reunindo em pequenos grupos, falando sobre o que aconteceu, como pôde acontecer, como ficamos tristes por causa dos filhos, que não só perderam a mãe como o pai também, porque ele foi preso. Eles ficaram sem o seu lar. Não voltaram mais para casa.

"O velório na igreja foi uma das coisas mais bonitas que já vi. Foi surpreendente. Todos reunidos. Havia centenas e centenas e centenas de pessoas desfilando pela igreja. Gente que não a conhecia. Queríamos fazer o que fosse possível para aliviar o peso que a família estava carregando, porque não podíamos nem imaginar o sofrimento deles, os dois irmãos e as cunhadas de Elaine.

"Uns dois vizinhos meus estavam em dúvida quanto ao que se ia comer depois da cerimônia. Alguém da minha igreja disse que estavam pretendendo fazer uns sanduíches, e eu só fazia pensar que no culto havia centenas e centenas de pessoas, assim como no velório. Só podia imaginar que no enterro haveria uma multidão."

Como Sheila contava, mais parecia a história das cinco mil pessoas que foram alimentadas, da Bíblia. E continuou:

— Pedimos a ajuda de algumas pessoas, e de todos os PTOs

da escola primária; havia quatro escolas primárias em Reading. Perguntamos se sabiam usar o forno, e em seguida dois de nós fizeram uma visita aos mercados de Reading, que não é uma cidade grande. Mas há muitas pizzarias e lugares que vendem sanduíches, e pedimos a cada comerciante que doassem algum alimento. Eles não podiam fazer muito por nós. Para alguns, o que tinham não servia, por exemplo, pizzas. Mas um sujeito falou: "Ora, a gente monta uns calzones. Eu não costumo fazer isto, mas vou fazer para vocês." E as padarias disseram que iam fazer alguma coisa, os supermercados iam fazer bandejas com frutas, vegetais e biscoitos salgados.

"As pessoas começaram a trazer a comida na noite anterior. Não demorou muito e havia tanta comida no andar de baixo da igreja que não havia mais onde colocar. E a comida não parava de chegar. Alguém doou artigos de papel, e não havia espaço suficiente para guardar tudo.

"No dia do enterro, foi lindo. A missa foi emocionante. Toda a comunidade reunida. Envolveram o caixão dela com um pano branco e colocaram em cima a sua touca de enfermeira. Uma hora, quando o padre estava falando de Elaine, entrou uma luz de repente pela janela e iluminou a sua touca de enfermeira. A luz foi tão intensa que alguns comentaram mais tarde que foi como se Elaine estivesse ali. Nunca vi nada parecido. Não acredito em sinais mas, seja o que for, impressionou. A touca ficou muito branca e brilhante, enquanto o padre falava de Elaine, depois ele falou sobre outra coisa, e a luz foi lentamente se apagando. Apesar de não acreditar nessas coisas, me pareceu um sinal.

"Depois da missa, muita gente desceu. As pessoas conversavam e até riam um pouco. A ocasião juntou muita gente. Quando terminou o funeral, sobrou tanta comida que resolvemos fazer uma venda de bolos. Só de produtos assados no forno fizemos mil e quinhentos dólares, que foram para um fundo destinado às crianças Donahue. Eu já tinha participado de vendas de bolos antes, e ficávamos felizes se fizéssemos trezentos dólares — dessa vez fizemos mil e quinhentos. Um dos grupos de jovens fez uma campanha da garrafa. Eu também já tinha participado de campanha da garrafa, e seiscentos dólares era um valor considerado surpreendente. Nesta, eles fizeram dois mil. A enfermeiras passaram uma rifa. Não lembro exatamente quanto conseguiram arrecadar, mas foram milhares de dólares, com todo o lucro beneficiando as crianças Donahue. Não sei quanto foi o total de fundos levantado, mas chegou, no mínimo, a trinta mil dólares, se não mais — só de rifas, vendas de bolos e pequenas coisas assim."

— As pessoas fizeram o que podiam — disse eu.

— Sim — falou Sheila. — Isso nos deu, acredito, uma sensação de controle quando nos sentíamos perdendo o comando de tudo. Foi algo concreto que podíamos fazer e sobre o qual tínhamos um certo domínio, quando tudo mais tinha enlouquecido.

Um dos maiores benefícios da conexão é este sentimento de poder e controle que ela dá aos participantes. Mesmo que você não tenha controle total — e quem tem? —, sentir-se conectado com um esforço maior no qual acredita faz você sentir que tem algum poder. Pode ser uma causa política ou uma discussão sobre o gabarito dos prédios locais, uma campanha para doar sangue para um amigo doente ou, como no caso das pessoas de Reading, um acontecimento traumático. Seja qual for o tema, as pessoas se sentem mais fortes quando se conectam.

O que me impressionou na reação do pessoal de Reading foi a espontaneidade. Eu perguntei a Sheila, especificamente:

— Tudo isso aconteceu sem ninguém para coordenar?

— Não havia *ninguém* responsável, nenhum coordenador — respondeu ela. — Nós todos sentimos simplesmente que tínhamos de fazer alguma coisa. Não sabíamos o quê, mas foi crescendo como uma bola de neve. Acho que durante esse período muita roupa e louça ficou por lavar.

— Vocês ainda são muito unidos, como vizinhos — perguntei —, quase um ano depois?

— Com certeza, ainda somos muito unidos. Minha família mora numa casa relativamente pequena, e estamos procurando outra, mas eu não estou certa se quero sair do bairro, porque nos unimos de uma forma que provavelmente não vai acontecer de novo. Eu posso ser cordial e me dar bem com outros vizinhos. Sou extrovertida, gosto de conversar com as pessoas. Gosto de fazer coisas com as pessoas. Mas... nem sei explicar, essa união verdadeira que tivemos, não com todos os nossos vizinhos, mas com alguns deles. Acho que não vou encontrar isso em outro lugar.

— Quem mora naquela casa do outro lado da rua, agora? — quis eu saber.

— Ninguém, não agora. Não sei o que vão fazer com ela. Acho que o pai de Elaine está cuidando da manutenção da casa, e a sua melhor amiga, Janice, e o filho de Janice estavam aparando a grama do jardim recentemente.

— Deve ser estranho ter esta casa vazia plantada ali — observei.

— É desconcertante — concordou Sheila. — A polícia trouxe de volta o carro de Elaine e o colocou na entrada da garagem e, quando você passa, por um segundo pensa que foi tudo um pesadelo. Mas é claro que não foi.

— Por que Ed fez isso? — indaguei.

Sheila respirou fundo.

— Bem, pelo que parece, ele tinha tido um problema com jogo, ignorado pela maioria das pessoas. Lembro que, anos atrás, Elaine e Ed se separaram. Eu não sabia por quê. Elaine só me contou que Ed não estava mais morando na casa. Pensei que tivesse alguma coisa a ver com depressão. Ele sempre me pareceu abatido. Perdeu o emprego muitas vezes. Achei que pudesse ser um problema com a bebida, mas parece que foi o jogo. Sei que ele acabou com a poupança dos dois, e acredito que tenha roubado algumas jóias dela. Ela tinha colocado a casa e os carros no seu nome apenas, e acredito que tenha mudado o seu testamento para que, se alguma coisa lhe acontecesse, os filhos ficassem com tudo. Sem saber de nada disso, muitos de nós, vizinhos, não podíamos acreditar que Ed pudesse ter alguma coisa a ver com a morte de Elaine. Agora, eu só gostaria de lhe fazer uma pergunta: "O que passou pela sua cabeça?"

— Ele está na cadeia agora? — perguntei.

— Está — concordou Sheila com um movimento de cabeça. — Foi julgado e condenado por assassinato em primeiro grau. Em Massachusetts não há pena de morte, o que me deixa contente, porque seria muito pior para as crianças. Ele recebeu uma pena de prisão perpétua sem livramento condicional.

— Que história trágica — disse eu.

— É, é terrível. Mas, como eu estava dizendo antes, alguma coisa boa surgiu disso tudo.

— Uniu as pessoas?

— Como você nunca poderia imaginar. Um dia cheguei em casa — continuou Sheila — e, na varanda, havia uma dúzia de rosas de caule longo com o bilhete mais lindo, dizendo: "Estive pensando em você e como deve ter sido terrível participar dessa situação." Só de saber que a pessoa que me mandou as rosas estava pensando em mim, significou muito. Outro amigo deixou um convite para um restaurante, para que pudéssemos tirar um pouco as crianças dali. Foram coisas desse tipo. As pessoas tratavam você de uma forma que você nem imaginaria. Foram tão úteis e tão incrivelmente gentis! Elas queriam fazer o possível para ajudar alguém.

"Agora, olhamos para o outro lado da rua e a casa ainda está lá, e o carro ainda está lá e, talvez, até que alguém se mude para lá, será uma lembrança constante, mas com o tempo vai ficando mais fácil."

Sempre que lembro desta história sinto um arrepio. Os detalhes do assassinato são prova de que, às vezes, a conexão conduz ao desastre. Ed atacou quem estava mais perto dele. Por quê? Ninguém sabe, mas podemos dizer com certeza que Elaine estaria muito mais segura se nunca tivesse se envolvido com Ed. Às vezes uma conexão íntima leva à morte.

Mas, ao mesmo tempo, a história mostra o poder da comunidade de gente boa para ajudar numa época de crise. Ou, como diz o reverendo Bob Tobin, para fazer o que precisa ser feito sem ninguém mandar.

No Natal de 1997, o ano do assassinato, e novamente no Natal de 1998, os vizinhos colocaram velas presas em garrafas plásticas de leite, cheias de areia, em seus jardins e as acenderam de noite, em memória de Elaine. Uma noite, um grupo de vizinhos foi de casa em casa cantando canções de Natal. Sheila me disse que esta é uma tradição que planejam repetir todos os anos para celebrar a memória de Elaine e recordar uns aos outros a sua forte conexão.

A filha de Sheila continua amiga da filha de Elaine, que agora mora em outra cidade com o irmão e a cunhada de Elaine. Sheila esteve com os quatro filhos dos Donahue quando se reuniram no Natal de 1998. Ela me contou que as crianças estão bem agora.

VINTE E CINCO

Herói ou astro?

O QUE VOCÊ DESEJA PARA SEUS FILHOS?

VOCÊ QUER QUE SEU FILHO seja um astro? Ou ser um herói é mais importante? Eu prefiro herói para os meus filhos. Se eles forem astros, está ótimo também. Mas, se não cuidarmos, toda uma geração de crianças crescerá acreditando que o estrelato é o *único* caminho para a felicidade. Já está acontecendo em algumas áreas. Quem tem como seu único objetivo o estrelato em geral faz um pacto com o diabo. "Conceda-me o prêmio", diz o acordo, "e farei o que você quiser para chegar lá."

Uma pesquisa do *Who's Who Among American High School Students* relatou que 80 por cento dos estudantes com notas mais altas trapaceiam. Pelo visto, a trapaça é tão comum que ninguém se importa com isso em muitos lugares.

Eu tive a seguinte conversa com um professor de um subúrbio rico de Nova York. Ele me dizia que estava muito triste porque a escola tinha se tornado um jogo cínico de conquistas pela simples conquista. As crianças não acreditavam em mais nada além do sucesso. Eram capazes de cortar o pescoço umas das outras sem pestanejar, se achassem que com isso ganhariam mais um ponto na prova de química.

— É a época em que estamos vivendo — disse ele. — As crianças têm pavor de não conseguir chegar ao topo. E este é um dos sistemas escolares mais ricos do país. O fato é que estas crianças vão ter de se esforçar muito para *não* ser bem-sucedidas na vida. A maioria já é. Mas comportam-se como se tivessem de matar seus amigos ou morrer! Trapaceiam sempre que acham que não serão apanhadas, e fazem qualquer coisa que possa promovê-las. Seu único princípio, se quer chamar assim, é o sucesso.

— Não se divertem? — perguntei.

— Está brincando? Elas têm as drogas como válvula de escape, mas não se divertem. Não conseguem nem curtir o seu sucesso, porque a pressão continua. O objetivo delas está muitos, muitos anos adiante. Essas crianças só se divertiriam se "diversão" pudesse ser colocada no currículo para entrar na faculdade. Você sabe, "Andrew tem o dom da diversão. Demonstra notável talento. Não devemos perdê-lo de vista. A capa da *Time* seria imaginar demais? Acho que não." Não, essa garotada não se diverte, pelo menos não o que eu considero como diversão. O que elas fazem é trabalhar. Suponho que seja uma coisa boa, não é mesmo? É o *por quê* e *como* eles trabalham que me incomoda. Por exemplo, não é raro um garoto ir dormir à meia-noite e acordar às cinco e meia da manhã do dia seguinte.

— É mesmo? — perguntei, surpreso, pensando na minha época em Exeter, sem dúvida uma escola puxada. Eu estudava muito, ou assim pensava, mas *nunca* tantas horas assim! — São crianças da escola secundária?

— É comum — retrucou o professor. — Ouvimos esse comentário com freqüência. Quando chega sexta-feira, elas estão tão cansadas que na escola virou piada, elas estão exaustas. Elas dormem na sala de aula, dormem sobre o prato de espaguete na lanchonete, pegam no sono até nos bancos do vestiário, até no chão do chuveiro. Nos fins de semana elas tentam compensar, mas não podem fazer isto durante a semana. Nas sextas-feiras elas estão mortas. Seus corpos não reagem mais. É preocupante. As crianças só enxergam o sucesso, mas a que preço?

— É como o rabo balançando o cachorro — falei.

— E não estão se educando, porque não pensam em aprender, só pensam em obter notas — disse ele.

— Então, não é como se elas estivessem caminhando para se tornar pessoas que aprendem a vida inteira — acrescentei. — Provavelmente detestam o que estão fazendo e não vêem a hora de não precisar fazer mais isso.

— Exatamente, exatamente — concordou o professor. — As mais espertas simulam melhor. Fingem estar interessadas de verdade, porque sabem que é isto que o professor quer. Eu não sei, talvez estejamos ensinando-as assim. Seja qual for a causa, é um problema.

É um problema, não há dúvida. Talvez seja mais grave na escola deste homem, mas eu o observo de várias formas, por onde quer que eu vá em todo o país, e o observo nos meus jovens pacientes. Na minha opinião de psiquiatra infantil, o problema tem origem numa falta de conectabilidade na vida moderna, em particular na vida das crianças. Elas se sentem totalmente sozinhas. Lobo come lobo.

Ora, algumas pessoas, especialmente os pais, me dizem: "Bem, é uma boa preparação, porque a vida é assim." Mas a vida *não é* assim, e esses pais saberiam disso se parassem um momento para pensar no assunto. Todos nós temos *alguns* apoios disponíveis, se quisermos usá-los. Longe de preparar um indivíduo para a vida, basicamente você o incapacita se lhe disser que na vida ele não encontrará ajuda, que estará totalmente por sua própria conta.

O sucesso na vida depende mais da sua habilidade em trabalhar com os outros do que da sua capacidade de trabalhar sozinho. Cada vez mais, a habilidade de ser *eficazmente interdependente*, em oposição a independente, é a chave do sucesso. Num mundo excessivamente baseado na especialização e no conhecimento, o sucesso depende de se saber escolher os parceiros e os funcionários certos, saber inspirar os outros, comandar fidelidade e motivar grupos.

Este tipo de habilidade se aprende na infância. Na verdade, essa fase da vida é como um laboratório de conexões sociais. Compartilhar, negociar, defender quem está sendo excluído, encontrar alguma coisa boa para dizer, jogar de acordo com as regras — estas tarefas simples da infância podem se tornar as maiores habilidades na vida.

A conexão gera segurança. E a desconexão, o oportunismo cínico e amoral. No subúrbio rico de Nova York que o professor descreveu, onde moram as crianças mais privilegiadas, a escola se tornou uma caldeira enfurecida de adolescentes inseguros, ambiciosos, que fingem ser sinceros para conseguir uma boa recomendação e trapaceiam quando não há possibilidade de serem apanhados.

Pais bem-intencionados me dizem que precisam assustar os filhos para eles não ficarem vaidosos. Eles me dizem que querem que seus filhos saibam como é dura a vida lá fora, para que estejam preparados para enfrentar a realidade cruel da vida adulta.

Esta é exatamente a abordagem errada! Apesar da boa intenção, corre-se o risco de se produzir o resultado exatamente oposto ao pretendido.

O estudo que fiz em Exeter, mencionado no Capítulo I, deu provas concretas de como esta abordagem pode ser um tiro pela culatra. Exeter é uma escola dinâmica, um tipo de campo de prova para os bem-sucedidos de amanhã. Se existe uma escola onde lobo come lobo, pode-se imaginar que seja Exeter.

Mas o estudo mostrou que as crianças que acreditavam na mitologia do lobo come lobo, evidente na exigência que sentiam em se saírem bem, eram aquelas mais propensas à depressão, ao consumo de drogas e álcool, ao pessimismo com relação ao futuro e a notas baixas!

Por outro lado, as que tinham notas mais altas eram as menos deprimidas, tendiam menos a consumir drogas e álcool, e relatavam otimismo com relação ao futuro, eram as mesmas que registravam as menores pontuações no item relativo a se sentirem exigidas.

Quando eu estudava em Exeter, o mito sempre foi "Quanto mais doer, melhor". No entanto o meu estudo, e outros semelhantes, como o National Longitudinal Study on Adolescent Health (Estudo Longitudinal sobre a Saúde na Adolescência), apontam na direção oposta. Os estudos recentes mostram fortes evidências de que o importante é a conexão, não a pressão para o sucesso. Dê a uma criança o sentimento de conexão em casa e na escola e o sucesso virá.

Isso não quer dizer que todas as crianças conectadas serão superastros. Na verdade, poucas chegarão lá. Por definição, não pode haver muitos superastros. Mas a medida da vida não deve ser tornar-se um superastro. Se pararmos para pensar um pouco nisso, todos nós, pais, vamos perceber que desejamos para nossos filhos não necessariamente fama e riqueza, mas felicidade e realização.

Queremos também que eles sejam pessoas boas. Sem dúvida, queremos que eles sigam em frente, ganhem muito dinheiro, tenham sucesso material. Mas não queremos que nesse processo eles se tornem oportunistas amorais.

Não há razão para que não possam ter êxito material e ser também pessoas decentes. Basta mostrarmos a eles como.

E fazemos isso desenvolvendo neles um forte sentido de conexão desde cedo — não apenas pelo sucesso, seja lá como se define essa palavra, mas também por uma comunidade de gente boa, pelo ideal de fazer o que é certo, pelo seu próximo.

Um bocado de crianças muito inteligentes está sendo criada

com desprezo por essas idéias. Elas acreditam que a única maneira de viver é viver para si próprio. Costumo dar palestras para platéias formadas por adolescentes, desde a escola primária até a secundária. Nunca vou me esquecer de um diálogo que tive com um aluno que estava quase para se formar. Terei de reconstruí-lo de memória, mas foi basicamente assim:

Eu estava falando sobre conectabilidade para uma turma de duzentos alunos do curso secundário. No final da minha apresentação, dei um tempo para discutirmos. Um rapaz levantou a mão e afirmou:

— Eu não acredito nisso.

— Por quê? — retruquei.

— Porque você está dizendo que devemos todos nos conectar com algo maior do que nós mesmos e sermos bons uns para os outros, mas a vida não é assim. Quero dizer, *você não percebe isso?*

Ele era um garoto grande, de cabelos cacheados escuros e óculos pretos. Mais parecia um ursinho de brinquedo do que um tipo criminoso. Achei graça nas suas palavras.

— Talvez eu não perceba. Pode me explicar?

— Lógico — disse ele rindo. As outras crianças riram, como se já tivessem escutado as suas explicações sobre vários assuntos antes. — Quero dizer, gostaria que todos nós pudéssemos ser gentis, como você disse, mas não é assim que o mundo funciona. Se você quer se dar bem (como eu — eu quero ter carros bonitos e uma piscina), se você quer ter dinheiro, tem de fazer algum sacrifício. Não pode simplesmente ficar brincando, sendo bonzinho. Você tem de levar a vida a sério.

Eu podia quase escutar o script de algum adulto rolando no seu cérebro.

— Mas eu não disse que você não deve levar a vida a sério! — exclamei. — E, certamente, não disse que você deve ser gentil com todo o mundo. Só disse que você seria mais feliz levando uma vida mais conectada. O fato é que, provavelmente, assim você vai ganhar mais dinheiro também.

— Desde que eu esteja conectado com o dinheiro, tudo bem — retrucou o garoto, e todos riram.

— Mas você acha que dinheiro resolve *tudo*? — perguntei.

— Bastante — respondeu ele, e todos riram de novo.

— Não vai fazer você viver para sempre — disse eu.

— Não, mas vai fazer você feliz enquanto viver! — continuou ele, e todos riram.

Ficamos nesse vaivém por um tempo, sempre num tom bem-humorado. Finalmente eu disse:

— Veja só esta conversa. Estamos nos conectando, você e eu. Acho que você está gostando de falar comigo, e eu sei que estou gostando de falar com você. Isto é que dá valor à vida.

O garoto começou a falar, mas aí parou e sorriu.

— Você *gosta* de falar comigo? — perguntou ele. Todos riram.

— Adoro falar com você — disse eu. — Você me fez ganhar o dia. De fato, quero colocá-lo no meu próximo livro, tudo bem?

— Vou receber direitos autorais? — quis ele saber.

— Não — disse eu. — Eles vão para os meus filhos.

— Está vendo? Você provou o que estou dizendo — disse o garoto, e todos riram novamente.

Deixamos as coisas nesse pé. Eu não me esqueci dele, e o coloquei no meu livro, mas não apenas porque lhe disse que faria isso. Porque o nosso diálogo apontou muito bem para o problema. Ali estava um rapaz ótimo, um conector nato, adotando uma filosofia egoísta porque, suponho, foi o que absorveu da sua cultura — a sua casa, seus colegas, sua escola, a mídia.

São milhões de jovens hoje em dia que começam a vida com a idéia errada. Eles se iniciam na vida acreditando que o caminho para a felicidade passa pelo estrelato, ser um Bill Gates, um Michael Jordan ou Tiger Woods.

Mas nem todos podem ser astros. E, certamente, nem todos os astros são felizes! Mas *todos* podem estar conectados.

Com a conexão vem o desenvolvimento moral. Sentindo-se parte de algo maior do que você mesmo, você não vai querer decepcioná-lo, vai querer agradar-lhe. Seja esse algo maior a sua família, a sua escola, o seu time, ou o reino de Deus, se você se sentir conectado com ele vai querer agradar-lhe e não vai querer desapontá-lo.

É assim que se dá a melhor educação moral — pela conexão. A instrução moral — faça isto, não faça aquilo, isto é certo, aquilo é errado — é boa, mas não funciona se não estiver combinada com a conexão. A conexão dá o toque emocional. A conexão é que faz a criança — ou adulto — *querer* fazer o que é certo.

Rick Lavoie, diretor da Riverside School, contou-me a seguinte história, que capta num único momento o que a conexão é capaz de fazer.

"Passei uma boa parte da minha carreira em Greenwich, Connecticut", Rick me escreveu:

> Greenwich é uma cidade maravilhosa, habitada por muita gente de poder e influência na nossa sociedade. Existe um sentimento de competição que toma conta da cidade, e o conceito de conexão é muitas vezes sacrificado no altar da competição.
>
> Um dia eu estava sentado no balcão de uma pizzaria no centro da cidade. Dividia uma pizza de lingüiça com meu filho, Christian, de cinco anos. Enquanto estávamos ali, não pude deixar de escutar a conversa de três adolescentes sentados atrás de nós. Estavam com uniforme branco de tênis e tinham, obviamente, acabado de voltar de uma manhã no seu elegante clube de tênis. Dois meninos discutiam as faltas e os pontos fracos de outro garoto, que não estava presente. Eles criticavam o seu modo de jogar tênis, de se vestir e a sua personalidade em geral. O garoto obviamente sofria um isolamento e uma rejeição sociais enormes. Eles riram enquanto trocavam histórias sobre os seus diversos erros e fracassos.
>
> Num determinado momento, um dos meninos se virou para o terceiro rapaz, que se mantinha em silêncio, e disse: "Nenhum de nós *quer* jogar com o Mike. É um *chato*. Mas quando o treinador nos pede para escolher um parceiro para as duplas, *você* sempre escolhe jogar com o Mike. *Ninguém* gosta do Mike. *Ninguém* vai jogar com o Mike. *Por que* você joga com ele?"
>
> O terceiro garoto respondeu tranqüilamente: "É *por isso* que jogo com ele."
>
> Olhei por cima do ombro para aquele jovem corajoso, e depois para o meu próprio filho. A minha maior esperança naquele momento foi que ele desenvolvesse a força de caráter e a coragem daquele menino. Espero que o pai dele conheça o orgulho que é ter um filho assim.

Seja um herói, não um astro.

VINTE E SEIS

Rompendo uma conexão

ASSIM COMO VOCÊ TEM DE arrancar as ervas daninhas do jardim, às vezes é preciso remover uma conexão para que outras se fortaleçam. Às vezes uma conexão ruim enfraquece todas as outras ou exige tanta energia de você que não sobra tempo para mais nenhuma. Às vezes o passo mais importante para cuidar do seu jardim de conexões é livrar-se de uma ou duas ruins, aquelas que estão sufocando o crescimento das outras. Em geral isso é difícil, às vezes doloroso, mas depois de feito, suas outras conexões florescerão.

Vou dar um exemplo. Um dia, uma quarentona bonita entrou no meu gabinete para uma consulta sobre as deficiências de aprendizado do filho. Ela tinha um brilho simples. Ao falar, senti nela uma qualidade especial, uma espécie de segurança com vulnerabilidade. Eu aprendi que este traço é típico das pessoas conectadas: a segurança embutida numa disposição para se mostrar vulnerável existe quando se está conectado.

Vou chamá-la de Sophie. Tinha quarenta e nove anos, era mãe separada e professora de educação especial numa faculdade de Nova York. Não usava maquiagem, tinha os cabelos louros curtos e vestia um vestido simples com um cardigã bege. Depois de conversarmos sobre seu filho, eu perguntei:

— O que aconteceu na *sua* vida nesses últimos anos?

— Bem, de uma forma ou de outra, hoje eu me sinto muito feliz, e me acho uma pessoa de sorte — respondeu ela. — A esta altura, quase todos os dias, penso na sorte que eu tenho. Ao olhar para trás, nesses últimos seis anos, muita coisa mudou.

Quando ela disse "muita coisa mudou", eu não podia imaginar tudo o que ela ia me dizer em seguida. Seis anos antes, ela tinha recebido um diagnóstico de câncer de mama, passou por uma mastectomia e agora estava tendo de enfrentar uma segunda. Durante esse período, ela também se divorciou. Mas disse que se sentia mais feliz agora do que nunca. Fiquei pensando como isso podia ser possível, e lhe pedi para me contar mais.

— Eu me casei em 1977. Não foi o melhor marido que eu podia ter escolhido, mas me esforcei bastante, porque tenho uma tendência a ser tenaz e a pensar "O que mais eu posso fazer para melhorar as coisas?" Dediquei anos tentando de todas as formas possíveis fazer esse relacionamento funcionar. Em 1990, nós nos separamos e nos reconciliamos várias vezes — foi um percurso acidentado.

"Depois, em 1992, veio o diagnóstico de câncer no seio. Meu marido então percebeu a situação e me deu muito apoio, tornando mais fácil enfrentar a mastectomia e a quimioterapia. Pensei haver nesta experiência do câncer um raio de esperança, que um novo enfoque no que era importante no nosso casamento tivesse sido identificado pela minha doença e que talvez pudéssemos ter um futuro juntos. Tínhamos, e temos, dois filhos fantásticos. O menino hoje está com onze anos, e a menina, vinte e um. Naquela época ele tinha quatro e ela, catorze. Os dois tiveram reações diferentes, mas foi difícil para ambos. Quase no fim da quimioterapia, ficou evidente que a mudança de comportamento do meu marido tinha sido apenas temporária e incentivada pela crise. Em seguida ele começou a se preparar para uma segunda carreira e se tornou de novo inacessível, egoísta e irritado."

— Com o que ele se irritava? — perguntei.

— Acho que estava preocupado em conseguir equilibrar uma nova carreira com o resto da sua vida, e a sua ansiedade se manifestava na forma de impaciência e irritabilidade.

— O que ele fazia antes e o que foi fazer depois? — quis eu saber.

— Era geólogo e foi ser corretor da bolsa — respondeu Sophie.

— Uma mudança e tanto! — comentei.

— Sem dúvida. Ele começou bem, mas depois eu o perdi. Mais ou menos um ano depois, resolvi que tinha sobrevivido ao câncer e ao tratamento, mas não me sentia feliz no meu relacionamento.

Não era o tipo de conexão que eu queria ter com alguém, e senti que estava aceitando viver com um companheiro que não combinava comigo. Eu estava desistindo da oportunidade de abraçar a vida como se quer. Então, assumi a responsabilidade por isso.

— Por que você acha que estava aceitando menos do que devia? — perguntei.

— Ah, essas histórias de insegurança, de não acreditar que eu merecia mais. Com a idade, entretanto, esses sentimentos foram diminuindo. O câncer ajudou-me a deixar as minhas incertezas para trás. Ele deixou evidente que eu talvez não vivesse por muito tempo. Minha mãe morreu aos cinqüenta e cinco anos de câncer no seio, e meu avô, com pouco mais de cinqüenta, de câncer de próstata, portanto havia razões suficientes para eu questionar a minha longevidade. Eu queria ter uma vida feliz.

"Precisei de muita coragem para tentar. Achei que alguma integridade resultaria disso. Eu evitava mandar cartões de Natal para pessoas que não via com tanta freqüência, porque não queria revelar a decepção que era o meu cotidiano no *front* doméstico. Tinha vergonha de contar alegremente o que estávamos todos fazendo. Com algumas pessoas eu dividia a realidade, mas não se sai por aí espalhando isso. Então, decidi cair fora. Foi preciso mais coragem do que achei que tinha."

— Como você acha que conseguiu toda essa coragem? — perguntei.

— Minha idéia era que eu ficaria decepcionada se não continuasse tentando. Eu queria pelo menos tentar chegar até as bodas de latão. Hoje eu me sinto tão melhor a meu respeito e tão mais em paz, apesar do câncer. Sim, seria muito bom se eu estivesse envolvida com alguém, mas acho que o meu objetivo real era estar em paz comigo mesma e me sentir bem com o que estou fazendo. A felicidade é sentir que sou uma boa mãe, uma boa professora e uma boa amiga. Sabe, ouvi você falar de conexão com alguma causa, e sou totalmente apaixonada por leitura e por ajudar a melhorar o método de ensinar as crianças a ler. Venho pesquisando nessa área há uns vinte ou vinte e cinco anos. Dividir isso com outras pessoas me deixa muito feliz.

— Então, nos ensaios que escreve — disse eu — e nas suas aulas...

— Sim — ela interrompeu com entusiasmo —, as aulas, as

conferências, e agora fui chamada para levar essa luta aos organismos legislativos, ou outros especialistas me consultam, e assim sinto que muito trabalho, durante muito tempo e com muita dedicação, está realmente dando resultado. Dá satisfação ver isso fazendo uma diferença. Sinto-me uma pessoa de sorte.

— Tem a sua conexão com uma causa, assim como... — que outras conexões você acha que dão apoio? Com amigos, alunos?

— Meus filhos — respondeu ela imediatamente — são uma grande conexão. Sou uma mãe muito dedicada. Quanto mais você dá, mais recebe, e eu me dou muito como mãe. A gente sente o amor retornando. Você está fazendo o melhor para eles. Acho o amor deles uma coisa quase inesperada, mas extremamente maravilhosa. Outra conexão é com o ensino. Dou muito aos meus alunos e estou muito disponível para eles, e meus alunos de pós-graduação são formidáveis. Eles trabalham tanto e são tão sinceros, tão inteligentes e receptivos! Depois de ensinar durante muitos anos, fiquei surpresa ao descobrir que não é só a atividade de mãe que exige muito afeto e carinho, a de professora também, eu gosto disso. Você dá, e dá, porque quer dar, e depois tem o retorno.

"Em termos de amigos, isso está acontecendo mais devagar. Tenho amigos há anos que significam muito para mim, mas quando estava casada eu tendia a me isolar no meu casamento e concentrar nele todos os meus esforços. Desde que me separei, venho tentando aos poucos me aproximar das pessoas. Sei que estão lá se precisar delas. Pelo menos a minha confiança quanto a isso vem aumentando aos poucos. Vai demorar mais alguns anos. Ainda é mais fácil para mim dar do que pedir ajuda" — disse Sophie.

— O que a assusta na conexão com os amigos? — perguntei.

— Acho que é ser rejeitada — respondeu ela.

— E, desde que você se separou do seu marido, já saiu com alguém? — continuei perguntando.

— Uma vez ou outra — retrucou ela. — Não muito. Não conheço muita gente com quem estaria interessada em sair. Tenho esperança de que isso aconteça. Estou vendo que o amor se apresenta de muitas formas e sinto-me afortunada por todas as que eu tenho.

— Foi uma mudança e tanto — refleti —, em termos de como você se sente interiormente, desde o diagnóstico de câncer até hoje.

— Acho que sim. Eu estava amadurecendo com o passar dos anos. Não estava contente comigo mesma por insistir num relacionamento que não era bom para mim.

— Não foi bom desde o início? — perguntei.

— Foi ruim desde o início. Ele só pensava nele mesmo e não estava preparado para um relacionamento maduro. Eu fiquei magoada com isso. Tínhamos discussões terríveis. Às vezes ele era violento. Tornou-se um relacionamento em que eu assumi responsabilidades demais e ele abdicou de ser responsável — portanto, o erro foi tanto meu quanto dele. Mas não era um relacionamento de pessoas iguais, não era um relacionamento de amigos de verdade. Ele tinha alguns pontos fortes extraordinários, entretanto. Havia, sem dúvida, coisas de que eu gostava. Eu pensava nisso, e depois vinham as promessas, e as conversas sinceras. Eu era incrivelmente ingênua. Quantas vezes eu tentei mais uma vez.

— E o que ele prometia? — perguntei.

— Ficar comigo — respondeu ela. — Interagir mais, ser mais confiável. Ele era agradável nas férias, quando não havia mais nada acontecendo. Tivemos férias ótimas. Mas o dia-a-dia parecia insuportável para ele. Ele não cuidava de relacionamentos pessoais — claro, isso incluía a mim e as crianças — e o desgaste era muito grande.

— Então ele só trabalhava?

— Ele ia trabalhar, ficava lá até as duas da manhã, não se levantava com a família no dia seguinte. Chegava a um ponto em que ele ficava andando de um lado para outro, com a cara amarrada, e estava sempre zangado. Na direção do carro, xingava os outros motoristas. A raiva era muito grande. Muito freqüente. Não era o ambiente onde eu gostaria de viver.

— Com que ele se zangava tanto? — fiquei imaginando.

— Acho que não se sentia bem com ele mesmo — respondeu Sophie, depois de pensar um momento. — Ele é extremamente inteligente e capaz de fazer muitas coisas e, segundo ele, aprendeu sozinho diversas habilidades. Eu admiro isso. Mas ele se metia em situações para as quais não estava preparado. Por exemplo, ele fez trabalhos de geologia com um diploma de bacharel em inglês, e estava trabalhando com um Ph.D. em geologia, portanto estava quase sempre tentado brincar de pegar e inseguro quanto a si próprio. Era desorganizado e começava uma coisa antes de ter terminado outra, e parecia sempre haver uma crise. Havia um prazo final, havia sempre alguma coisa vencendo. Não ia conseguir terminar a tempo. Não tinha certeza de que ia fazer direito. Havia muita falta de autoconfiança, o que contribuía para os problemas que ele enfrentava no nosso relacionamento. Acho que a sua insegurança o fazia me dizer coisas que ninguém deve dizer. Ele não tinha essa intenção, mas elas eram incrivelmente prejudiciais. Coisas que ninguém deveria aceitar ouvir.

— Como? — quis saber.

— Coisas como "Eu quebro a sua cara" ou "Não ligo para você". Coisas assim.

— Sim — disse eu com um estremecimento. — E há quanto tempo foi o divórcio?

Sophie parou.

— Esqueci, é interessante isso. Tive câncer em 1992. Dois anos depois, pedi o divórcio. Demorou dois anos para ele sair.

— O que seus filhos acham? — perguntei.

— Bem, o comentário da minha filha foi: "Você devia ter feito isso há mais tempo." Meu filho perguntou o que aconteceria se eu morresse, e eu disse: "Bem, acho que vocês iriam morar com o pai de vocês", e ele falou: "Vou ter de fazer isso?" E eu respondi: "Ora, você não gostaria de fazer isso?" Ele disse que preferia viver com alguém parecido comigo. "O que você quer dizer com isso?", perguntei. E ele respondeu: "Bem, vocês dois são legais. Gosto dele e me divirto com ele, mas você é mais carinhosa." Eu ri e falei: "Apesar de ser eu quem manda você fazer seus deveres de casa, controla se cumpriu suas tarefas e não larga do seu pé?" Ele respondeu: "Sim."

— Você sabia o tempo todo que não era feliz — observei —, mas ficou porque não sabia que tinha outra opção?

— Sim, eu tinha medo de piorar as coisas ou prejudicar a vida das crianças com o divórcio.

— Não foi o dinheiro? — perguntei.

— Eu tinha um emprego, portanto não foi por isso. Era mais no nível emocional, lidar com isso na minha cabeça, pesando os prós e os contras durante muito tempo. Não dei ouvidos aos meus instintos. Lá no fundo, eu sabia que não era justo comigo. Instintivamente, eu sabia, mas continuava tentando não escutar. Tentava pensar nas qualidades dele que eram boas, e no que mais eu poderia fazer para mudar a situação. Pensar nisso tudo foi um grande desperdício de tempo.

— E agora você descobriu dentro de si mesma... o quê? — perguntei.

— Dê ouvido aos seus instintos — respondeu Sophie.

— Agora você se sente mais forte, está mais satisfeita com a pessoa que você é?

— Sim. Também, sei que o céu não caiu. Sabe, já tenho um prato cheio preocupada com o câncer, e enfrentei sozinha a adolescência da minha filha, e meu filho tem dificuldades acadêmicas que tomam um bocado de tempo, e no entanto sinto-me esperançosa. Sinto que existem duas pessoas maravilhosas na minha vida e tenho sorte de ter um emprego tão satisfatório, e estou até me permitindo fazer coisas de que gosto. Fiz um jardim de plantas perenes no ano passado com a ajuda de amigos especialistas, e tem sido fantástico. Portanto, quando recentemente achei que teria uma reincidência do câncer, fiquei surpresa ao refletir sobre a diferença entre hoje e seis anos atrás. Estou realmente apreciando a vida. Existem áreas que gostaria de melhorar, não há dúvida, mas é uma vida ótima. Não me encontro num estado de indecisão, em que eu fique me reprimindo.

— Estar num estado de indecisão, de ambivalência, é... — fiz uma pausa, procurando a palavra certa.

— Ambivalência é horrível — pulou ela. — E ter sensibilidade exige um esforço enorme. Ao passo que, no momento que você decide que direção realmente quer tomar, sente-se com muito mais energia. Está fazendo sentido para você?

— Certamente. Deus ou espiritualidade tiveram algum papel nisso tudo? — perguntei.

— Não, não no meu caso — respondeu ela. — Não sou religiosa, e isso torna as coisas mais difíceis. Você tem o seu próprio sistema de crenças. Conversar com terapeutas ajudou. Poderia ter acontecido o inverso também. Acho que quando se procura um terapeuta de casais, supõe-se que este casamento deva ser salvo. E, portanto, sabe, você dedica muito tempo para fazer o possível para salvá-lo. Seria bom se houvesse uma prova escrita para ver se duas pessoas não viveriam melhor uma sem a outra. Por outro lado, tenho a consciência tranqüila de ter tentado tudo. Amadureci nesses anos difíceis. Você adquire compaixão, uma percepção das coisas, você ganha sabedoria, portanto não é de todo ruim, mesmo que tenha sido bastante doloroso.

— O ponto crítico foi o câncer?

— Parece que foi. Pode-se também analisar a minha carreira e dizer que ela estava deslanchando, o que ajudou. O momento decisivo pode também ter sido a separação. Eu estava discutindo isso antes de ter o câncer e depois voltei para o meu marido quando tive o diagnóstico. Como digo, ele foi bastante gentil na época, mas eu não queria ter uma doença fatal para ter o lado bom dele.

— E a sua saúde agora, está pensando se vai fazer ou não uma segunda mastectomia?

— Certo. Depois da primeira, eu tinha racionalizado que não me identificava com o meu seio e que estaria bem. Fiquei surpresa com o quanto lamentei esse seio que tinha sido uma parte bonita do meu corpo e alimentado meus filhos, e surpreendi-me também que alguém pudesse chorar por uma parte do corpo como se fosse a perda de um relacionamento ou coisa parecida. Suponho que estivesse novamente tentando usar a cabeça e também não querendo aceitar a ênfase excessiva que a cultura dá à imagem física das mulheres. Levou um tempo. É um pouco mais difícil no cenário da vida de solteira dizer à pessoa com que você está saindo que não tem um seio. Complica um pouco a vida.

— Sim — disse eu. — Mas você me disse que suas chances de não ter uma reincidência do câncer são de 95 por cento se fizer a segunda operação, mas 65 por cento se não fizer. Correto?

— Certo. Fizeram três biópsias agora no seio restante, e as mamografias continuam auspiciosas. Os relatórios da patologia indicam uma espécie de estágio intermediário entre o tecido mamário totalmente saudável versus o maligno, que eleva a sua probabilidade de risco. Uma parte de mim quer simplesmente continuar ocupada fazendo as coisas de que gosta, e esperando o melhor; e outra quer reduzir a ansiedade e o medo. Meus filhos imediatamente diriam: "Corta fora o seio!" — eles preferem que eu esteja por perto. E, sempre que o espectro do câncer surge novamente, a prioridade fica muito clara. Essa vida é muito preciosa e, mesmo sem os dois seios, é uma bênção, e vale a pena ter e manter o máximo de tempo possível. Então, está claro.

"O difícil é a matemática de *Bem, tenho de passar por outra cirurgia?* E tenho de perder outra parte do corpo, e tenho agora ainda de ser uma pessoa mais forte para ter um bom relacionamento com um homem. Assim, estou comparando informações. Vou falar com meu oncologista no final deste mês sobre outros modos de reduzir os riscos, e estou pensando em falar com um cirurgião plástico. Tenho uma tendência muito forte a ser o que sou, a não ser falsa, por isso a reconstrução me deixa um pouco constrangida, mas tenho pensado: 'Bem, a gente tem de aceitar o que o câncer elimina?' Se você sofresse um acidente de carro e perdesse um braço, claro que colocaria uma prótese. São decisões que é preciso tomar."

— E você está numa posição ótima no seu trabalho agora — acrescentei.

— Excelente. Estou prosperando — disse ela, sorrindo.

— Bem — falei —, se posso dizer assim, acho você uma mulher muito bonita, por fora e por dentro. Acho que os homens fariam fila se soubessem onde você está. É uma história muito comovente, com a qual penso que muita gente se identificaria. Precisou de muita coragem. Não é como se você tivesse saído para cair nos braços de outro homem. Você caiu nos braços da incerteza e do câncer.

— Num determinado ponto — disse Sophie —, um colega a quem eu respeitava muito se interessou por mim. Mas eu não quis nada com ele. Eu queria entender o meu relacionamento com meu marido antes de sair para outro. Nesse meio tempo, ele se envolveu com outra mulher e ficamos amigos. Acho que foi a escolha certa. Achei melhor tentar me entender, mesmo que na minha fantasia tivesse sido bom alguém aparecer quando eu estava me divorciando, para me apoiar. Mas penso que é mais importante para mim ter alcançado esta sensação de bem-estar e saber que esse sentimento vem de mim. Mas, certamente, ele não vem só de mim, porque tenho o apoio dos filhos, colegas, alunos e amigos, e há um sentimento ainda maior de ser responsável por mim mesma. Acho que com a solidificação desse sentimento terei mais chances de um relacionamento e de estar em paz comigo mesma. Estou quase pronta para um relacionamento agora, mas provavelmente foi melhor eu ainda não ter tido nenhum. Gostou da racionalização? — disse ela com uma gargalhada.

VINTE E SETE

❧

Quando o pior acontece:

A MORTE DE UM FILHO

DAVID NUNES NASCEU EM dezembro de 1982, e morreu em maio de 1993. Sua morte foi repentina e totalmente inesperada, conseqüência de uma infecção parasitária extremamente rara que em silêncio envolveu o seu coração e por fim o fez parar.

O pai, Tony Nunes, e a mãe, Gail Nunes, ainda moram perto de Cambridge, Massachusetts, onde David morou a sua vida inteira. A irmã de David, Mariel, tinha cinco anos quando ele morreu. Gail e Tony depois disso tiveram outra filha, Akacia, que hoje está com três anos.

David foi adotado por Gail e Tony com seis meses de idade. A mãe biológica era irmã de Tony, mas ela não podia cuidar dele por ser esquizofrênica.

Tony, cujos pais descendiam ambos de famílias das Antilhas, tiveram um pai violento, que era policial no Bronx. A mãe de Tony abandonou o marido quando o menino tinha dez anos. Ela levou Tony e seus quatro irmãos para Cambridge, onde os criou sozinha. Tony passou por várias fases de rebeldia, mas acabou conseguindo se formar na faculdade de Wheelock, aos trinta e dois anos, e depois terminar um mestrado em Wheelock, estudando de noite. Há quinze anos ele é professor em Boston, primeiro em Shady Hill, depois no sistema de Ensino Público de Cambridge, e agora é assistente-chefe da Neighbourhood House Charter School, em Dorchester. Ele é muito respeitado.

Assim como ele, Gail é de família de imigrantes, siciliana. Tony ri ao comentar que, sendo Gail morena e ele louro, as pessoas em geral não sabem "de que raça nós somos". Gail já teve vários empregos. Hoje ela trabalha como conselheira pedagógica e ludoterapeuta. Ela é soberba no que faz.

Conheço os Nunes porque nossos filhos estudam no mesmo colégio, Shady Hill, em Cambridge, e nós freqüentamos a mesma igreja, a Christ Church, em Cambridge, e porque durante um curto período David foi meu paciente. Seus pais o trouxeram para me ver quando ele tinha oito anos, por causa de alguns problemas de comportamento. Felizmente, fui capaz de ajudá-lo e a seus pais, e nos últimos anos de sua vida ele ia muito bem na escola e na vida em geral. Ele sempre pareceu gozar de excelente saúde física.

David era um garoto especial. Qual criança não é, eu penso, mas, mesmo assim, ele tinha algo de especial, uma energia, uma alegria de viver. Às vezes comentavam que ele era *impossível*, mas diziam sempre que ele era adorável. As pessoas se sentiam naturalmente atraídas por ele.

Hoje tem um parque em Cambridge com seu nome, o David Nunes Park. A sua turma acabou de se formar em Shady Hill, e a escola dedicou a ele o seu álbum de formatura. O aniversário da sua morte é lembrado todos os anos na igreja. O seu último presente para este mundo foi reforçar a conexão destas comunidades.

Pedi a Gail e a Tony que me falassem sobre a sua vida e a sua morte.

— No dia em que David morreu — Tony me contou —, voltei tarde do trabalho, lá pelas cinco horas. Eu ensinava na escola e estava numa reunião. Quando entrei, ele assistia à televisão no chão com a babá e Mariel. Eu estava num lugar muito bonito mentalmente. Na véspera, domingo, o dia tinha sido ótimo. Todas as peças do quebra-cabeça da vida se encaixavam. A vida parecia completa. E realmente estava. Lembro disso. Quando voltei para casa, ainda me sentia assim. Por isso, ao chegar, chutei de leve as crianças no chão e perguntei:

— Fez o dever de casa?

— Não.

— É? Então levanta e vai fazer o dever.

— Não estou me sentindo bem.

— Vamos, vamos, faz o dever de casa que você vai se sentir melhor.

— Mas não vou fazer o dever na mesa da cozinha.

"Eu ia para a cozinha, e essa era imagem da década de 1950

que eu tinha na cabeça: pais cozinhando enquanto o filho fazia os deveres na mesa da cozinha caso precisasse de ajuda. O quarto dele era a sala de jantar, ao lado da cozinha. Ele teve de ser assertivo e dizer 'Vou fazer no meu quarto'. Concordei.

"A última vez que o vi realmente vivo foi quando olhei da cozinha para a sala de jantar e percebi pelo seu rosto que ele não estava bem. Eu disse:

— Você está doente mesmo.

— É — respondeu ele.

— Esquece o dever de casa. Já estamos no final do ano. Você pode fazer depois do jantar, quando sua mãe voltar, ou eu escrevo um bilhete.

"Ele foi até a geladeira, bebeu um suco, correu até a sala de estar, onde Mariel estava sentada, deitou a cabeça no seu colo, e morreu.

"Mariel entrou na cozinha e me disse que David tinha adormecido e ela não conseguia acordá-lo. Gail sempre dizia que ia sentar-se com ele e niná-lo, e se ele pegasse no sono ia se sentir melhor, então eu disse para deixá-lo dormir. Mariel sabia que alguma coisa estava errada. Ela viu a vida dele se apagando. Ela subiu na sua barriga e tentou acordá-lo, e não conseguiu. Ela voltou para a cozinha e me disse isso. Kathy, a babá, entrou para ajudar com o jantar, e o cachorro começou a lamber o rosto de David. Achava que David estivesse dormindo. Quando o cachorro lambeu o seu rosto, eu disse que alguma coisa não estava certa.

"Iniciei uma ressuscitação cardiopulmonar, e disse a Kathy para levar Mariel para a cozinha e lhe dar de comer, e liguei para o pronto-socorro. Eu disse: 'Kathy, preciso de você aqui. Preciso de você comigo por Mariel. Preciso ficar lá. Não vou deixá-lo sozinho.' Quando o pessoal da emergência chegou, os policiais entraram e um deles percebeu o que estava acontecendo e começou a sacudi-lo. Eu o agarrei e disse: 'Calma, companheiro, ele vai ficar bem', tentando me convencer. Lembro que me perguntaram o que ele tinha regurgitado quando tentei fazer a respiração boca-a-boca. Eu disse que ele engasgou. Então eles iam fazer uma traqueostomia. Eles pegaram um bisturi e iam cortar a garganta dele, e lembro de agarrar um homem e dizer: 'Não destruam o corpo.'

"Gail ligou quando eu os levei para a cozinha para comer alguma coisa, e disse para mim mesmo: 'Vou tentar ter o máximo de calma. O que vou lhe dizer, que ele está morto?' Eu falei: 'Gail, volte para casa, é uma emergência. David está muito doente.'"

Gail, que estava escutando Tony contar a história daquela noite terrível, falou:

— Eu disse: "Ele está vomitando de novo?" E ele falou: "Não, vem para casa." — Desliguei o telefone, e já sabia.

"Virei-me para a pessoa com quem estava trabalhando e disse 'Preciso ir'. Peguei o carro e tive de descer a Mass. Pike. Lembro de ir a uns 130 quilômetros por hora. Estacionei e lá estavam duas ambulâncias, um carro de polícia, um carro de bombeiro e Tony andando de um lado para outro."

— Eu a vi estacionando — disse Tony. — Eles estavam prontos, tinham amarrado David na maca para sair com ele. E eu disse que de jeito nenhum ia deixar que minha mulher entrasse em casa quando estivessem saindo com ele. Ele estava morto. Eu disse para pararem. Eu não deixei que saíssem com ele.

Gail interrompeu:

— E quando Tony atravessou a rua até onde eu estava, disse: "Acho que perdemos David." Eu explodi. Eu falei: "O que você quer dizer?" Muitas coisas passaram pela minha cabeça. Ficou tudo muito confuso. A primeira imagem foi tentar avançar na frente do policial para chegar até David, e ele atrás de mim me segurando, e eu disse: "Preciso ver o meu filho. O que você está fazendo? Preciso ver o meu filho. Deixem-me ver o meu filho." Ele disse: "Não, você não pode." Eu disse: "O que você quer dizer, que eu não posso?" Essa foi a primeira coisa de que me lembro.

"A segunda foi Tony dizendo: 'Você precisa ver Mariel', e bum! a ficha caiu, eu tenho de subir. Eu já tinha trabalhado muito tempo em hospitais e sabia o que uma cena de ressuscitação parecia, e esta era uma cena de ressuscitação, e eu disse: 'Oh, meu Deus.' Foi então que eu realmente vi o que tinha acontecido na minha sala de estar. Corri até Mariel e lhe disse: 'Vou trazer seu irmão de volta, não se preocupe.' Ela já sabia. Pude ver no seu rosto que ela já sabia.

"Desci até a ambulância e conversei com o guarda da outra ambulância, e a segunda imagem que me vem à lembrança são as quatro pessoas do outro lado da rua me olhando, sem falar nada. Entramos na ambulância de apoio e eu me virei para o médico de emergência e disse: 'Fale comigo, eu trabalho em hospitais, quero saber tudo. Vocês tentaram ressuscitá-lo? Usaram as manoplas? Ele vai acordar?' Tony olhou para mim e disse: 'Não sei. Acho que ele sufocou.' A verdade é que o granuloma era tão grande a esta altura que uma equipe de cardiologistas não teria conseguido salvá-lo.

"Os médicos nos disseram mais tarde que mesmo que uma equipe de cardiologistas estivesse na sala com David, já era tarde demais. Ele não poderia ter sido salvo, não importa o que qualquer um fizesse. Isto era importante que nós soubéssemos, é óbvio."

Tanto Tony quanto Gail estavam calmos ao me contarem tudo isso. Estavam sentados juntos no sofá, tocando-se de vez em quando, e simplesmente falavam sobre o que lembravam de quatro anos atrás.

— Quando chegamos ao hospital, você pode imaginar como foi — disse Gail. — Foi uma loucura. Apareceu gente correndo de todos os lados.

— O Children's Hospital, em Boston? — perguntei.

— Sim — respondeu Gail. — Veio todo mundo correndo. Eles não nos deram atenção, deixaram-nos em pé no corredor.

— Chegou a ser engraçado — acrescentou Tony. — Eu disse: "Quero um lugar tranqüilo." Acho que sou realmente uma espécie de crente porque tudo isto veio à tona. A única coisa que me passou pela cabeça era que eu gostaria de estar em algum lugar quieto, numa igreja. E eu disse: "Tem uma capela onde possamos nos sentar? Não quero ficar no meio desse caos." Então eles nos colocaram numa sala e perguntaram: "Querem um capelão?" Eu disse: "Não é má idéia. Vamos receber os últimos sacramentos." Então eles arrumaram um padre irlandês, bêbado, que veio falar comigo cheirando a álcool. Ele perguntou meu nome, e eu disse Nunes. Ele falou: "Ah, você é português. Tenho alguns bons amigos portugueses." Eu disse: "Escute, meu filho está na outra sala, no ressuscitador, e eu quero os últimos sacramentos." Ele falou: "Você quer a extrema-unção para você mesmo?" "Não, para o meu filho", eu falei. Então ele entrou onde estava David, depois voltou e quis continuar conversando comigo, se eu conhecia uma família de New Bedford. Eu pedi para ele me deixar em paz.

"Depois eu tive de sair para ver se alguém me dava uma carona para voltar para casa. Liguei para Bob Tobin (reitor da Christ Church, em Cambridge). Eu estava no meio de um salão cheio de gente, e não tinha um centavo no bolso. Eu teria preferido a privacidade de uma cabine telefônica, ou de um telefone particular, mas eles ligaram um telefone no balcão, achando que estavam me ajudando muito. Tive de ligar para Maurine Tobin (mulher de Tobin) e dizer-lhe que meu filho tinha morrido numa sala cheia de gente escutando. Para mim, isso foi uma falta de sensibilidade. Não só eu tinha de suportar o pior, como tinha de fazer isso em público. Gail, da mesma forma, tem suas recordações, eu lembro disso.

— Eles estavam se esforçando muito com David — exclamou Gail —, e nisso eles entraram e disseram: "Achamos que David não vai conseguir. Precisamos da sua autorização para desligar os aparelhos." Em seguida eles pediram os seus órgãos. E você sabe, nós pensamos...

— Eu disse: "Peguem o que vocês quiserem" — falou Tony.

— Mas como era uma morte de causa desconhecida — acrescentou Gail — eles tiveram de guardar tudo. Quando nos deixaram entrar no quarto, cheguei perto de David e o segurei. Estava frio. Lembro de tentar aquecer seus braços. Eu dizia: "Você está tão frio, e tem de se aquecer", e esfregava seus braços. Tudo que eu queria era segurá-lo. Queria pegá-lo no colo e segurá-lo. Eu sabia que ele estava morto.

Então Bob Tobin chegou à sala de emergência.

— Bob entrou na sala — lembrou Gail —, e de repente, naquele frio todo, senti este abraço quente e afetuoso, seus braços me envolvendo. Olhei para Bob, e a primeira coisa que lhe disse foi: "Você sabe, fizemos tudo, não é mesmo?" E ele disse: "Sim." Havia alguma coisa em mim que me fazia sentir que tinha falhado com David. Naquele exato momento, eu pensei: "Apesar de todo o esforço que fizemos, não foi o suficiente."

"Depois vieram aquelas horas terríveis de espera. Fomos para casa, e tive de contar a Mariel. Eu a trouxe para a sala e lhe contei, e ela quis ficar ali assistindo a *Branca de Neve*. Então, os Tobins, eu e Mariel assistimos a *Branca de Neve*. Eu estava esperando que ela pegasse no sono, para poder chorar, mas ela não dormia. E Tony estava ao telefone.

— Bob e Maurine — disse Tony — ficaram até a nossa família chegar. Tentamos ligar para o meu cunhado, mas ele tinha uma filha adolescente que não largava o telefone. Finalmente, eles interromperam o telefonema.

— A polícia foi até a casa deles — disse Gail. — O telefone estava ocupado e a polícia foi até lá. Foi assim que eles souberam. Ronnie disse que o policial bateu na sua porta e lhe disse que o sobrinho tinha morrido.

Tony ficou intrigado.

— Ainda não compreendo como o policial foi até lá. Estávamos ligando para a casa, os telefones estavam ocupados. Você chamou a polícia?

— Não, foi a telefonista — respondeu Gail. — Você chamou a telefonista e ela ligou para a polícia. Você disse que queria entrar na linha, e disseram que isso era impossível.

Gail deu um suspiro.

— De qualquer maneira — disse ela —, há uma ou duas coisas relacionadas com a conexão que eu acho importante em tudo isto. Eu trabalhava em dois empregos naquele ano, e no segundo uma mulher negra e eu ficamos muito amigas. Ela tinha perdido um filho de oito anos, fazia uns vinte anos. Certa vez, David estava resfriado e eu lhe disse: "Mary, sabe, acho que não sobreviveria se perdesse um filho. Acho que não conseguiria mais viver." E ela me disse naquele momento que eu viveria. Ela disse: "Você viveria, você enfrentaria o enterro", e em seguida me ensinou como fazer.

"Lembro dela se aproximando na fila dos pêsames depois do enterro de David. Tony tinha tido um aluno em Shady Hill que sofria de um câncer do tecido mole, e ele tinha morrido. Tínhamos visto Stephanie, a mãe daquela criança, no estacionamento, um dia, quando eu estava grávida de Mariel. Seu filho estava muito doente. Ela disse a Tony: "Acho que temos de deixá-lo ir." Virei-me para ela e não pude deixar de chorar. Eu estava arrasada. Eu estava voltando de uma ultra-sonografia do meu bebê, e ela estava perdendo um filho.

"Bem, estas duas pessoas, Stephanie e Mary, estavam na fila juntas. Ao lado uma da outra. Elas não se conheciam, mas estavam uma ao lado da outra. E chegaram perto de mim ao mesmo tempo. Eu disse: 'Se não fosse por vocês duas, acho que não estaria aqui agora.' E elas nem se conheciam.

"A outra coisa — continuou Gail — foi o sonho que tive uma semana antes de David morrer. Eu liguei para você sobre isso, na verdade.

— Eu lembro — falei.

— Houve um incidente quando David estava com a babá e ele saiu pela casa fechando todas as cortinas. Lembra, eu liguei para você por causa disso. A babá ficou muito nervosa com isto. Ele acordou, levantou-se e saiu fechando todas as cortinas da casa. No sonho que eu tive, todas as persianas se abriram de repente, e uma luz branca entrou como um raio. Todos no meu trabalho estavam num círculo neste sonho, e a luz branca soava como uma sirene aguda. Eu dizia: "Preciso sair daqui, preciso sair daqui." Isto foi uma semana antes de David morrer. Portanto, esta foi outra mensagem para mim.

"Depois, no sábado antes de ele morrer, ele chegou perto de mim como fazia aos três anos de idade, colocou a mão no sofá e disse: 'Sabe, um menino morreu, um menino de quinze anos morreu no W.E.B. Du Bois Academy.' E eu disse: 'Ora, David, isso é mesmo estranho. Meninos não costumam morrer.' Eu fiquei nervosa, por isso fiz o que todos nós fazemos quando estamos assustados. Não respondemos. Ele, em seguida, pediu para colocar o filme *All Dogs Go to Heaven*. Nós colocamos o filme, e ele, a irmã e a sua melhor amiga assistiram. Passaram uma tarde ótima. Nós todos ficamos ali, comendo pipoca com sorvete. Foi no sábado. Sábado à noite nós ainda estávamos curtindo aquela sensação boa. Lembro que ríamos porque David gostava de brincar com a maneira de falar dos chineses. Ele cantarolava. Todos nós fazíamos isso, e ele fazia as imitações.

Tony começou a rir, e aparteou:

— Eles imitavam e eu tentava dizer "Isso não está certo, isso não é legal, isso é desrespeito". Mas eles riam tanto que as minhas observações politicamente corretas saíram pela janela, e eu tive de me juntar a eles nas risadas. Estavam se divertindo tanto!

— Todos nós jogamos naquela noite — continuou Gail. — Jogamos jogos de tabuleiro, o que na verdade nunca fizemos em família. Palavras cruzadas, eu acho, e no dia seguinte David estava no teatro da igreja. Naquela noite fomos ao churrasco e as crianças estavam olhando o garotinho do vizinho, e eu disse a David: "Você é muito bom com este garoto. Devíamos ter outro filho." E ele disse: "É, é, vamos fazer isso."

"Na manhã seguinte, eu fui à escola com ele. A turma de Mariel estava lanchando. Eu o deixei na porta da sua sala, na quarta série, e desci para lanchar. Ele apareceu e disse: 'Vamos dividir este lanche?', e eu disse: 'Lógico, por que não?' Foi a última vez que o vi vivo, e isso foi há cinco anos."

A essa altura, aflorou uma ligeira tensão entre Tony e Gail. Quase sempre, o casal se separa quando perde um filho. Gail e Tony não se separaram e, pelo que posso ver, não vão se separar nunca — eles se amam demais —, mas existe uma tensão residual que faz sentido. Gail disse:

— O que fica mais evidente é que eu passei por uma fase muito, muito difícil no ano seguinte à sua morte. Mariel e eu participamos de um seminário, um seminário num asilo dirigido por um grupo. Eles aceitavam filhos e pais que sofriam com a morte de alguém querido. Mas Tony não quis ir.

— Eu *não podia* ir — protestou Tony.

— Seja como for — disse Gail —, mas você não foi.

— Vou lhe dizer por que eu não podia ir — respondeu Tony.

— Foi no mesmo fim de semana do retiro paroquial. Não diga que eu não queria ir.

— Certo — continuou Gail. — Mas você poderia ter vindo conosco. Eu conheci umas pessoas que tinham perdido a família num acidente durante uma pescaria em Martha's Vineyard. Duas mulheres que tinham perdido cada uma o seu marido e um filho. Eu conheci as mães e filhas de duas famílias naquele final de semana e ficamos amigas desde então. Foi a primeira vez que Mariel sentiu que conhecia alguém como ela.

— Ela tinha me pedido para ir — acrescentou Tony. Gail e Tony se entendem rápido.

— Quando os pais precisam de apoio depois de uma tragédia como esta, e não sabem mais a quem pedir ajuda, as pessoas às vezes simplesmente desaparecem.

— Elas não sabem o que dizer para você e então se afastam — eu arrisquei uma suposição.

Gail e Tony concordaram. Gail disse:

— Acho que ficam com medo. Pensam que poderia acontecer com eles, e que só de conhecer alguém que está passando por isso, isso vai acontecer com eles também.

"Muita gente veio me dizer, depois que David morreu, que este era o seu maior pesadelo. E nunca tinha me passado pela cabeça que pudesse acontecer. Até encontrar aquela mulher, Stephanie.

"David e eu somos muitos conectados. Eu não deixava ninguém cuidar dele quando era pequenininho, porque achava que não eram capazes. Não sabiam como falar com ele e tratar bem dele, porque, quanto mais você era negativo com ele, mais ele reagia. E assim eu não deixava quase ninguém cuidar dele, porque tinha medo do estrago que pudessem fazer.

"Lembro de David aos três e aos quatro anos. Aos três anos ele se sentou no encosto do sofá, olhando para mim, e eu disse: 'Você quer saber sobre sua mãe, não é mesmo?' E ele disse: 'Sim, quero.' Ele continuou: 'Ela quebrou a perna?' Porque eu tinha lhe dito que ela estava doente, não estava bem, e por isso não podia cuidar dele. Então eu lhe disse: 'Mais ou menos, mas é como se você nunca tivesse realmente quebrado a perna, mas é a sua mente que não funciona bem. Um dia, quando você for mais velho, vai entender isso, agora é muito difícil, portanto, saiba apenas que ela o ama muito.' Nunca me esquecerei da imagem dele me olhando naquele momento.

"A imagem seguinte é dele não conseguindo dormir. Eu me lembrei especialmente daquela história de lua branca e de como ele gostava de cavalos. A nossa história na hora de dormir era de um garotinho que levava um escudo numa das mãos e, na outra, uma luz branca. Na história, ele cavalgava um cavalo pela praia. Nada poderia lhe fazer mal. Ele carregava a luz branca com ele onde quer que fosse. David em seguida pegava no sono e dormia a noite inteira. Fazíamos isso todas as noites. E, você sabe, eu acredito que aquela luz branca estava com ele quando morreu. Penso que ele estava em paz quando morreu. Penso que foi como pegar no sono, segundo a explicação de Mariel."

Houve um pausa enquanto Gail desviava o olhar. Em seguida ela continuou.

— Quero falar mais um pouco sobre David e seu espírito. No ano seguinte a sua morte, quando eu passava por momentos muitos difíceis em Martha's Vineyard, uma amiga minha viu um anúncio no jornal e disse que alguém aqui em Vineyard fazia leitura mediúnica. Eu disse: "Preciso ver esta senhora porque não consigo tirar isso da minha cabeça." Eu estava realmente tonta, sem conseguir entender o que eu fizera, e o que deveria ter feito.

"Então fui falar com esta senhora. Ela me disse, pelo telefone, 'Quero que você faça o seguinte: você vai meditar e pensar na pessoa ou coisa sobre a qual virá falar comigo, a noite inteira. Depois quero que venha me ver de manhã.' E marcou uma hora. Bem, fui até lá e era um lugar com estábulos. Havia um cavalo branco perto de uma mulher. Aproximei-me para falar com ela. Não sei por que fiz isso. Eu devia entrar, mas fui falar com ela. E ela me disse: 'Está vendo aquele cavalo ali? Ele passou a noite inteira empinando.' 'É mesmo?', eu perguntei. Ela continuou: 'Não conseguimos contê-lo. Não choveu, não trovejou, não sei o que está acontecendo com este cavalo.' E eu disse: 'Bem, eu acho que sei.' E lhe contei a história de David, e como ele gostava de cavalos, e que eu achava que o seu espírito estava provavelmente aqui. 'Puxa, faz sentido', ela falou. 'Você parou para conversar comigo. Por quê? Só pode ter sido ele.'

"Em seguida fui para a minha consulta, e a médium fez um trabalho de imagens comigo. Eu devia entrar numa bolha imaginária junto com David. Nós chorávamos muito o tempo todo. Ela me disse: 'Pode ver David? Ele está aqui. Eu o vejo, está rodeado de luz.' Naquele momento eu estava tentando, mas não conseguia vê-lo. Ela falou: 'Ele está do seu lado. Ele está aqui. O que quer dizer a ele?' 'Quero lhe dizer que o amo, e que sinto muito a sua falta, e que lamento muito', eu respondi. Ela então continuou: 'Agora quero que você se imagine, e quero que você abrace David como costumava fazer quando ele era pequeno. Você sabe como abraçar alguém, você sabe fazer isso.' E eu disse sim. Ela falou: 'Imagine isso. Depois, quando estiver pronta, quero que deixe a bolha ir embora.' E eu disse: 'Quantas bolhas eu tenho?' Ela disse: 'Quantas precisar.'

"Eu temia que deixando a bolhar ir embora jamais a teria de volta. O que me ajudou a abandonar a bolha foi o fato de a mulher dizer: 'Você não quer prender David.' Foi só o que ela precisou dizer, porque um pai e uma mãe não querem prender um filho, não importa onde eles estiverem. Quando ela me disse isso, ela falou: 'Ele tem trabalho para fazer.' E eu disse: 'Sim. Quero dizer, veja o trabalho que ele fez aqui.' Ainda recebe inúmeras cartas de gente que ele conheceu. Ele fez muita coisa aqui.

"E no meu próprio trabalho ele continua me ajudando, porque trabalho com crianças como ele. Muitas vezes, quando me sinto fora de foco e desconcentrada com estas crianças, fecho os olhos por um instante e digo: *David, me ajuda*. E alguma coisa acontece.

Ele aparece. É realmente espantoso, porque ele literalmente aparece em todas as criancinhas. Aqueles garotinhos com quem tento trabalhar, que são tão vivos e espirituosos como David. Uma das coisas que espero que os pais de crianças assim não façam é matar esse espírito, porque eles podem fazer isso.

"Depois da minha visita à médium, eu estava meditando e vi David como luz pura. Pura luz dourada. Ele estava sentado bem na minha frente. Essa foi a primeira e única vez que eu tive uma visão real dele.

"Outra lembrança vívida foi quando vi o corpo depois que o levaram para a funerária. O diretor da funerária quis que eu o vestisse. Comecei a arrumá-lo como se ele fosse para o colégio. Eu costumava cantar uma música para ele, uma canção de ninar da igreja batista, todas as noites, e por alguma razão comecei a cantar naquele momento, e todas as pessoas cantaram também. Foi a última canção de ninar que cantei para ele. Ninguém conseguia acalmar David como eu. Éramos muito conectados."

— Você ainda se sente conectada com ele? — perguntei.

— Oh, muito — respondeu Gail, imediatamente. — Há momentos agora em que digo, ah, sim, David está aqui. Você sente a presença, sente que ele está aqui, sabe. Rezo todas as noites para ele. Digo que o amo, como se ele estivesse comigo, e que sinto a falta dele.

"David tinha oito anos — acrescentou Gail — quando eu reconheci o que a sociedade faz com os garotinhos. Isso me ajuda no meu trabalho hoje. Acho que a mensagem que os pais precisam ouvir é que precisamos nos ajudar mutuamente. Precisamos nos apoiar uns aos outros não importa quem sejamos, especialmente na morte. Quando perdemos um filho, na nossa cabeça podemos racionalizar, eu posso lhe dizer que David fez tudo que tinha de fazer aqui. Posso lhe dizer isso racionalmente, e isso me faz continuar vivendo. Mas também posso lhe dizer que há momentos em que a raiva é muito, muito grande, e a tristeza é enorme."

— Como você suporta? — perguntei.

— Não sei se suporto — respondeu Gail. — Nos primeiros três anos, consegui aceitar a minha tristeza. Cantava muito para mim mesma. Lembro de dizer aos meninos no acampamento onde trabalho — os meninos de dez anos que chegavam ao meu gabinete em prantos na primeira semana. Eu fazia um trabalho administrativo, e eles entravam no meu gabinete e diziam: "Quero ir para casa." Meu coração se partia porque eu queria abraçar esses meninos cujas mães os haviam mandado para o acampamento e eu tinha perdido o meu.

"É isto que eu faço. Eu digo para mim mesma que se conseguir vencer o café da manhã, então estou bem. Mas se depois quiser chorar, está bem. Então eu posso chorar sempre que precisar, e depois posso chegar até o almoço. E depois, se precisar chorar novamente, tudo bem, porque assim posso chegar até o jantar. Foi literalmente assim que consegui sobreviver aos primeiros meses depois da morte de David.

"Precisávamos estar cercados de pessoas, mas também acho que precisávamos conseguir ficar sozinhos com a nossa própria tristeza. Eu precisava ajudar Mariel também."

— E Deus? — perguntei.

— Eu cantava a mesma canção sobre Deus, a canção de Isaías. "Deus é o meu Salvador. Nele confiarei e nada temerei." Cantei isso para mim mesma repetidas vezes, pelo menos durante três meses.

"Eu trabalhava com Mariel. Ela desenhava e eu escrevia e tentava ajudá-la nas suas lembranças. Jamais esquecerei quando finalmente voltei a trabalhar — faço ludoterapia infantil. Mariel tinha cinco anos, e estava brincando no meu gabinete. Foi então que descobri o que aconteceu naquela noite em que David morreu. Mariel representou a cena inteira para mim. Ela não sabia que eu estava ouvindo. Eu trabalhava à minha mesa, tentando terminar meus relatórios, quando, de repente, sintonizei no que ela estava dizendo e escutei tudo. Foi o meu primeiro quadro nítido do que aconteceu naquela noite, porque entre os dois isso tinha sido esboçado."

Gail agora falou um pouco do risco que a sua conexão com Tony tinha corrido.

— Acho que, nessas ocasiões, um casamento pode acabar. Chegamos perto, antes de nos mudarmos para esta casa, de perder tudo.

Gail e Tony se olharam e pude ver que tinham se recuperado.

— Você ainda acredita em Deus? — perguntei.

— Ah, sem dúvida — respondeu Gail imediatamente. — Agora mais do que nunca. Acredito no Deus que existe em todos os seres vivos.

— Acredita na imortalidade? — perguntei.

— Totalmente. Acredito que, se procurarmos pelo verdadeiro Deus, ele é a bondade nas pessoas. Não é nem mesmo só a bondade, é ambos. É o bem e o mal.

— Como você explica a injustiça de David ter sido levado tão jovem? — perguntei.

— Não se trata de quanto tempo nós temos, mas daquilo que viemos fazer aqui. Acredito que chegamos aqui sabendo o que viemos fazer e, se as pessoas que nos criam alimentam isso, vai se realizar.

"Também acredito que precisamos de anjos a nossa volta. Jamais esquecerei do dia que estava caminhando em Cambridge; eu estava realmente desanimada. Do nada, um sujeito apareceu, de cabelos brancos, jovem, sem camisa, descalço, de shorts de brim. Ele começou a falar comigo, não sei como a conversa aconteceu, mas ele me disse tudo que precisava ouvir. E depois desapareceu e nunca mais tornei a vê-lo. Hoje, em Cambridge, conheço todo mundo, mas nunca mais o vi. Minha mãe costumava dizer que Deus caminha pela Terra em diferentes formas. Acredito nisto. Acredito que cada um de nós tem Deus dentro de si próprio."

Gail continuou:

— Estudei com índios norte-americanos que falam sobre o círculo da morte. Para eles, esta é a conexão de todos nós. Eles acreditam que se os Hopi pararem de dançar, a Terra pára de girar. É metafórico. É aí que eu penso que David existe. No espaço, naquele esplendor que não podemos ter antes de chegar lá.

IV

AUTO-AVALIAÇÃO

e

DICAS
PRÁTICAS

VINTE E OITO

A sua vida é bem conectada?

UM TESTE DE AUTO-AVALIAÇÃO

AO COMEÇAR A COMPREENDER o poder da conexão, talvez você queira também uma forma de avaliar se a sua vida está conectada. Assim, você poderá ver com mais clareza as áreas em que terá de desenvolver conexões mais profundas, e também aquelas em que já tem a vida solidamente conectada.

Na prática da minha profissão, descobri que as pessoas se beneficiam quando organizam suas idéias a esse respeito. Elas concordam logo que a conexão é importante. Mas não sabem como, especificamente, aprofundar as conexões em suas vidas.

É nisso que este capítulo, sobre auto-avaliação, e o seguinte, sobre como se conectar, pode ajudar. Este capítulo apresenta as doze áreas de conexão e faz perguntas que ajudam você a decidir qual delas quer trabalhar ou não. Você pode aferir por si mesmo como se sente conectado em cada uma das áreas.

Você ganha *um ponto* a cada pergunta respondida afirmativamente no conjunto a seguir. Embora você obtenha uma pontuação, o número gerado no final não é muito importante. O que importa é como este teste pode ajudá-lo a determinar *que áreas* você precisa trabalhar. Um dos motivos pelos quais a pontuação final não significa muita coisa é que para algumas pessoas um determinado tipo de conexão é muito mais importante do que para outras, no entanto a pontuação final não reflete isso. Por exemplo, família, amigos e trabalho podem ser tudo que importa para você. A sua pontuação final será baixa, mas você está conectado. Ainda assim, você pode usar as informações desta auto-avaliação para orientá-lo como aprofundar outras áreas, mas certamente não precisará sentir-se mal por ter obtido uma pontuação baixa, porque ela é alta nas áreas que para você são mais importantes.

Portanto, em vez de se concentrar no número de pontos, reveja essas perguntas, depois se pergunte, seção por seção: *Esta é uma área que eu gostaria de melhorar?*

FAMÍLIA DE ORIGEM

Você está emocionalmente próximo da sua família de origem como gostaria de estar?

Fez as pazes com todas as pessoas da sua família de origem?

Comunica-se com a freqüência que gostaria com todas as pessoas da sua família de origem?

Você arruma tempo, mesmo que isso signifique desistir de uma atividade que lhe dá prazer, para estar com a sua família de origem?

Sente-se confortavelmente conectado com a sua família de origem?

FAMÍLIA IMEDIATA: FAMÍLIA QUE VOCÊ CRIOU OU A QUAL ADERIU

(Se vive sozinho, pule esta parte.)

Sente-se confortavelmente conectado com a sua família imediata?

Janta com a família sempre que possível, ou passa algum tempo com ela todos os dias de alguma outra maneira?

Vocês se tratam mutuamente com amor e respeito?

Sente que sua família é justa?

A sua família reforça a sua sensação de segurança tanto quanto você gostaria?

AMIGOS E COMUNIDADE

Você tem amigos com quem se encontra regularmente?
Convive com seus amigos tanto quanto gostaria?
Seus vizinhos são tão conectados como você gostaria que fossem?
Você conhece a pessoa que mora ao seu lado o bastante para lhe
pedir um favor?
O bairro onde você mora é suficientemente seguro para seus fi-
lhos brincarem fora de casa sem ninguém olhando?

TRABALHO, MISSÃO, ATIVIDADE

Sente-se conectado no trabalho, na escola? Por exemplo, sente
que está sendo tratado com justiça, que apreciam o que você
faz, e que as pessoas gostam de você?
Sente que tem uma missão no trabalho? Por exemplo, sente um
propósito maior do que simplesmente levar um cheque para
casa?
O trabalho lhe dá satisfação?
Às vezes fica tão interessado no que está fazendo que se esquece
das horas ou de onde está?
Continuaria a trabalhar mesmo que tivesse independência financeira?

BELEZA

Existe uma forma de arte de que gosta particularmente (como
música, pintura, literatura, dança, fotografia, cinema, desenho)?
Arruma tempo para apreciar as formas de arte de que gosta?
Pára de vez em quando para notar como a natureza é bela?
Incentiva nos outros, nos seus filhos ou amigos, por exemplo, um
interesse pela beleza?

Passa todas as semanas pela experiência de ter a sua atenção despertada por alguma forma de beleza que faz com que se sinta melhor interiormente?

O PASSADO

Sente o poder do passado no seu dia-a-dia? (Visita o túmulo de parentes de vez em quando? Conhece as tradições da sua família, da sua empresa ou da sua escola? Procura orientação no passado?)
Sente-se conectado com a história do seu país?
Conhece detalhes da vida dos seus pais e dos seus avós?
Sente-se conectado com o passado da sua família?
Sente ter um conhecimento adequado da história em geral?

NATUREZA E LUGARES ESPECIAIS

Sente uma conexão com o mundo natural?
Passa tanto tempo na natureza — seja lá como você defina este termo — quanto gostaria?
Existem lugares especiais que lhe tocam como mais nenhum outro?
Você visita esses lugares especiais tanto quanto gostaria?
Explora novas partes do mundo da natureza de tempos em tempos?

ANIMAIS DE ESTIMAÇÃO E OUTROS

Você tem um animalzinho de estimação?
Gosta de ter um animalzinho?

Gosta dos animais em geral?
Compreende intuitivamente por que os idosos vivem melhor se tiverem animaizinhos por perto?
Você teve um animalzinho quando criança?

IDÉIAS E INFORMAÇÕES

Sente-se à vontade por saber que pode ter acesso a todas as informações de que precisar?
É tão organizado quanto gostaria de ser?
Estabeleceu barreiras suficientes para não se ver esmagado por mensagens sem importância, dados aleatórios e informações inúteis?
Sente que sabe como aproveitar ao máximo a sua capacidade mental?
Sente-se à vontade no mundo das idéias?

INSTITUIÇÕES E ORGANIZAÇÕES

Você pertence a pelo menos uma instituição ou organização da qual se orgulhe?
Freqüenta com regularidade as reuniões de pelo menos uma instituição ou organização?
Vota em todas as eleições nas quais tem direito?
Existe pelo menos uma instituição ou organização de cuja diretoria estaria disposto a participar se fosse convidado?
Estaria disposto a servir num cargo político se você se sentisse qualificado e capaz de fazer um bom trabalho e não tivesse de fazer campanha?

O QUE ESTÁ ALÉM DO CONHECIMENTO

Sente uma conexão com o que está além do conhecimento, chame você isso de Deus, cosmos ou outro nome qualquer?

Reza, ou de algum outro modo interage regularmente com esse ser, força ou Deus?

Continua em busca da verdade por qualquer meio que lhe parecer sensato?

Mantém vivas dentro de si mesmo as grandes dúvidas, como o sentido da vida e a razão do sofrimento?

É importante para você aprofundar a sua conexão com o que está além do conhecimento?

VOCÊ MESMO

Sente-se confortável sendo você mesmo?

Mesmo que você seja diferente com pessoas diferentes, sente-se capaz de relaxar e ser autêntico na maioria dos relacionamentos?

Sente-se satisfeito com seu corpo?

Sente-se satisfeito com a sua mente? Por exemplo, você se acha suficientemente esperto, criativo e hábil em todas as áreas de que gosta?

E gostaria de mudar alguma coisa em você?

Lembre-se de que este teste *não* pretende promover ou reprovar você, mas sim apontar áreas onde talvez precise colocar mais energia para desenvolver uma conexão mais forte.

Quanto maior o número de respostas positivas em uma determinada seção, mais conectado você estará naquela área. Obviamente, todas comportariam centenas de perguntas, e o teste teria milhares! O objetivo desta breve auto-avaliação é apresentar uma estrutura para você poder examinar como está conectado em cada uma delas.

O capítulo seguinte propõe algumas medidas práticas para você aprofundar a sua conexão em cada área.

VINTE E NOVE

❦

Praticamente falando:

DICAS PARA CRIAR UMA VIDA MAIS CONECTADA

Na melhor das hipóteses, as conexões envolvem toda a sua alma. Nem todas as conexões, é claro, envolverão você por completo, mas se você se dedicar com sinceridade a todas as suas interações, certamente terá um vida conectada. Se, todos os dias, você resolver fazer contato; se você resolver estender a mão, não importa a resposta, genuinamente; e se você resistir ao impulso de se retrair, então você se conectará. Em resumo, se tentar sentir prazer na conexão, vai sentir.

Mas, antes, você precisa arrumar tempo. Por mais que eu recomende a conexão ao longo de todo este livro, a única maneira de arrumar tempo para as conexões importantes é livrando-se das que não o são. Você não pode se livrar de todas as conexões que não são gratificantes, mas pode tentar livrar-se daquelas sobre as quais tem controle. É mais ou menos como perder peso. Quando você se livrar dos quilos de conexões em excesso, as que pesam em você, vai descobrir que tem uma nova energia para aplicar nas conexões que realmente importam.

Esta é uma grande mudança que a maioria das pessoas precisa fazer para criar uma vida equilibrada e conectada. Elas precisam *podar*.

Falar é fácil, claro. Mas não está escrito em nenhuma lei da física que todos os seres humanos devam fazer malabarismos com uma ou duas bolas além das suas possibilidades. Nós *escolhemos* fazer isto. Portanto, podemos escolher não fazer.

Não estou recomendando uma vida monótona. Não estou nem me opondo ao ritmo veloz, frenético, pelo qual tanta gente anseia.

Estou simplesmente dizendo que, para apreciar este tipo de vida, ou qualquer tipo de vida, você deve também arrumar tempo para as conexões que são importantes para você. Você provavelmente não se sentirá satisfeito se não fizer isto, não importa a rapidez com que você vive ou o quanto você conquiste. Cortar é difícil mas, depois, o tempo que você libera com isso vai lhe dar mais energia, como se você tivesse perdido uns dez quilos! Você pode restringir seus compromissos da mesma forma que restringe o seu orçamento, ou a gordura que ingere. Quem sabe, recusando um título de membro, ou se afastando de um grupo pelo qual não sente mais entusiasmo; adiando um novo projeto que talvez seja excitante, mas vai consumir uma grande parte do seu tempo; não indo dormir uma hora mais tarde, só para assistir a um programa de televisão tolo ou navegar na Internet; deixando de ver uma amiga que o faz sentir-se mal sempre que está com ela; eliminando aqueles telefonemas "obrigatórios" para gente que não lhe interessa; ou declinando a oferta prestigiosa ou enaltecedora para servir numa comissão que vai acabar lhe tomando tempo.

Fazendo isto, o seu prazer nas outras conexões começará a aumentar.

Você está almoçando com um velho amigo e, enquanto conversam sobre trivialidades, lá no fundo da sua mente você pensa: *Esta pessoa significa tanto para mim!* Ou você entra na loja da esquina, onde há dez anos compra o jornal e toma um café, e fica contente ao ver o sorriso amável do dono. Ou se senta numa sala de concerto para ouvir uma música que conhece tão bem e sente um prazer incomparável escutando esta música maravilhosa mais uma vez.

Existe uma forma comum no processo de conexão.

É o círculo. Você estende a mão, e a pessoa ou aquilo com que você está se conectando responde. Você escuta a música, ela lhe responde, você devolve, e cresce um círculo. Você fala com uma amiga, ela responde, você volta a falar, e a conversa atrai ambos. Você derrama a sua energia, ela lhe é devolvida, modificada. Ela foi acrescentada, aprofundada, expandida.

Mesmo sem falar nada, você pode se conectar com uma pessoa. Dois homens pescando podem estar em total silêncio e, no entanto, conectados. Duas crianças brincando de pegar no quintal estão caladas, mas se sentem muito próximas. Elas podem curtir a sua união em silêncio; na verdade, preferem assim. Por outro lado, duas pessoas num coquetel falando sem parar podem estar totalmente desconectadas. Palavras, ou a ausência de palavras, não é o que importa. O importante é a troca de energia.

Fico impressionado todos os dias com a disponibilidade desse instrumento, que no entanto fica em desuso. Como dizem os psicólogos Miller e Stover, "A empatia mútua é a grande virtude humana que não se celebra".

Para a maioria das pessoas, a questão não é conectar-se ou não, mas como se conectar. Com freqüência ouço a pergunta: "Tudo bem, concordo que quero estar conectado. Mas, praticamente falando, como fazer isso? Você pode me dar mais detalhes? Algumas dicas práticas?"

Um dos grandes problemas hoje em dia é o equilíbrio. Como é possível equilibrar apenas a família e o trabalho? E como é possível *alguém* equilibrar todos os tipos de conexão numa só vida? Certamente, para a maioria de nós, não haverá um equilíbrio perfeito, mas não precisa haver. Se você trabalha para viver, dedicará mais horas ao trabalho do que à sua conexão com, digamos, animaizinhos de estimação. O meu único objetivo ao mencionar muitas categorias é permitir que você avalie a variedade de conexões em sua vida, e depois decida o que quer aprofundar ou mudar.

Apresento aqui um conjunto de sugestões concretas para fazer você pensar em termos práticos na melhor forma de se conectar. Umas das razões que fazem as pessoas levarem vidas desconectadas é que elas desistem muito rápido. Elas presumem que não poderão fazer mudanças significativas. Use estas sugestões como um trampolim para acrescentar as suas próprias medidas práticas a tomar no sentido de desenvolver uma vida mais plenamente conectada.

Faço cinco sugestões para melhorar cada uma das doze áreas de conexão. É claro que você pode inventar outras mais adequadas ao seu próprio estilo de vida.

FAMÍLIA DE ORIGEM

Não deixe de ver todos da sua família de origem pelo menos uma vez por ano.

Fale com todos pelo menos uma vez por mês, ou comunique-se por e-mail ou correio tradicional.

Procure entender-se com as pessoas da família das quais está afastado. Não aceite um não como resposta delas ou de você mesmo!

Discuta com os familiares sobre o que sentem a respeito da família. Depois tente mudar o que estiver errado, se possível. A simples menção do problema pode acionar um processo de reparação. Muitas vezes tem um elefante na sala e ninguém fala sobre isso. Se você começa a falar, o elefante começa a desaparecer.

Não deixe ninguém se afastar demais.

FAMÍLIA IMEDIATA

Jante com a família sempre que possível.

Leia em voz alta para as crianças todos os dias, se puder.

Faça reuniões de família de tempos em tempos para discutir planos, problemas, soluções e objetivos.

Façam as pazes antes de dormir.

Limite o tempo dedicado à televisão, ao vídeo e ao computador para que sobre tempo para vocês poderem conversar pessoalmente um com o outro e fazer coisas juntos.

AMIGOS E COMUNIDADE

Marque um dia para ver um amigo uma vez por semana. Coloque no seu calendário, e não cancele, a não ser que seja absolutamente necessário.
Procure conhecer um vizinho que ainda não conhece.
Use o e-mail para entrar em contato com amigos se não puder vê-los.
Apresente-se como voluntário em alguma organização comunitária, mesmo que isso signifique fazer alguma coisa uma ou duas vezes por ano.
Ligue para um amigo com quem vem pretendendo entrar em contato. Ligue hoje.

TRABALHO, MISSÃO, ATIVIDADE

Tome a decisão de tornar o seu ambiente de trabalho mais conectado. Em seguida, faça o que lhe parecer apropriado. Fale com seu chefe se isso parecer certo, fale com seus colegas, ou simplesmente tome atitudes — como perguntar como estão indo as coisas, ou pregar num quadro as fotos da última festa da equipe — que possam criar uma atmosfera mais cordial.
Leve a sério o contato trivial. Sorria no elevador, não fique com o olhar grudado nos números dos andares ou nos seus sapatos. Cumprimente as pessoas no bebedouro. Olhe as pessoas nos olhos e cumprimente-as com um aceno de cabeça ao passar por elas no corredor. Seja agradável mesmo com quem você não conhece.
Tente pensar no que poderia fazer para aumentar os momentos humanos entre os colegas de trabalho: por exemplo, organize uma pizza para o almoço de vez em quando, ou um grupo de ginástica, ou uma excursão para assistir a um jogo ou peça de teatro.
Arrume tempo, nem que seja meia hora por semana, para uma atividade de que você gosta mas negligencia, e que não seja de

trabalho — como tocar um instrumento, cultivar um jardim, ler um romance ou preparar uma receita nova na cozinha.

Vá falar pessoalmente com as pessoas no trabalho, em vez de usar e-mail, de vez em quando. Momentos humanos, embora menos eficientes, criam muito mais sentimentos do que os eletrônicos.

BELEZA

Primeiro, identifique com que espécie de beleza gostaria de se conectar mais plenamente. Música? Artes plásticas? Literatura? Dança? Teatro? Cinema? Mais de uma destas?

Veja se alguém gostaria de acompanhar você nessa empreitada.

Faça um curso, se houver algum disponível e se você quiser.

Deixe de lado a timidez.

Envolva-se o máximo que puder com a forma de beleza com a qual quer desenvolver uma conexão. Este é o passo mais importante. Vá a museus, concertos, leia livros, vá ao cinema — o que você escolher. Faça. A beleza vai operar em você a sua magia quando você estiver em sua presença.

O PASSADO

Informe-se o máximo que puder sobre a história da sua família. Fale com avós ou outros historiadores da família, leia todos os livros que forem relevantes, monte uma árvore genealógica (você encontra na Internet quem faz esse serviço).

Visite o túmulo de pessoas queridas todos os anos. É o lugar e a hora de se lembrar do passado e se conectar com ele.

Se o seu conhecimento de história mundial tiver grandes falhas, procure ler um ou dois livros sobre esse assunto. Peça orientação na biblioteca ou na livraria quanto aos livros mais *interessantes*, visto que o tédio o tornará ainda mais desconectado. Fale com os idosos. Eles são historiadores natos. Em geral são extremamente interessantes quando você consegue que eles falem. Converse com seus filhos sobre acontecimentos atuais em termos do seu significado histórico. Por exemplo, no dia de eleição, fale sobre as guerras travadas para preservar a democracia, ou sobre a luta das mulheres pelo direito de voto, ou sobre locais onde testes de alfabetização eram usados para impedir as pessoas de votarem. Ou use a data da independência, não só para churrascos e fogos de artifício, mas para discussões sobre alguma parte excitante da história do país. São centenas de oportunidades durante o ano inteiro para usar um acontecimento atual ou feriado como trampolim para uma discussão histórica com seus filhos.

NATUREZA E LUGARES ESPECIAIS

Faça questão de parar e observar a natureza todos os dias. Mesmo morando na cidade, há muitas oportunidades para se fazer isto. Exige apenas um ou dois segundos, é de graça e faz bem.

Lembre-se, como coisas possíveis de se fazer no tempo livre, de caminhar pela praia, ou simplesmente pela rua. Se você costuma passar sempre por um caminho, não só se conectará com a natureza, como começará a notar todos os tipos de detalhes no percurso, desde os animais na rua, o estado da vegetação, a quantidade de musgo sobre uma pedra e até as pessoas com quem costuma se encontrar.

Adote uma lojinha ou restaurante como seu. Vá com freqüência, fique conhecendo os donos. Logo este se tornará um lugar especial para você, um oásis de boa acolhida.

Visite os lugares significativos para você com a maior freqüência possível — a sua antiga escola, uma sala de leitura numa determinada biblioteca, um café que tem uma poltrona especial onde você pode ler o jornal, um banco no parque.

Tente experimentar uma nova forma de natureza uma vez por ano, mais ou menos. Por exemplo, se nunca esteve num cânion, procure visitar o Grand Canion ou, no caso de uma queda d'água, vá até Niagara (é realmente surpreendente!) ou, se nunca escalou uma montanha, tente uma pequena no verão ou, se nunca viu um campo de trigo, atravesse o Kansas de carro ou, se nunca viu nem sentiu a neve, descubra um motivo para viajar para o Norte do país num inverno qualquer ou, se nunca viu um rio de trutas, veja se encontra um rio e um pescador que goste da sua companhia, e talvez seus filhos também.

ANIMAIS DIVERSOS E DE ESTIMAÇÃO

Nem todos podem fazer isto, mas se você puder, tente possuir um animalzinho. Os estudos comprovam que as pessoas que fazem isso, não importa a idade, se sentem mais felizes.

Se você não pode ter um animalzinho, experimente fazer amizade com aqueles que encontrar. Pode parecer ridículo, mas eles despertam sentimentos importantes em nós. Há evidências fisiológicas de que as pessoas inibidas, por exemplo, conseguem estabelecer vínculos com animais mas não com as pessoas.

Tente apoiar agências públicas, como a SPCA e as que ajudam a controlar a superpopulação de gatos vadios.

Leve seu filho ao zoológico e a lugares onde se criam animais domésticos, especialmente se não tiver animaizinhos em casa.

Leia livros sobre animais, para si próprio e para seus filhos. Procure na seção de animais de qualquer grande livraria. Você vai se surpreender com a quantidade e a variedades dessa coleção.

IDÉIAS E INFORMAÇÕES

Principalmente, reconheça que o medo é o maior problema quando se trata de desenvolver uma sólida conexão com idéias e informações. Faça um esforço consigo mesmo, ou junto com um amigo, professor, conselheiro, para se livrar desse medo. Lembre-se, a única pergunta idiota é a que você não faz. Procure aprender a usar o computador e ter acesso à Internet. Limite a quantidade de informações que tenta assimilar todas as semanas. Se você tentar absorver tudo, vai se sentir oprimido. Consulte especialistas nas áreas em que não se sentir qualificado. Permita-se brincar com as idéias. As importantes, com freqüência, começam como noções pouco práticas ou mesmo fantasias.

INSTITUIÇÕES E ORGANIZAÇÕES

Ingresse numa organização de voluntários na qual acredite e freqüente regularmente as suas reuniões. O estudo da MacArthur Foundation mostrou que este é um dos principais fatores associados a uma vida longa. A organização pode ser a sua igreja, o Boy's Club ou talvez um movimento beneficente. Não importa, desde que seja importante para você e que você freqüente as reuniões.

Descubra os nomes, endereços e telefones dos seus representantes eleitos, locais, estaduais e nacionais. Se você ligar para o balcão de referências da sua biblioteca local, a pessoa que estiver lá poderá ajudá-lo a encontrar essas informações. Depois de obter os nomes dessas pessoas, habitue-se a contactá-las quando estiver preocupado com alguma coisa.

Se tiver filhos ou netos na escola, conheça os seus professores. Dedique algum tempo para conversar com eles de vez em quando, e agradeça o que eles fazem. Professores, junto com os pais, fazem o trabalho mais importante na nossa sociedade, mas recebem pouco apoio ou crédito.

Leve seus filhos até a prefeitura. Explique para eles como funciona a sua cidade ou município. Em diferentes passeios, leve-os ao corpo de bombeiros, à delegacia, à biblioteca local, ao hospital ou, quem sabe, para conhecer uma grande empresa se houver alguma na sua área.

Fale abertamente nas instituições e organizações que são importantes para você. Tente incentivar os outros a fazerem o mesmo. A apatia e a falta de compromisso são os grande inimigos da democracia e da conexão. Apóie um candidato político, se gostar de algum. Vote nas eleições da sua organização profissional. Você pode até considerar a idéia de concorrer você mesmo!

O QUE ESTÁ ALÉM DO CONHECIMENTO

Aqui, a chave é buscar a conexão em vez de ignorá-la.

Medite ou reze, regularmente, todos os dias. Muitos estudos mostraram que as pessoas que fazem isto são mais felizes e saudáveis.

Converse sobre essa conexão com seus filhos e netos.

Exercite a sua fé, se você tiver uma, com regularidade, freqüentando cultos ou missas, ou observando outros rituais que tenham algum sentido para você.

Aprenda a aceitar, mentalmente, a sua compreensão da morte, do sofrimento desnecessário, da maldade e das perdas inesperadas, e assim, quando estas coisas lhe acontecerem, você terá fundamentos para encontrar uma resposta.

VOCÊ MESMO

"Sê fiel a ti mesmo" e "Sê o bastante para ti mesmo." Estas são as duas pedras fundamentais para uma conexão saudável com você mesmo. Tente ser um herói, e não se sinta na obrigação de ser um astro. Lembre-se de que sucesso e fracasso são ambos, citando Rudyard Kipling, "impostores".

Seja bom com você mesmo. Isto começa com você se permitindo fazer isso. Lembre-se, ser bom com você mesmo não é o mesmo que ser egoísta. Na verdade, se você for bom com você mesmo, estará mais bem equipado para ajudar os outros.

Se quiser mudar alguma coisa em você, estabeleça um plano. Muitas vezes, a consulta com um especialista — como um bom psicoterapeuta, ou nutricionista, cabeleireiro, vendedor experiente da sua loja de roupas preferida, fisioterapeuta — poderá colocá-lo na direção certa.

Tente manter-se em contato com o seu lado criativo. Você pode fazer isso matriculando-se num curso de redação criativa ou de pintura, lendo um livro sobre lateralidade do cérebro, freqüentando *workshops* de criatividade ou simplesmente permitindo-se brincar.

Seja verdadeiro. Você não é o mesmo com todo o mundo, mas pode ser autêntico sempre num determinado contexto. Fingir é o caminho certo para se desconectar de si próprio. Não demora muito e você não sabe mais quem é. Por outro lado, a conexão genuína é o maior prazer que a vida pode nos oferecer.

V

ENCONTRANDO

a

ESSÊNCIA

da

SUA VIDA

TRINTA

"Se você quer ser feliz..."

QUANDO EU ERA MENINO, meu pai costumava me dizer: "Se quer ser feliz, não deixe de ter sempre um ou dois amigos fiéis." Ele disse isto muitas vezes. "Não tem importância quanto você ganha", ele dizia. "A fama não tem importância. O que você realiza não tem importância. O que importa são os bons amigos. Se alguém ficar do seu lado, mesmo correndo risco, então você é feliz."

A ciência provou que meu pai estava certo. Como psiquiatra, se tenho visto alguma mudança fazer com que alguém se sinta melhor com mais freqüência, é a descoberta de uma conexão significativa — com uma pessoa, com um emprego, com um clube ou time, com uma instituição, com Deus. No momento em que você se sente parte de algo maior do que você mesmo, o temor do isolamento desaparece, e você passa a encontrar alegria e confiança na vida. Você tem mais sucesso também!

O poder da conexão é enormemente subestimado por muita gente. É considerado como uma decoração de vitrina, ou frescura de ricos e abastados.

Mas nada poderia estar mais longe da verdade. A ciência está sempre provando que a conexão faz bem à saúde. A evidência médica hoje é inquestionável: a conexão faz você viver mais. Não é frescura. É essencial em qualquer planejamento para uma vida longa e saudável.

Como os autores do Estudo sobre o Envelhecimento da Fundação MacArthur, citado no Capítulo I, escreveram:

"A solidão gera doença e morte prematura. Em geral, quem tem conexões relativamente fortes com outras pessoas — por intermédio da família (incluindo casamento), amizades e associação com organizações — vive mais. E para aqueles com relacionamentos mais raros e fracos, o risco de morte é duas a quatro vezes maior, independentemente de idade e de outros fatores, como raça, condição socioeconômica, tabagismo, atividades físicas, obesidade e uso de serviços de saúde. A conclusão final é que não superamos a nossa necessidade dos outros. O efeito vivificador das relações sociais íntimas se mantém por toda a vida."

Meu pai gostaria de saber que o seu conselho provou ser verdadeiro. Ele não está mais aqui. Morreu quando eu cursava a escola de medicina, há vinte anos. Mas penso com freqüência no seu conselho. Ele era natural da Nova Inglaterra, um homem impertinente e cético, de quem não se esperaria exaltações à amizade como o segredo para se viver bem. Quando ele morreu — como respeitado professor de escola pública em New Hampshire —, um ônibus lotado de admiradores saiu da sua escola para assistir ao seu funeral, mas acho que meu pai há muito havia perdido o contato com as pessoas que teria chamado de seus melhores amigos. Penso que as provações que sofreu em vida — o divórcio da minha mãe quando eu tinha quatro anos de idade, a sua luta com a doença maníaco-depressiva, a constante rixa com o próprio irmão e um dos seus filhos — lhe custaram seja lá o que for que mantém uma pessoa aberta para uma grande amizade, ou conexões íntimas de qualquer espécie.

Lembro dos seus últimos dias de vida. Ele me escreveu uma carta dizendo, no seu estilo caracteristicamente abrupto, que haviam diagnosticado nele um câncer de um tipo tão ruim que os médicos não conseguiam identificá-lo exatamente. "Eles ficaram impressionados", foi como ele falou, quase com orgulho, como se dissesse que, se ia ter um câncer, não ia ser do tipo comum facilmente identificável, mas sim um verdadeiro enigma. Eu estava no quarto ano de medicina quando recebi a carta. Lembro de ter ficado imaginando que notícia meu pai teria para me dar enquanto abria o envelope dentro do elevador a caminho da inspeção numa manhã de novembro. Em seguida li as novidades, escritas com tinta azul na caligrafia inclinada e fácil de entender de papai. Lembro de pensar: *Não pode ser. Ele é tão jovem.* Tinha apenas sessenta e quatro anos. Enfiei de volta a carta no bolso sabendo que minha vida não voltaria a ser a mesma.

As portas do elevador antigo (eu estava no Charity Hospital, em Nova Orleans, um enorme hospital municipal) chacoalharam ao se abrirem no andar onde eu ia encontrar o meu grupo para fazer a inspeção. Médicos assistentes ensinam no terceiro e quarto anos da escola de medicina, conduzindo diálogos socráticos nos corredores de hospitais e à beira da cama dos pacientes. Recordo do médico perguntando-me alguma coisa aquela manhã — e eu não sabia o que responder. "Ned", ele disse, "você está nos acompanhando hoje?"

Não era do estilo da época dizer "Não, não estou, acabei de saber que meu pai está morrendo", então pedi ao médico que fizesse o favor de repetir a pergunta. Consegui arrumar uma resposta satisfatória o suficiente para nos fazer continuar andando pelo corredor. *"Assim é a vida"*, lembro de pensar quando entramos no quarto do próximo paciente. O rio continua correndo, as coisas ruins continuam acontecendo, e você precisa continuar fazendo o seu trabalho, porque a corrente puxa. Você não pode resistir. Não parecia haver outra opção. O mundo não pára.

Meu grupo de quatro estudantes de medicina mais o médico assistente não tinham como saber, mas eles foram o meu bote salva-vidas naqueles momentos duros, meu elo com a segurança, minha conexão com o trabalho útil. Tentei recuperar o meu equilíbrio estudando os olhos do paciente na cama, enquanto a frase de meu pai *"Eles ficaram impressionados"* matraqueava dentro da minha cabeça. Eu não sabia o que fazer, então tentava escutar, como se as palavras que eu ouvia o médico assistente dizer formassem um balaústre onde eu podia me agarrar. Enquanto as emoções se avolumavam dentro de mim, de repente dei uma resposta a uma pergunta que uma parte vigilante do meu cérebro deve ter escutado, compreendido e respondido, sem que eu notasse o processo. "Estenose aórtica", afirmei.

"Muito bem, Hallowell", respondeu o assistente. "Seja bem-vindo."

Fiz a reserva num vôo naquela noite e estava no quarto de hospital com meu pai, em Derry, New Hampshire, no dia seguinte.

Um médico da emergência, muito eficiente, disse-me que era uma questão de dias, que meu pai ia morrer, e que ele estava atualmente "num estado em que alternava momentos conscientes e inconscientes", um aviso que gostei que me desse.

Quando entrei no quarto, ele cuspia num copo de plástico. Olhei para ele e ele me olhou, e numa fração de segundo sua mente fez um truque que, suponho, precisava fazer, "John!", ele gritou. "Obrigado por ter vindo!" Papai tinha decidido que eu era meu irmão John. John e ele vinham brigando havia anos e ele deve ter visto que esta era a sua última chance de fazerem as pazes. Visto que ele e eu sempre nos demos bem, ele não precisava se entender comigo, portanto o seu cérebro comprometido pregou uma pequena armadilha, com a qual eu fui hábil o suficiente para não discordar, graças ao aviso do seu médico.

Conversamos por alguns minutos, eu como John, papai como papai, e depois tranqüilamente ele adormeceu. Inclinei-me e beijei a sua testa. Acho que esta deve ter sido a única vez em que o beijei dormindo, uma resposta adequada para todas as vezes que ele me deu um beijo de boa-ñoite depois de contar uma história, em geral que ele mesmo inventava sobre o seu personagem preferido, Johnny Creepmouse.

Mais tarde, soube que minha mãe também apareceu para ver meu pai naquele dia. Ela me contou que ele lhe pediu para afofar os travesseiros, o que ela sempre fez muito bem. Ela me disse que os dois conversaram um pouco e que, sim, ele tinha ficado contente ao vê-la. Apesar de estarem divorciados havia vinte e cinco anos e só terem tido um mínimo de contato nos anos seguintes, eles sempre foram apaixonados um pelo outro, se você quer saber. Papai lhe mandava rosas cor-de-rosa sempre no dia 26 de junho, o aniversário dela, e ela afofou o seu travesseiro quando ele estava morrendo. A conexão jamais se rompeu totalmente.

No dia seguinte, eu estava de volta à escola de medicina fazendo as inspeções no hospital. Duas semanas depois, papai morreu. Penso nele com freqüência agora. Fico triste por ele não ter conhecido minha mulher, Sue, e nossos três filhos. Ele adorava crianças, e as crianças o adoravam.

Ele morreu sem a presença do que dizia ser a coisa mais importante na vida — um ou dois bons amigos —, mas ele me teve, e a sua segunda mulher, Betty, e meu irmão mais velho, Ben, e outras pessoas da família. Ele teve todos os seus colegas e alunos da escola. E, como eu soube no enterro, ele teve uma quantidade de pessoas que tinham sido seus amigos havia muito tempo — companheiros de linha, como Dunny Holmes, do tipo de hóquei que ele iniciou em Harvard, na década de 1930; um camarada do estaleiro onde trabalhou alguns anos; outro homem que me contou ter conhecido papai em algum negócio, e depois proclamou: "Foi o melhor homem que conheci na minha vida." Fico imaginando se existe alguém que pense assim a nosso respeito, mas não fala nada até aparecer no nosso funeral.

A tristeza esteve presente na morte do meu pai, também, é claro. Sua necessidade de me chamar de John, minha mãe aparecendo só no final, Betty que ficou sozinha, tudo isso foi triste.

Mas acho que ele entendeu basicamente a vida, no conselho que me deu. O que mais importa não é o dinheiro, a fama e os troféus acumulados, mas as conexões que fazemos ao longo do caminho.

Mas papai — como tanta gente — teve dificuldade para seguir o seu próprio conselho. Quantos pais dizem aos filhos o que papai me disse, mas não cumprem isso em suas próprias vidas? As mágoas da vida fizeram meu pai se retrair em vez de ficar perto das pessoas, por isso ao morrer estava mais só do que deveria.

Acho que meu pai deveria ter-me dito — e se lembrado — que fazer e conservar amigos exige esforço e paciência, mas principalmente um desejo muito forte. Manter conexões de todos os tipos, não apenas com pessoas mas com instituições, grupos e ideais também requer determinação. Quanto mais velho você fica, quanto mais você vê os outros e você mesmo sofrendo, mais cresce a tentação de se calar, de se retrair, de se desconectar de tudo e de todos que possam magoá-lo. Creio que isso é um grande erro.

Mas como ter certeza? Talvez *seja* melhor se retrair e procurar a segurança do seu próprio *bunker* pessoal. Visto que é tão difícil manter conexões, uma pessoa pode sensatamente perguntar: Que me importa? Para que se conectar se você vai se decepcionar, ser traído, abandonado ou qualquer uma das coisas ruins que podem acontecer quando se confia em algo além de si próprio? Por que entrar em relacionamentos, ou se comprometer com uma organização, ou se dedicar de corpo e alma ao seu trabalho? Até meu pai, que confessou o valor das amizades, desistiu delas no final, ou assim me pareceu. Você fica imaginando por que devemos nos conectar com alguma coisa se tudo na conexão é tão previsivelmente difícil.

A razão é que nos damos melhor fazendo isso do que não fazendo.

Defendendo o valor da conexão, combatendo o que a vida nos serve, posso prestar uma espécie de tributo ao meu pai completando, ou pelo menos ampliando, o que ele queria que eu fizesse.

"Se quer ser psiquiatra", ele me disse, ligeiramente desapontado quando lhe disse que a psiquiatria seria a minha área, "pelo menos tente ser útil."

Hoje, aos cinqüenta anos de idade, espero poder ser útil despertando o interesse para a única lição valiosíssima que aprendi na prática dessa profissão: se você quer levar uma vida boa e feliz, deve tentar se conectar apaixonadamente com coisas maiores do que você mesmo.

Não importa com o que você se conecta, desde que não seja destrutivo. Se você se dedicar sinceramente a uma conexão, e nutri-la com toda a sua energia, ela o sustentará ao longo do tempo como nada mais poderá fazer.

Uma mulher, hoje uma assistente social de cinqüenta e três anos, mãe e esposa há trinta e cinco, me escreveu:

"Não fossem as conexões, com os traumas que sofri na minha vida, eu não seria a pessoa bem-sucedida e resistente que sou. Pessoas-chave, começando com creches, familiares e professores, estiveram do meu lado em momentos cruciais. Uma pessoa em particular foi meu professor de turma do nono ano, que foi também meu professor de biologia e ciências. Isso gerou um relacionamento de quarenta anos, inclusive por ele ser o meu mentor e a sua família cuidar da minha filha quando voltei a trabalhar. Esse professor-chave, e a minha maravilhosa sogra, que me serviu de modelo, têm sido essenciais na minha jornada de sucesso na vida."

No meu trabalho como psiquiatra, escutei angústias terríveis, e vi como as pessoas se tornam infelizes, e como elas encontram a felicidade. Vi os mesmos erros serem cometidos várias vezes, mas também vi certas soluções que parecem funcionar na maioria das vezes.

A solução que vi e que funciona melhor é uma epígrafe deste livro: "Basta conectar-se..."

Existe uma fábula antiga do Oriente Médio, que John O'Hara usou no seu romance *Encontro em Samara*. Nela, um homem que está sentado num bar, numa tarde cálida em Constantinopla, ouve por acaso que a Morte procura por ele. O homem começa a suar frio e sai correndo do bar, dizendo ao rapaz do balcão que ia pegar o seu cavalo e chegar o mais rápido possível em Samara, para escapar das mãos da Morte. Mais tarde, naquele mesmo dia, a Morte entra no bar e pergunta pelo homem que já tinha fugido havia horas. O rapaz do bar responde que não sabe onde o homem está, acrescentando que não o via fazia semanas. "É mesmo?", a Morte diz com um sorriso malicioso. "Se o vir, diga-lhe por favor que tenho um encontro com ele hoje à noite... em Samara."

O mais próximo que podemos fazer para nos garantir contra as coisas ruins que acontecem na vida é tentar não recuar. Isso é o mesmo que sair galopando a toda até Samara.

Na conexão temos mais chances. Não precisamos fugir. Podemos nos manter com os pés firmes contra a maré que está sempre querendo nos puxar para fora. Na conexão com outras pessoas, com grandes causas ou pequenos momentos, podemos afundar os tornozelos na areia contra o constante recuo das ondas das perdas e do sofrimento.

Não sei onde estarei quando morrer. Posso morrer amanhã, enquanto brinco com meus filhos. Pode acontecer daqui a quarenta anos, quando eu estiver num asilo para idosos assistindo a Red Sox pela televisão. Pode ser na semana que vem, voltando de carro do trabalho. Como estar pronto? Como qualquer um de nós pode estar pronto? Minha resposta é o refrão deste livro: conecte-se.

Eu não sabia quando meu pai seria retirado da minha vida, e ele o foi de repente. Eu não sei quando sairei da vida de meus filhos, mas, mesmo que soubesse, não sei o que faria, exceto dizer-lhes que os amo. Não é essa a melhor maneira de todos nós nos prepararmos? Ame bem agora o que devemos deixar um dia.

Às vezes alguém diz: "Estas grandes questões são pesadas demais. Esqueça delas e viva a sua vida." O problema é que todos nós enfrentamos momentos de desespero em que *temos* de lidar com grandes questões e extrema dor emocional, qualquer dia desses. Como humanos, pensamos e refletimos. Prevemos e lembramos. Vale a pena pensar *agora* no que você vai fazer quando coisas ruins acontecerem, porque elas vão acontecer. A questão não é se vamos ou não passar por esses momentos, a questão é quando. A vida nos força a tratar de grandes questões de estranhos modos. Um homem certa vez entrou no meu consultório, sentou-se, enxugou a testa e me contou: "Acabei de ganhar vinte e cinco milhões de dólares num contrato imobiliário, e entrei aqui para falar com você pensando comigo mesmo: 'Qual o significado da vida?'" A sorte o havia jogado num dilema atroz. Um dilema em que todos nós gostaríamos muito de estar!

Mas as grandes questões surgem com mais freqüência em épocas de muita tristeza. O pai de um bebê que tinha acabado de morrer no parto certa vez me perguntou, como se eu pudesse responder: "Por que foi acontecer isso? Por que o nosso bebê morreu?"

E lembro quando, recém-formado em medicina, numa das minhas primeiras noites de plantão no hospital, admiti um rapaz que tinha uma cirurgia programada para breve. Ele sofria de estenose aórtica e precisava substituir uma das válvulas do coração. Anotei o seu histórico, fiz um exame físico, colhi o seu sangue e lhe dei boa-noite. Sua mulher estava sentada ao lado da cama quando voltei para a sala de atendimento. Poucas horas depois, soou o alerta de ressuscitação no quarto do homem. A enfermeira o tinha encontrado sem pulso, a mulher dormindo na cadeira ao seu lado, de mãos dadas com ele. A morte o levou sem nem mesmo acordar a sua mulher. As manobras de ressuscitação falharam, porque o homem havia explodido totalmente as válvulas do coração. Ainda lembro da mulher me olhando atônita, como se eu talvez tivesse uma resposta, e perguntando: "Por que ele?"

E lembro muito bem de ver um bebê, de Sue e meu, numa tela de ultra-som fetal. Lembro de nos dizerem que o bebê tinha um coração que não funcionava, lembro de nos dizerem que o bebê não sobreviveria, que a gravidez precisava ser interrompida. Lembro de ver Sue chorando, e lembro de não querer acreditar no que estava vendo e ouvindo.

Eu não sabia o que dizer para aquelas pessoas. Eu não sabia o que dizer ao pai do bebê que tinha morrido. Eu não sabia o que dizer ao homem cujo coração parara de bater. Eu nem sabia o que dizer a mim mesmo quando descobri que perderíamos o nosso próprio bebê. Eu não tinha, e não tenho, as respostas.

Você pode imaginar para onde me voltei. Eu me voltei para as minhas conexões. Para Sue, para nossos parentes e amigos, para Deus. Eu não encontrei uma resposta para o que aconteceu, mas descobri *um modo de suportar a dor* e lidar com a perda. Na conexão, encontramos não tanto as respostas como o apoio, um bote salva-vidas sobre as ondas.

O tempo que temos para fazer e reforçar conexões é curto. Ele existe num momento e, no seguinte, basta um telefonema, não existe mais. É preciso aproveitar ao máximo cada dia de nossas vidas.

Sue e eu perdemos um filho, mas temos outros três. Penso de vez em quando no bebê que perdemos. Fico imaginando como ele teria sido. Amo nossos três filhos, muito. Gostaria que aquele quarto filho pudesse estar conosco também.

Não sei por que essas coisas acontecem. Às vezes rezo pela alma do bebê morto. Depois olho para a minha filha Lucy, fazendo estrela no parque, e quero parar o tempo. Mas é claro que não posso. E meu filho de seis anos, Jack, e Tucker, de três anos, ambos sorriem para mim com um brilho no olhar que me diz para dar o devido valor a todos esses momentos.

Dê vida às conexões. Diga a sua amiga que você a ama. Faça as pazes com o parente com o qual está brigado. Quando entrar novamente na farmácia, pergunte ao farmacêutico se ele gosta do seu trabalho. Na sua festa de fim de ano, fale com um velho amigo de uma nova forma. Dê um sopro de vida às suas conexões. Todos os dias. Agora.

AGRADECIMENTOS

VISTO QUE PASSEI A MAIOR parte da minha vida adulta escrevendo este livro, uma lista completa de agradecimentos incluiria milhares de pessoas. Gostaria de ter espaço — e memória — para isso mas, é claro, não tenho. Não obstante, quero agradecer a todas as pessoas que cruzaram o meu caminho, que se conectaram comigo de uma forma ou de outra, e ofereceram a sua ajuda.

Mais especificamente, agradeço a Linda Healey, editora e amiga, por sua fé neste projeto desde o início, e por sua ajuda e incentivo nos outros livros que escrevi. Ela sempre esteve do meu lado quando precisei dela, o que aconteceu muitas vezes. Obrigado, Linda, muito obrigado mesmo.

Também, minha agente, Jill Kneerim, tem sido sábia conselheira e amiga fiel. Mais mentora do que agente, Jill tem me guiado pelos mistérios e inseguranças da vida de escritor como uma fada madrinha. Obrigado, Jill.

Dan Frank, Jennifer Weh e todo o grupo da Pantheon foram imensamente úteis, como foram os meus funcionários em Cambridge, particularmente Christine DeCamillis e Tricia Walsh.

Lisa Berkman foi especialmente útil dividindo a sua pesquisa comigo, e lhe sou muito grato. Meus professores Charles Magraw e Ed Khantzian, como sempre, ajudaram a desfazer as minhas dúvidas.

Desejo também agradecer a Irene Pierce Stiver e Jean Baker Miller por seu maravilhoso livro, *The Healing Connection*, e a Judith Jordan por seu trabalho incrivelmente útil na área da conectabilidade.

Dedico este livro a meus pais, que sempre fizeram o possível, e às muitas pessoas que me cederam suas histórias para este livro. Eu lhes agradeço novamente, e espero que gostem do que fiz. Meus amigos e família comprovaram a verdade do que afirmo aqui, que as conexões é que fazem viver uma coisa boa. Susan Grace Galassi, Jon Galassi, Peter Metz, Phyllis Pollack, John Ratey, Michael Thompson, Theresa McNally, Bart Herskovitz, Jeff Sutton, Alex Packer, Paul Sorgi, Susan Downing, Sharon Wohlmuth, Bill e Valerie Grace, Ken Duckworth, Mary McCarthy, Sara e Eric Meyers, Priscilla e Donald Vail, Kim Rawlins e David Pilgrim, Suzy e Eric Wetlaufer, Alan Brown e Linda Foxworthy, Anna Fels e Jim Atlas, Maggie e Herb Scarf, Kate Wenner e Gil Eisner são apenas alguns dos amigos que me ajudaram neste livro e na minha vida. Se alguém não foi citado, que me perdoe e entenda isto pelo que é exatamente: tenho um cérebro que comete erros!

Sou também abençoado por ter uma família maravilhosamente prestativa: Josselyn e Tom Bliss tornam a minha vida mais fácil todos os dias, assim como meu primo Jamie. O seu amor significa muito para mim. Meus irmãos Ben e John pavimentaram o caminho para mim. Minhas sobrinhas e sobrinhos, Molly, Ned, Tim, Jake e Anna, de um lado, e David, Chelse, Corey, Audrey e Sally, de outro, enchem-me de felicidade sempre que penso neles, o que é o tempo todo. Bill e Pat George, minha sogra e meu sogro, e LouAnn, Phillip, Terry e John, Christopher, Leslie, Richard, meus cunhados e cunhadas, são pessoas fantásticas a quem amo muito. E minhas tias Janet e Roz, ambas, deram-me grandes doses de carinho e afeto.

Finalmente, a minha família imediata eu agradeço hoje e sempre. Sue, minha mulher, é simplesmente o amor da minha vida. E meus filhos, Lucy, Jack e Tucker são as estrelas do meu céu. Eles brilham todos os dias. Amá-los é a melhor coisa que faço.

Este livro foi composto na Editora Rocco Ltda.
e impresso na Editora JPA Ltda.
Av. Brasil, 10.600 - Rio de Janeiro - RJ
em setembro de 2002 para a Editora Rocco Ltda.